EDUARDO ZAMARRIPA

# *La amenaza nuclear*

## Su incidencia en la seguridad y en el futuro de Europa

ALMUZARA

Primera edición: marzo de 2025



Editorial Almuzara • Sociedad actual
Editora: Ángeles López
Corrección: María José Pérez
Maquetación: Joaquín Treviño

www.editorialalmuzara.com
pedidos@almuzaralibros.com - info@almuzaralibros.com

Editorial Almuzara
Parque Logístico de Córdoba. Ctra. Palma del Río, km 4
C/8, Nave L2, nº 3. 14005 - Córdoba

Imprime: Black Print
ISBN: 978-84-10526-88-4
Depósito legal: CO-350-2025
Hecho e impreso en España - *Made and printed in Spain*

*A Eduardo, Guillermo, Marta y Javier.*

# *Índice*

# *Introducción*

Este libro pretende principalmente aportar pensamiento y reflexión. También ofrecerá al lector conocimiento sobre el papel de las armas nucleares en la historia de las relaciones internacionales, los intentos de evitar su proliferación, su contribución al equilibrio (y a la inquietud) en el panorama mundial, el peligro que su utilización conllevaría y su extrema importancia como principal factor de disuasión entre Estados potencialmente hostiles. Con toda seguridad la exactitud de las cifras o datos que se manejarán aquí, buena parte de ellos escogidos entre los muchos textos escritos sobre el tema, será a veces discutible, sobre todo teniendo en cuenta que las naciones poseedoras de este tipo de armamentos mantienen un estratégico secreto sobre las cuestiones que afectan tan directamente a su seguridad y hasta a su misma existencia. En cualquier caso, lo esencial es que el lector pueda extraer consecuencias y formar su opinión a partir de las páginas que siguen.

En resumen, este libro quiere contribuir a ampliar el conocimiento y la percepción de un asunto, el papel y la utilización del arma nuclear, que obviamente es de indudable importancia y trascendencia, pero siempre dejando abiertos aquellos aspectos que no ofrecen suficientes garantías para poder elaborar una opinión fundada al respecto.

En cuanto a la estructura del libro, en líneas generales, y basándose para su análisis en lo que ya está escrito sobre el tema nuclear, este trabajo expondrá de una manera sencilla la información que se ha podido consultar, la sintetizará, la juzgará y llegará a unas conclusiones y reflexiones que pretenden ayudar al lector a juzgar por sí mismo si las armas nucleares son una consecuencia inevitable del desarrollo científico, y si han contribuido o no al mantenimiento de un periodo de relativa paz entre las principales potencias y consecuentemente en el mundo. Una paz inestable, lastrada en las siete últimas décadas (el más largo periodo de paz que ha disfrutado Europa) por el riesgo permanente del empleo de este tipo de armas, pero paz al fin y al cabo. ¿Podría haber sido la historia de otra manera?, ¿el mundo sería hoy más seguro? Quizás la cuestión más importante que plantea el libro podría ser si estas armas llegarán a utilizarse en futuros conflictos, ya sea de forma generalizada o restringida. Obviamente es una cuestión que no permite una respuesta clara, pero ello no elimina el interés de planteársela y extraer nuestras propias conclusiones.

Y al hablar de las armas nucleares deberíamos pensar que, si las crisis entre las dos superpotencias que el mundo ha vivido desde el final de la Segunda Guerra Mundial se hubieran gestionado de manera diferente, podríamos estar muertos. Algunos quizás no, pero no muchos. En cualquier caso, y vivos como estamos, deberíamos ser muy conscientes de que durante la Guerra Fría se habría podido perder el control de la situación en una de las muchas escaladas de la tensión entre ambos bloques. Las armas nucleares se hubieran podido activar de forma masiva por error o por decisiones equivocadas y, una vez que estas se hubieran puesto en camino hacia sus objetivos, la desgracia a dimensión planetaria estaría garantizada. La réplica del bando opuesto habría sido inevitable, medio mundo se hubiera visto directamente afectado, y el otro medio estaría expuesto a niveles de radioactividad que eliminarían la vida en una gran parte de nuestro planeta.

Procuraremos aproximarnos en este libro a estos temas con humildad, sin afirmaciones contundentes, y dejando al lector, como ya se ha dicho, suficiente espacio para su propia reflexión. Si a ello contribuye este trabajo, habrá cumplido su objetivo.

# *El desembarco del arma nuclear en la historia*

La historia de *lo nuclear* venía de lejos. Las investigaciones sobre la radioactividad, el átomo y la física cuántica se remontan a la última parte del siglo XIX, y fue Antoine-Henri Becquerel el que en 1896 descubrió la radiación natural de algunos elementos químicos. Le siguieron otros científicos como Pierre y Marie Curie, y en el primer tercio del siglo XX las investigaciones y el saber en este campo se concentraron en Alemania. No obstante podemos subrayar la figura de Enrico Fermi al comienzo de los años treinta, y del matrimonio Joliot-Curie (ella era hija de Marie Curie), descubridores estos últimos de la transmutación artificial de los elementos radiactivos y de la reacción en cadena o autosostenida. En esa misma década las posteriores investigaciones de Lisa Meitner, Fritz Strassmann y Otto Hahn dieron como resultado el descubrimiento formal y definitivo de la fisión nuclear, que consistía en el hecho de que cada átomo de uranio, al ser bombardeado con neutrones (partículas subatómicas entonces recientemente descubiertas por James Chadwick) capturaba uno de ellos y se escindía en dos fragmentos liberando una gran cantidad de energía y también neutrones, que a su vez, al impactar con otros átomos de uranio de la masa de este mineral en donde se producía la reacción, repetían la operación indefinidamente en lo que se ha llamado reacción en cadena. Al repetirse el proceso en esta reacción en cadena, la energía liberada era enorme.

Fue pasando el tiempo, y con la llegada de Hitler al poder en 1933 y el antisemitismo nacionalsocialista creciente en esa década, los científicos judíos alemanes se vieron hostigados, desplazados y perseguidos. Muchos de ellos emigraron, sobre todo a Inglaterra y Estados Unidos, donde encontraron trabajo en sus universidades e instalaciones especializadas, y esto les permitió proseguir sus investigaciones. No parece muy aventurado decir que al comienzo de la Segunda Guerra Mundial el centro de gravedad de la investigación nuclear se había desplazado a Estados Unidos y a Gran Bretaña. Se descubrió, o quizás sería mejor decir se consiguió, porque era un elemento apenas existente en la naturaleza, el elemento artificial plutonio-239 como potencial sustituto del uranio-235. En 1942, de la mano de Fermi, se construyó en Estados Unidos el primer reactor nuclear; y de los nuevos programas que allí se desarrollaron el más conocido e importante fue el Proyecto Manhattan, que llevó a la obtención de la bomba atómica antes de la finalización de la Segunda Guerra Mundial. Se empleó contra el Japón y puso fin a la contienda.

Antoine Henri Becquerel (1852-1908), investigador francés que descubrió la radioactividad, y los esposos Pierre y Marie Curie, con quienes compartió el Premio Nobel de física del año 1903. Tres genios extraordinarios que abrieron la puerta a un mundo hasta entonces desconocido.

Un libro de gran interés sobre la situación en estos años y sobre el armamento nuclear es *La bomba atómica. El factor humano en la Segunda Guerra Mundial,*[1] de la doctora Natividad Carpintero, miembro destacado del Instituto de Fusión Nuclear Guillermo Velarde. Se tendrá aquí muy en cuenta su trabajo y el del profesor Velarde, científico español del que hablaremos más adelante para aproximarnos a la actividad española en este campo; un asunto que es interesante conocer para valorar donde nos encontramos en estos momentos en cuanto a este tema, vital para la seguridad de Europa.

Volviendo a los años treinta del pasado siglo, no ha quedado nunca suficientemente claro el programa de investigación nuclear alemán durante la Segunda Guerra Mundial, ni si tenían perspectivas razonables de conseguir la bomba atómica en el caso de que la contienda hubiera durado un par de años más. Mucho se ha especulado sobre esto. En cualquier caso, lo que nos dice Natividad Carpintero es que «el 13 de enero de 1939 Lise Meitner —famosa científica austriaca judía— y Otto Frisch confirmaron los experimentos con el uranio y denominaron al fenómeno fisión nuclear».[2] Quizás podríamos considerar que a partir de entonces se concentraron los esfuerzos, más que en la investigación nuclear con carácter general, en la obtención del arma atómica. Lo que la historia nos dice es que Alemania no llegó a conseguirla, pero sí lo hizo Estados Unidos con su Proyecto Manhattan. En este proyecto, junto a los científicos norteamericanos colaboró de manera destacada el Reino Unido y también lo hicieron no pocos de los científicos judíos alemanes que habían emigrado anteriormente huyendo de la persecución nazi. Hasta ayudó a impulsarlo Albert Einstein firmando el 2 de agosto de 1939 una carta al presidente Roosevelt sugiriéndole la posibilidad de acometer un programa para la obtención de un arma nuclear ante el peligro de que los alemanes se adelantaran con un proyecto similar.

---

1 Carpintero, Natividad. *La bomba atómica. El factor humano en la Segunda Guerra Mundial.* Ediciones Diaz de Santos. Madrid 2007.

2 *Ibid.* Pág. 18.

Recogemos aquí a continuación el texto íntegro de esta carta, escrita básicamente por el físico judío húngaro Leo Szilard, firmada por Einstein el 2 de agosto de 1939 y presentada a Roosevelt el 11 de octubre de ese año, por la importancia que previsiblemente tuvo su lectura por el presidente norteamericano.[3]

> Señor:
>
> Cierto trabajo reciente realizado por E. Fermi y L. Szilard, que me ha sido comunicado en su versión original, me ha conducido a creer que el elemento uranio puede ser convertido en una nueva e importante fuente de energía en un futuro inmediato. Algunos aspectos de la situación surgida parecen reclamar plena atención e incluso, si fuera necesario, una acción rápida por parte de la Administración. Creo por tanto que es mi deber traer a su atención los siguientes hechos y recomendaciones:
>
> En el transcurso de los últimos cuatro meses se ha hecho probable gracias al trabajo de Joliot en Francia y al de Fermi y Szilard en América que puede ser posible establecer una reacción nuclear en cadena en una gran masa de uranio, por la cual se generarían enormes cantidades de energía y grandes cantidades de nuevos elementos similares al radio. Actualmente parece casi seguro que esto pueda alcanzarse en un futuro inmediato.
>
> Este nuevo fenómeno conduciría también a la construcción de bombas, y es concebible, aunque mucho menos seguro, que se puedan construir bombas extremadamente poderosas de un nuevo tipo. Una simple bomba de esta clase, transportada en barco y detonada en un puerto, podría muy bien destruirlo totalmente junto con parte del territorio de alrededor. Sin embargo, tales bombas podrían ser demasiado pesadas de transportar en avión.
>
> Estados Unidos tiene solamente cantidades moderadas de uranio y de muy pobre calidad. Existe algo de este mineral de buena calidad en Canadá y en la antigua Checoeslovaquia, mientras que la fuente más importante de Uranio está en el Congo Belga.

---

3 Atomicarchive.com/resources/documents/beginnings/einstein.html. Traducción del autor.

Teniendo en cuenta esta situación, usted podría considerar deseable establecer algún contacto permanente entre la Administración y el grupo de físicos que están trabajando en las reacciones en cadena en América. Una posible vía para ello podría ser que usted confiase esta tarea a una persona de su confianza, que incluso podría hacerlo de manera no oficial. Su tarea podría comprender lo siguiente:

A) Mantener contacto y tener informados a los Departamentos del Gobierno de los progresos que se vayan haciendo y recomendar acciones del Gobierno, dando una atención particular al problema de asegurar el suministro de uranio a los Estados Unidos.
B) Acelerar el trabajo experimental que se lleva a cabo actualmente dentro de los límites presupuestarios que tienen los laboratorios de Universidad, proporcionándoles fondos si es necesario, a través de sus contactos con personas privadas que deseen contribuir a esta causa, y quizás también consiguiendo la cooperación de laboratorios industriales que tengan el equipamiento necesario.

Tengo entendido que Alemania ha suspendido de hecho la venta de uranio procedente de las minas de Checoeslovaquia que están bajo su mando. Que Alemania haya tomado esta decisión inicial podría quizás entenderse teniendo en cuenta que el hijo del subsecretario de Estado alemán von Weizsäcker está agregado al Instituto Kaiser Wilheim de Berlín, donde ahora están siendo repetidos algunos de los trabajos estadounidenses sobre el uranio.

Suyo muy sinceramente,
A. Einstein

La carta de Einstein no cayó en saco roto, Roosevelt la contestó, y al parecer todavía se cruzaron un par de cartas más entre el sabio y el presidente norteamericano. Podemos concluir que Einstein influyó en buena medida en aquellos momentos en la decisión de llevar a cabo el Proyecto Manhattan, que comenzó en agosto de 1942 y culminó con el lanzamiento de dos bombas atómicas el 6 y el 9 de agosto de 1945 sobre Hiroshima y Nagasaki respectivamente. Roosevelt había muerto a principios de ese año.

En el Proyecto Manhattan colaboraron científicos de origen judío, húngaros, italianos como Enrico Fermi y hasta algunos daneses o polacos. Especialmente y como se ha dicho, el proyecto contó con una gran participación británica, nación que estaba desarrollando desde 1941 su propio programa para la obtención de la bomba. Este proyecto, que recibió en Inglaterra el nombre de Tube Alloys, se subsumió en el Proyecto Manhattan tras el Acuerdo de Quebec de 1943 (en el que participaron Estados Unidos, el Reino Unido y Canadá), extendiendo al campo nuclear la relación especial, la *special relationship,* de la que hablaremos más adelante en este libro; una relación que continuaría haciéndose patente durante la Guerra Fría.

En 1945 el Proyecto Manhattan llegó a su culminación, y el primer ensayo de una explosión nuclear en el mundo tuvo lugar a ochenta kilómetros de Alamogordo, Nuevo México, el 16 de julio de 1945. Apenas tres semanas más tarde, el 6 de agosto, la primera bomba atómica lanzada en el contexto de un conflicto bélico, una bomba de uranio U-235 con una potencia aproximada de dieciséis kilotones, destruía Hiroshima. Los efectos fueron terribles:

> Las personas más cercanas al punto cero fueron volatilizadas, las situadas a menos de un kilómetro fueron incineradas por una onda térmica de 3000 grados centígrados, y los situados a menos de tres kilómetros sufrieron quemaduras de primer grado. La ciudad quedó completamente arrasada y, de más de 320 000 japoneses que estaban en la población entre habitantes civiles y soldados de la guarnición, casi 80 000 murieron instantáneamente y más de 50 000 murieron en tan solo unos meses a consecuencia de la radiación de la bomba.[4]

---

4 Montoto, Jaime. *Historia militar. Técnicas, estrategias y batallas.* Pág. 291. Editorial LIBSA. Madrid 2013.

Tres días más tarde, el 9 de agosto, otra bomba atómica, esta vez de plutonio y de una potencia de veintidós kilotones, fue lanzada sobre Nagasaki con resultados igualmente escalofriantes. El número de víctimas varía considerablemente según las fuentes consultadas, pero en una aproximación que es suficientemente clara para valorar la dimensión de la tragedia podemos calcular un total de víctimas entre las dos ciudades de alrededor de 120 000 personas por el efecto inmediato de las explosiones. Este número fue creciendo por los efectos de la radiación, y «a finales de 1945 el número de víctimas japonesas había pasado a ser del orden de 140 000 en Hiroshima y 70 000 en Nagasaki»[5]. Las cifras seguirían creciendo en los años posteriores.

Según una noticia publicada por Naciones Unidas con motivo del setenta y cinco aniversario de las explosiones, «las dos armas atómicas dejaron más de 200 000 muertos debido a la radiación y en décadas posteriores sumaron 400 000 las víctimas por problemas de salud relacionados con las bombas».[6]

El Gobierno japonés se rindió unos días más tarde de la explosión de Nagasaki, el 15 de agosto de 1945.[7] ¿Qué hubiera pasado si Japón hubiera dispuesto de armamento nuclear?, ¿hubiera lanzado Estados Unidos sus bombas atómicas sobre Hiroshima y Nagasaki? Si lo hubiera hecho, Japón hubiera respondido y posiblemente hoy Nueva York no existiría, o al menos no como lo conocemos actualmente. ¿Y si los contendientes de la guerra mundial en Europa hubieran poseído bombas atómicas? ¿Qué hubiera sido de Berlín, de París, de Londres o de Moscú?

---

5 Ferguson, Niall. *La guerra del fin del mundo.* Pág. 667-668. DEBATE. Barcelona 2007.

6 Naciones Unidas. Noticias ONU. *A 75 años del lanzamiento de la bomba atómica sobre Hiroshima el mundo aún no elimina las armas nucleares.* Publicado el 5 de agosto de 2020.

7 Powaski, Ronald. *La guerra fría. Estados Unidos y la Unión Soviética 1917-1991.* Pág. 90. Memoria Crítica. Barcelona 2011.

# *Las armas nucleares. Lo que se puede saber de ellas*

Durante la Segunda Guerra Mundial se produjeron grandes y durísimos bombardeos de ciudades, objetivos puramente civiles, como medio, al menos oficialmente, de acortar el conflicto y provocar la rendición del adversario. Antes de entrar a considerar las armas nucleares, y con el objetivo de tener un elemento inicial de comparación del poder destructivo de las mismas y de la crueldad de su empleo en relación con otros medios convencionales, querría brevemente recordar aquí tres episodios de bombardeo de ciudades durante aquella guerra. Se trata de tres episodios que prácticamente arrasaron las ciudades de Hamburgo, Bremen y Tokio, y, lo peor, acabaron con la vida de gran parte de sus habitantes. Estos bombardeos son más que suficientes para valorar el impacto humano y social que alcanzó aquel conflicto con el empleo masivo del poder aéreo y los armamentos convencionales antes de recurrir a las armas atómicas que fueron lanzadas sobre Hiroshima y Nagasaki.

El 24 de julio de 1943 comenzó la operación Gomorra sobre Hamburgo, que duró ocho días y siete noches. Se lanzaron 9000 toneladas de bombas sobre la ciudad y su entorno, buena parte de ellas incendiarias. Los bombardeos, en oleadas de más de 700 aviones principalmente de la RAF, causaron la muerte de más de 37 000 personas (otras fuentes apuntan a 50 000) y un número similar de heridos; y la ciudad quedó destruida en el 75 % de su superficie. Es una idea extendida que esta fue la primera operación aliada específicamente diseñada para atacar a la población civil con el propósito de hundir la moral de los alemanes. Del bombardeo de precisión sobre objetivos militares o industriales se había pasado a lo que se llamó bombardeo de área. Se utilizaron bombas incendiarias y el sufrimiento que se ocasionó creo que es imposible de describir. Un artículo de Erin Blakemore publicado el 31 de agosto de 2023 por *National Geographic*, lleva por título «Los bombardeos de Hamburgo presagiaban los horrores de Hiroshima».[8] El título estuvo muy acertado.

Otra operación de bombardeo aliado en Europa, quizás la que ha dado lugar a mayor rechazo a nivel internacional, incluido en la propia Inglaterra, fue la operación Trueno dirigida contra la ciudad alemana de Dresde. Los bombardeos comenzaron en la noche del 13 de febrero de 1945 y se extendieron hasta el día 15. En esas fechas los aliados habían ya desembarcado en Normandía ocho meses antes, habían liberado París y se combatía ya en territorio alemán. Alemania se rendiría sin condiciones en menos de tres meses. ¿Para que bombardear Dresde?

En Dresde se emplearon una vez más bombas incendiarias (bombas de fósforo y de napalm) junto a las bombas convencionales. La noche más aciaga fue la del 13 de febrero. En dos oleadas apenas separadas por tres horas de intervalo, 772 bombarderos Avro Lancaster de la RAF dejaron caer casi 1500 toneladas de bombas de alto poder explosivo y 1181 toneladas de bombas y dispositivos incendiarios. Los datos varían según las fuentes, pero estimo que podemos quedarnos con una cifra de alrededor de 4000 toneladas de explosivos de alto poder destructivo e incendiario. En los dos días siguientes la fuerza aérea del Ejército norteamericano lanzó sendas incursiones con 527 bombarderos B-17 que lanzaron unas 1000 toneladas de bombas explosivas y cerca de 300 toneladas de bombas incendiarias. Los cálculos de víctimas difieren mucho unos de otros, ya que las autoridades alemanas los amplificaron como medio de propaganda de la brutalidad aliada, y oscilaron entre 25 000, 60 000 y hasta alrededor

8 https://www.nationalgeographic.es>historia>2023/08

de 200000 muertos. Dresde, de 642000 habitantes antes de la guerra, estaba aquellos días atestada de refugiados que huían ante el ataque soviético. Parece que la cifra que ha quedado más aceptada con el paso de los años es la de 25000 a 30000 muertos por la acción directa del ataque a esta ciudad, que se conocía como la Florencia alemana por su belleza y su ambiente cultural, y que el resultado operativo del brutal bombardeo no tuvo consecuencias estratégicas en la contienda. Muchos historiadores han considerado posteriormente este ataque como innecesario y cruel.[9]

Los bombarderos B-29 se emplearon masivamente en la Segunda Guerra Mundial en la campaña dell Pacifico contra el Japón, e intervinieron especialmente en misiones nocturnas con bombas incendiarias. Dos aviones de este tipo fueron los que lanzaron las bombas atómicas sobre Hiroshima y Nagasaki.

---

9 BBC News Mundo. Información del 13 febrero de 2020 de una nota del periodista Toby Luckhurst. bbc.com/mundo/noticias-internacional-51475999

Aún más devastador e igualmente cruel fue el bombardeo de Tokio la noche del 9 al 10 de marzo de 1945. Fue el más mortífero bombardeo convencional de la historia, y en términos de víctimas y destrucción comparable al que cinco meses más tarde tendría lugar sobre Hiroshima. Causó 104 500 muertos y un millón de desplazados. Los bombardeos norteamericanos sobre el Japón habían comenzado su última y definitiva fase el 24 de noviembre de 1944, y ya en 1945 empezaron a operar por la noche y a emplear bombas incendiarias para arrasar las ciudades japonesas. El primer ataque de este tipo había tenido lugar el 24 de febrero de 1945 y fue llevado a cabo por 174 bombarderos. En aquellos días los ejércitos japoneses todavía combatían fiera y desesperadamente en las islas del Pacífico.

En aquella noche del 9 al 10 de marzo 279 bombarderos norteamericanos lanzaron 1700 toneladas de bombas incendiarias de napalm (gelatina incendiaria y explosiva extraída de la gasolina) sobre la capital de Japón. La ciudad estaba en su mayoría construida con madera, y quedó destruida la cuarta parte de la misma. Según otra fuente, la oficina municipal de Tokio, el resultado fue de 83 793 muertos y 40 918 heridos. Actualmente se aceptan las cifras de aproximadamente 100 000 muertos, 40 000 heridos y 1 000 000 de personas sin hogar. Los bombardeos contra el área de la capital siguieron posteriormente, y el último de ellos tuvo lugar, también con bombas incendiarias y sobre Tokio, el 14 de agosto, con posterioridad a los bombardeos atómicos de Hiroshima y Nagasaki.[10]

Todos los datos que se han descrito aquí proceden de fuentes abiertas, y sin cuestionar su mayor o menor exactitud nos indican sobradamente que en el contexto de la Segunda Guerra Mundial los armamentos nucleares no ocasionaron ni la mayor parte de las muertes por los bombardeos de uno y otro lado ni la forma más dolorosa de producirlas. La conclusión, difícil de negar, es que las armas convencionales son

---

10 Ferguson, Niall. *La guerra del fin del mundo.* Pág. 667. DEBATE. Barcelona 2007.

también capaces de producir daños inaceptables que se acercan al umbral de los que produjeron las armas nucleares al utilizarlas al finalizar la Segunda Guerra Mundial.

Cierto es que el daño producido entonces fue muy inferior al que podrían producir las armas nucleares actuales, y sin duda enormemente inferior al que hubieran producido durante la Guerra Fría en el caso de haberse desencadenado una guerra total de carácter nuclear, en la que no hubiera habido ni vencedores ni vencidos y sí en cambio la posibilidad de un retroceso generalizado en el progreso de la civilización y un daño irreparable para el planeta. Las guerras han sido siempre circunstancias odiosas en la historia de la humanidad, y solo quisiera añadir que evitarlas es una obligación de los Gobiernos que manejan nuestras sociedades. El cómo lo hagan es secundario si lo consiguen, y una forma importante de hacerlo en la actualidad, y en la que intervienen las armas nucleares, es la disuasión, de la que hablaremos largo y tendido a lo largo de este libro.

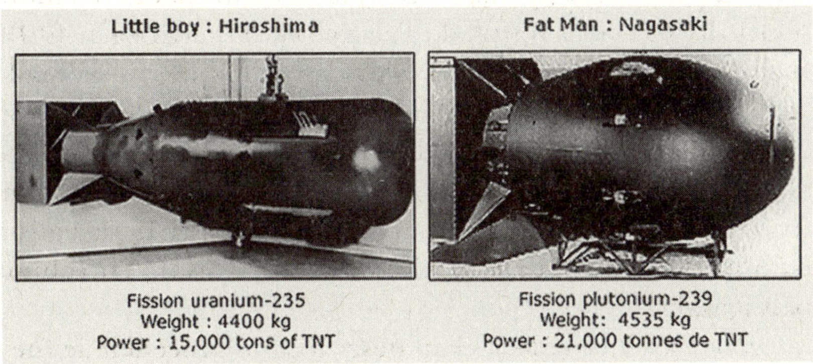


Fotografias de las bombas atómicas que se lanzaron sobre Hiroshima y Nagasaki.

***

Dirijamos ahora específicamente nuestra mirada a las armas nucleares, su fundamento tecnológico, sus diferentes tipos y el uso que podría estar previsto para cada una de ellas.

Sobre el Japón se lanzaron dos bombas atómicas, llamadas bombas de fisión nuclear porque la energía que desarrollan al hacer explosión se deriva de la rotura, la fisión, de los átomos de una masa del isotopo U-235 del uranio (de masa atómica 235). Estos átomos, al ser bombardeados con neutrones y si la masa de este mineral contenida en la bomba tiene una dimensión suficiente llamada *masa crítica*, producen al fisionarse una reacción en cadena o autosostenida que libera una enorme cantidad de energía. Para este proceso también se podía utilizar, en vez del isotopo uranio-235, el isotopo plutonio-239 (de masa atómica 239), mineral que también se obtiene artificialmente (no se encuentra en la naturaleza) a partir del uranio. La bomba que se lanzó sobre Hiroshima era de uranio y de una potencia aproximada de dieciséis kilotones (un kilotón es la energía equivalente a la explosión de 1000 toneladas de TNT), y la que cayó sobre Nagasaki de plutonio y una potencia de veintidós kilotones (que a pesar de ser de mayor potencia causó menos víctimas por un lanzamiento menos ajustado al planeado inicialmente). En este punto recordemos que en el bombardeo de Hamburgo se habían lanzado sobre la ciudad un total de 9000 toneladas de material explosivo, que si lo expresásemos en términos de equivalencia nuclear podríamos cifrarlo en algo así como nueve kilotones, y en el bombardeo de Dresde cayó sobre el área de la ciudad un equivalente a cuatro kilotones y, como en el caso de Hamburgo, con una abundante participación de material incendiario que haría aún más cruel el ataque. En el bombardeo de marzo de 1945 sobre Tokio se lanzó un equivalente a dos kilotones, pero en este caso las bombas, según la información encontrada, eran todas incendiarias, de napalm, lo que contribuyó a un sufrimiento de la población civil difícil de comprender por mucha confrontación bélica a la que se quisiese poner término con aquellos bombardeos.

Al comenzar en la postguerra la carrera de armamentos nucleares, estas armas eran únicamente bombas atómicas, de fisión. La Unión Soviética, que había puesto todo su esfuerzo en conseguirlas, logró llevar a cabo su primera prueba nuclear el 29 de agosto de 1949 con un artefacto de fisión de veintidós kilotones. Hasta ese momento Estados Unidos había tenido el monopolio de este tipo de armas, pero ya entonces sus científicos trabajaban en un desarrollo de la bomba atómica que iba a multiplicar su potencia de una manera inaudita, hasta más de mil veces, la de fisión que se lanzó sobre Hiroshima: la bomba de fusión nuclear, también llamada termonuclear o de hidrógeno. Los norteamericanos explosionaron su primera bomba de hidrógeno el 1 de noviembre de 1952, y los soviéticos, que iban acortando distancias, lo hicieron el 12 de agosto de 1953.[11]

Fotografías de los efectos en la atmosfera provocados por las bombas atómicas lanzadas sobre Japón.

Con respecto a la fusión nuclear, su principal diferencia respecto a la fisión nuclear es que las armas de fisión nuclear se basan en dividir (fisionar) átomos pesados (el uranio o el plutonio), mientras que las de fusión lo hacen en fusionar (unir) átomos ligeros como los isotopos del hidrógeno, el deuterio y

11 Nahúm Méndez-Chazarra, autor de un libro recientemente publicado, *La carrera por la bomba,* afirma que los soviéticos desconocían en aquel año la importancia del tritio para la fusión nuclear, y que la prueba del 12 de agosto de 1953 tuvo un éxito parcial y desarrolló una potencia de unos 400 kilotones, mientras que la primera prueba realmente satisfactoria de un ingenio termonuclear (de fusión) soviético se retrasó hasta el 22 de noviembre de 1955.

el tritio. El hidrógeno tiene masa atómica 1 (el núcleo de sus átomos lo compone un solo protón), el deuterio tiene masa atómica 2 (los núcleos de sus átomos tienen un protón y un neutrón cada uno de ellos), y la masa atómica del átomo de tritio es 3 (un protón y dos neutrones). Las bombas termonucleares están basadas en el método Ulam-Teller, que recibe este nombre de sus descubridores, Stanislaw Ulam y Edward Teller, científicos polaco y húngaro respectivamente que emigraron a Estados Unidos en 1935. Estas bombas constan de un primario compuesto por una bomba atómica, normalmente de plutonio, que actuaba a modo de espoleta únicamente como fuente de rayos X, y de un secundario, compuesto por un recipiente que contiene deuterio-tritio. Entre el primario y el secundario hay una esponja de poliestireno que evita la transmisión de las ondas térmicas y de choque producidas por la explosión de la bomba atómica dejando pasar únicamente los rayos X. El haz de rayos X al impactar con el secundario genera una onda de presión que comprime y calienta el deuterio y tritio a cien millones de grados, produciendo su fusión nuclear. Se produce entonces una reacción en cadena (como en el caso de la bomba de fisión) y, como consecuencia, la explosión termonuclear que libera una enorme cantidad de energía.

En una ocasión la doctora Carpintero en el transcurso de una conferencia sobre el científico español Guillermo Velarde en la que estuve presente, si mal no recuerdo, explicó con su excelente capacidad técnica la forma en que los Estados poseedores de este tipo de armas pudieron seguir investigando sobre las mismas sin recurrir a las pruebas reales, en las que se explosionaban estas bombas con toda su potencia, causando importantes perjuicios al medio ambiente y a un altísimo coste. Carpintero explicó en aquella conferencia que se había descubierto que, si en lugar de la bomba termonuclear, de una dimensión considerable, se utilizaba una diminuta cápsula en cuyo interior se colocaba una microbola de deuterio-tritio, al iluminarla con un láser se producían rayos X que la comprimían, calentándola como en el caso de una bomba real a millones de grados produciendo la fusión de sus átomos, una fusión y explosión controlables. De este modo, las potencias nucleares podían validar los códigos de cálculo en sus experimentos con este tipo de cápsula y aplicar los resultados a la construcción de las bombas termonucleares sin realizar pruebas reales, subterráneas o en la atmósfera. Para sus aplicaciones pacíficas, empleando esta técnica se podía conseguir con la fusión de los átomos de hidrógeno la energía para calentar un refrigerante que, a través de un generador, produciría vapor para una turbina que moviese un alternador, consiguiendo de este modo energía eléctrica en gran cantidad y a muy bajo precio.

Un pensamiento que estimo no debe abandonarnos nunca es que la tecnología nuclear, la misma que ha servido para construir armas atómicas y de hidrógeno, es también una fuente inagotable de energía factible y fiable para su uso pacífico. En este sentido, y para hacernos una idea más concreta del potencial de la energía nuclear de fusión, no está de más considerar que la energía eléctrica que se generó en España en 2023 fue de 267 120 gigavatios-hora (GWh),[12] y que actualmente las cinco centrales nucleares de fisión existentes en España, con un total de siete reactores, producen aproximadamente el 20 % del total, alrededor de unos 56 000 GWh al año. Podemos pensar sin gran riesgo de equivocarnos (este libro no pretende desarrollar una tesis investigadora, sino proporcionar elementos para pensar con conocimiento de causa) que una única central eléctrica de energía nuclear de fusión podría sustituir a varias de nuestras centrales nucleares existentes, e incluso quizás proporcionar la mayor parte de la producción eléctrica total de España, con la ventaja añadida de no producir residuos radiactivos difíciles y costosos de eliminar o guardar por cientos de años en establecimientos específicos para ello.

He citado aquí la intervención de Natividad Carpintero en aquella conferencia para llevar al lector a la consideración de que la investigación sobre la energía nuclear de fusión, inicialmente acometida para ampliar el poder destructivo de las

---

12 El gigavatio-hora (GWh) es una medida de energía (potencia por tiempo) que equivale a mil millones de vatios-hora, siendo el vatio-hora la energía necesaria para mantener una potencia constante de un vatio durante una hora. https://datosmacro.expansion.com>espana

armas atómicas, puede conducir, y en ello se está en la actualidad, a la obtención de una nueva fuente de energía limpia, barata y abundantísima, lo que obviamente repercutiría sensiblemente en el bienestar de la humanidad. Son muchos los problemas tecnológicos que hay que superar todavía, pero sin duda llegará el día en que la energía de fusión se extienda a nivel mundial. Ese día la humanidad habrá dado un paso decisivo en su desarrollo al disponer de una fuente de energía casi inagotable.

***

Pero mientras tanto, la historia, que es tozuda y refleja la realidad que construyen los hombres, todos ellos, no solo los grandes dictadores, sino las sociedades que de buen o mal grado los sostienen, nos devuelve al proceso que han seguido las armas nucleares desde su primera utilización. Investigando en la fusión nuclear, el Reino Unido realizó su primer ensayo de este tipo en el año 1957, China en 1967 y Francia en 1968. También se estima que posee este tipo de armamento Israel, aunque no hay confirmación oficial al respecto. Los restantes países que poseen actualmente armamento nuclear, la India, Pakistán y Corea del Norte, hasta ahora posiblemente han efectuado con éxito únicamente ensayos de bombas de fisión.

Un artefacto nuclear bélico (las cabezas u ojivas nucleares) no llega a la categoría de arma si no se puede utilizar. Y para utilizarlas necesitan de unos vectores de lanzamiento que les permitan alcanzar sus objetivos. Estos vectores son básicamente misiles balísticos o de crucero de distintos alcances y categorías, y en el caso de estos últimos, y de gran actualidad, es de gran interés la velocidad a la que vuelan los misiles de crucero, subsónica o supersónica, por la mayor dificultad que presentan los misiles supersónicos para ser interceptados. Obviamente, otros vectores de lanzamiento de armas nucleares son los aviones bombarderos estratégicos y los cazabombarderos capaces de portarlas, algunos de ellos de difícil detección por los radares enemigos. Finalmente, y de un valor estratégico enorme en este campo, están los submarinos lanzamisiles que navegan ocultos bajo la superficie de los océanos y que desde posiciones desconocidas pueden lanzar los misiles nucleares que llevan en su interior. No obstante, y de una importancia muy particular, hay que decir que lo que no necesitaría disponer de un vector de lanzamiento, sino una simple camioneta de transporte, sería una carga nuclear que llegara a poseer una organización terrorista, que podría explosionarla con el único coste que ya es habitual en la mayor parte de los atentados: la inmolación de los ejecutores del mismo, que posiblemente decidirían perecer al detonar el artefacto.

La capacidad destructiva de estas armas presenta un gran abanico de posibilidades, que podríamos considerar inicialmente desde la bomba atómica que Estados Unidos lanzó sobre Hiroshima de dieciséis kilotones de potencia hasta los cincuenta megatones (un megatón es la energía equivalente a la explosión de un millón de toneladas de TNT, es decir, 1000 kilotones) de la bomba de hidrógeno que la Unión Soviética hizo estallar el 16 de octubre de 1961 en el archipiélago de Nueva Zembla, en el mar de Barents, y que recibió como sobrenombre el de Bomba del Zar. Su potencia podría haber llegado según diversas informaciones a cien megatones si no la hubieran limitado los propios soviéticos a la mitad. Es más, en este abanico de posibilidades habría que tener en cuenta recientes desarrollos que permiten obtener cargas nucleares tácticas de mucha menor capacidad destructiva, pero suficiente para alcanzar ese umbral que separa la guerra convencional de la nuclear. La tendencia actual no es a aumentar la potencia de estos ingenios, sino su adecuación a las circunstancias que pueden presentarse en un conflicto en el que se decida su utilización.

Quizás tiene un cierto interés recordar que a lo largo de la historia del desarrollo del armamento nuclear los vectores para su utilización no se redujeron inicialmente a los tres básicos que actualmente se utilizan (misiles balísticos o de crucero, aviones y submarinos), sino que han abarcado también distintas armas de carácter táctico, como cargas de profundidad, misiles tierra-aire y aire-aire, minas terrestres, torpedos o misiles de corto alcance. De estos últimos podemos reseñar para hacer notar la variedad de los mismos el sistema francés Pluton (quince kilotones capaces de alcanzar una distancia de ciento veinte kilómetros), el Little John norteamericano (diez kilotones con alcance de diecinueve kilómetros) o el soviético Tochka, más potente, que permitía colocar una carga de cien kilotones a una distancia de 185 kilómetros.

El arma nuclear táctica de menor entidad de las conocidas, que ha estado en servicio un buen número de años, fue el sistema Davy Crockett. De un sencillo manejo (una tripulación de cinco hombres) y fácil transporte, podía ser alojada en un vehículo acorazado M-113, que es el que ha sido de dotación habitual en todos los ejércitos occidentales. Este sistema, capaz de lanzar una carga nuclear de 0,02 kilotones hasta cuatro kilómetros de distancia, entró en servicio en 1961 en el 7.º Ejército norteamericano en Europa, y en él estuvo presente y operativo hasta finales de aquella década solapándose con una artillería capaz de disparar obuses de carga atómica. Respecto a la artillería atómica, Estados Unidos había fabricado en los años cincuenta (y probó con éxito en el polígono de Nevada) el cañón atómico M65, que disparaba obuses nucleares de 280 mm de quince a veinte kilotones de potencia a treinta kilómetros de distancia. Se fabricaron unas veinte unidades de estos cañones y la mayor parte de ellas se desplegaron en Europa en 1953 con el 7.º Ejército, y algunas piezas lo hicieron en Corea del Sur en el contexto de la participación norteamericana en la guerra de Corea en ese mismo año. Estas piezas de artillería se retiraron en los primeros años de la década de los sesenta. El concepto de utilización de estos ingenios nucleares que hemos citado había ido sin duda variando con el tiempo, y posiblemente influyó en su retirada el que la decisión de su utilización pudiera recaer en niveles tácticos de mando.

Respecto a las armas nucleares tácticas, y aunque no existe una definición precisa de las mismas en términos de alcance o potencia, se entiende por nuclear táctico lo que tiene un objetivo más limitado que lo estratégico, y se acepta que su empleo en un conflicto sería en un teatro de operaciones, más para ganar una batalla que para ganar una guerra. No para resolver definitivamente un conflicto (que sería un objetivo estratégico), sino para cambiar el curso del mismo hacia una situación más favorable, o para hacer frente a una situación crítica.

Para mí, y basándome en la definición de la palabra *táctico* y en la consideración de Europa como potencial campo de batalla, las armas nucleares tácticas serían aquellas que podrían permitir al enemigo utilizarlas considerando que no llegaban a cruzar el umbral de la guerra de carácter nuclear generalizado y que podría todavía llegarse a una negociación favorable para sus intereses.

Lo que es táctico para unos puede ser estratégico para otros, y las armas nucleares tácticas pueden tener un empleo claramente estratégico si son empleadas contra objetivos civiles como pueden ser las ciudades europeas a su alcance, que podían resultar totalmente destruidas si son objeto de un ataque nuclear por muy táctica que fuera el arma empleada. Esa arma sería en este caso estratégica, aunque no tuviera el alcance suficiente para llegar a Estados Unidos. Lo que está meridianamente claro es que, más que ser un elemento principal o directo de disuasión nuclear, lo son de posible empleo si la disuasión falla.

El lector podría pensar que la terminología es un aspecto secundario y que lo importante es la capacidad (variable) de todas las armas nucleares. Tendría razón, pero si aquí hemos dedicado las consideraciones anteriores a este tipo de armas es porque, como veremos posteriormente, no han estado sujetas a las mismas limitaciones que han impuesto a lo largo de los años los tratados de reducción de armas nucleares firmados directamente entre Estados Unidos y la Unión Soviética. Indirectamente ello implica que ambas superpotencias han considerado, de forma muy negativa para nosotros, que el previsible campo de batalla, al menos en las primeras fases de un conflicto, sería nuestro continente.

En cualquier caso, los objetivos de las armas nucleares tácticas, aparte de la posibilidad de dirigirlas a objetivos civiles como las propias ciudades europeas, serían entre otros las concentraciones importantes de fuerzas terrestres, fortificaciones resistentes a un ataque convencional, desembarcos anfibios de grandes dimensiones, grupos navales de combate o bases de bombarderos estratégicos. Recientemente, y obviamente de gran preocupación para las naciones de Europa occidental, en 2023 Rusia ha hecho pública su decisión de enviar y desplegar armas nucleares tácticas en Bielorrusia, lo que complica el panorama internacional en el marco del conflicto provocado por la invasión de Ucrania en 2022. Volveremos a considerar este asunto con mayor detalle más adelante en un capítulo específico sobre la disuasión y el posible empleo de este tipo de armamento.

Un aspecto menos conocido por el ciudadano y que querría subrayar es el de la existencia de cargas nucleares de rendimiento variable, que permite variar su potencia adecuándola al tipo de conflicto y a la situación del mismo en un momento dado. En la documentación consultada hemos encontrado cargas nucleares capaces de limitar su poder a un rango inferior a un kilotón (hemos hecho referencia anteriormente al sistema David Crockett de 0,2 kilotones). Esto, como también se ha dicho indirectamente, las hace peligrosamente más atractivas desde un punto de vista militar y favorecería la posibilidad de su empleo a un nivel de decisión inferior al deseado por las autoridades políticas.

Para completar esta breve exposición de carácter general de las armas nucleares deberíamos tener en cuenta un par de sistemas muy específicos: la bomba de neutrones y la de pulso electromagnético. La primera se trata de una bomba de fisión-fusión en la que se reduce la energía destructiva y la contaminación posterior, pero no la radiación, que se produce a través de neutrones de alta energía despedidos por este tipo de explosión nuclear y que son capaces de penetrar estructuras y blindajes terrestres (como los de los carros de combate), afectando no a las infraestructuras materiales, sino al personal combatiente y, al parecer, a los sistemas de guiado de los misiles enemigos. Esta arma, de carácter eminentemente táctico, se concibió ya en los últimos años cincuenta y se desarrolló en los primeros años de la década de los sesenta, y su particular interés es el poder utilizarla a corta distancia en el contexto de una operación terrestre o como recurso para anular la capacidad de guiado de los misiles intercontinentales.

El otro sistema mencionado en el párrafo anterior, y que no podemos dejar de reseñar aquí, es la bomba de pulso electromagnético. Se trata de un ingenio nuclear cuya explosión a gran altitud causaría una radiación electromagnética de gran intensidad, un pulso electromagnético, que afectaría a todos los equipos electrónicos de un área de enormes dimensiones. Un ataque de este tipo, que necesitaría según la información conseguida de una bomba nuclear de aproximadamente un megatón y un vector de lanzamiento (un misil) que la situara a una altitud de 300 a 500 kilómetros (altitud del orden de la que discurren la mayoría de los satélites), provocaría, al desarticular las infraestructuras electrónicas del país atacado, un caos impresionante que, además de tener consecuencias de todos los órdenes, permitiría posiblemente un ataque masivo inmediatamente posterior, que sería más difícil de neutralizar o de responder en medio del caos reinante.

Es obvio, y no se necesita recurrir a ninguna confirmación oficial, que a lo largo de todos estos años los países poseedores de estas armas han invertido una parte importante de sus presupuestos de defensa en su conservación y actualización de acuerdo con los avances técnicos aplicables a las mismas. Las investigaciones y las consideraciones estratégicas para hacerlas más eficaces en el contexto de un conflicto han ido siempre de la mano. En cualquier caso, no podemos pretender aquí dar a conocer y exponer características o desarrollos precisos de las armas de última generación que se investigan en las principales potencias mundiales en este campo, que obviamente tienen clasificación de alto secreto. Dos ejemplos muy ilustrativos de ello serían la bomba de neutrones y la de pulso electromagnético, de las que no se habla apenas en la actualidad.

***

Entre los avances experimentados por las armas nucleares, una parte muy importante corresponde a sus vectores de lanzamiento, los misiles con capacidad de portarlas. En este campo, un factor de gran importancia lo constituye la tecnología MIRV (*multiple independently targetable reentry vehicle*), mediante la cual un solo misil balístico puede alojar un dispositivo con varias ojivas nucleares que en la fase de descenso se separarían del misil portador y se dirigirían a objetivos distintos. Esta tecnología la poseen al menos Estados Unidos, Rusia, Francia y el Reino Unido, y permite reducir el número de misiles sin disminuir el número de cabezas nucleares.

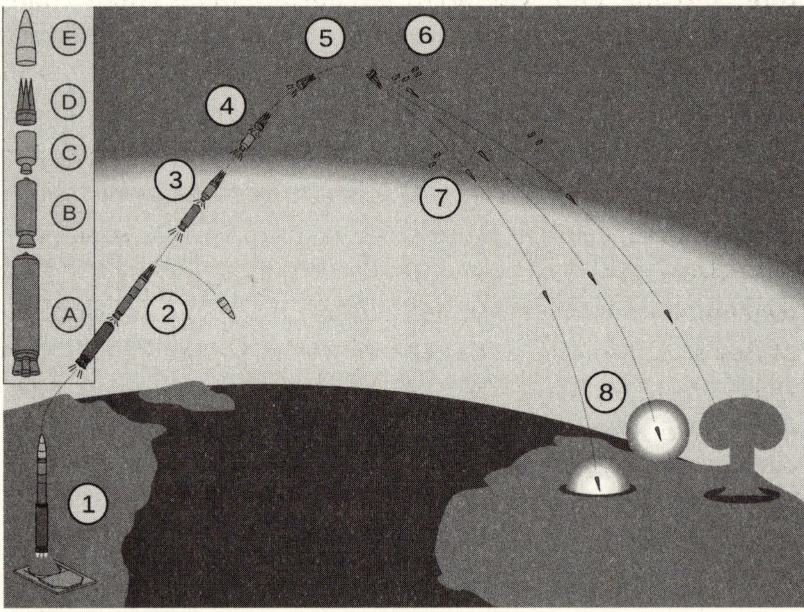


Composición de la trayectoria y funcionamiento de un misil intercontinental con capacidad MIRV.

En cuanto a los misiles nos debe causar particular preocupación el hecho de que, perteneciendo o no al Tratado sobre la No Proliferación de Armas Nucleares (el TNP), cada vez es mayor el número de países que disponen de misiles que pueden alcanzar distancias cada vez mayores conteniendo cargas convencionales o nucleares. El ejemplo más actual lo tenemos en Corea del Norte y sus pruebas de misiles que sobrevuelan el espacio aéreo de responsabilidad de Japón. En cuanto a este asunto, a lo largo de este libro iremos viendo los tratados acordados entre Estados Unidos y la Unión Soviética o Rusia para la limitación no solo de las ojivas o cabezas nucleares, sino también de los misiles con capacidad de portarlas.

Otro factor de particular importancia que revoluciona la idea firmemente asentada durante los años de la Guerra Fría, y todavía vigente, de la utilización de las armas nucleares como factor de disuasión o de respuesta a un ataque nuclear y como último recurso de defensa de los intereses vitales de un Estado, es la reducción del volumen y el peso de estos ingenios, a lo que, en el campo de los misiles, deberíamos añadir al aumento de su alcance y de su precisión.

En cualquier caso, deberíamos considerar cómo serían los cambios medioambientales y las consecuencias para la vida en nuestro planeta como resultado de un conflicto generalizado entre las potencias mundiales que hoy poseen armamento nuclear, principalmente Estados Unidos, Rusia y China. Se ha hablado mucho de la destrucción total de la tierra y de la civilización, o de las condiciones de vida de los que sobrevivieran al desastre. Aunque se ha escrito mucho sobre ello, no podemos en este trabajo ofrecer una información detallada y concreta sobre el resultado de un conflicto nuclear generalizado, pero sí podemos permitirnos pensar lo que al menos podría suceder si se produjera un intercambio masivo nuclear entre Estados Unidos y Rusia aun dentro de las limitaciones suscritas por ambos países en virtud del Tratado New START que limita el número de ojivas nucleares desplegadas de cada uno de ellos a 1550. En este caso, el número de explosiones nucleares podría alcanzar la cifra de varios miles (pues el tratado permite un mayor número de ojivas almacenadas o en reserva), el número de víctimas llegar a cientos de millones en un primer momento, número que podría aumentar por efectos de la radiación que se extendería por vastas regiones del planeta y, al parecer de los expertos, provocar durísimos efectos climatológicos, pues sufriríamos un «invierno nuclear» de varios meses de duración debido a las capas de nubes de hollín que se formarían en las altas regiones de la atmósfera debido a las explosiones nucleares, que afectarían drásticamente a la vegetación y a la producción agrícola y ganadera.

Todo dependería de cómo se desarrollase una situación de este tipo. Sobre la situación en que nos encontraríamos en el caso de una crisis en la que comenzaran a utilizarse armas nucleares, ¿se llegaría a un alto el fuego antes de alcanzar un intercambio masivo y la total destrucción de los contendientes?, ¿se podría preparar previamente a la población antes del desencadenamiento de un conflicto generalizado para reducir en la medida de lo posible el impacto sobre la misma?, ¿los misiles tierra-aire de los sistemas de defensa aérea destruirían una buena parte o incluso la mayor parte de los misiles estratégicos que intercambiarían los contendientes? Muchas cuestiones que no tienen apenas respuesta.

A modo de conclusiones de lo expuesto en este capítulo, podríamos aceptar que las armas nucleares son un hecho sobre el que se ha investigado mucho y se sigue haciéndolo en la actualidad en los países que tienen recursos para ello (y en algunos de los que no los tienen), que han aumentado su potencia y capacidades hasta extremos que hacen aún más difícil de justificar su existencia, y que paralelamente han disminuido su peso y su tamaño, lo que las hace más difíciles de controlar.

# *La carrera de armamentos nucleares*

La situación en Europa en los años 1946 y 1947 era realmente muy delicada. Como ya se ha dicho anteriormente, durante esos años las naciones occidentales fueron tomando progresivamente conciencia del peligro que representaba la Unión Soviética, que iba imponiendo su régimen dictatorial en los países que sus tropas habían ocupado durante la guerra. La situación en toda Europa, incluidos los países libres del continente, era de caos social, administrativo y económico, y no daba apenas síntomas de recuperación. Obviamente, esto creaba un terreno abonado para la implantación de sistemas totalitarios de tipo comunista.

Había que encontrar una solución a esta situación, no solo en el terreno social y económico, sino también en el de la seguridad y la defensa de lo que quedaba, destruido, pero en libertad, de nuestro continente. El 4 de marzo de 1947 Gran Bretaña y Francia, decididos a colaborar en medidas de asistencia mutua en caso de cualquier renovación de la agresión alemana, firmaron el Tratado de Alianza y Asistencia Mutua conocido como el Tratado de Dunkerque, por el que ambas naciones se comprometían a que, en caso de un ataque armado alemán contra ellas, «la otra alta parte contratante proporcionaría a la parte involucrada en las hostilidades todo el apoyo y asistencia militar y de otro tipo que esté a su alcance».[13] El tratado estaba dirigido explícitamente contra el peligro de una

13 Tratado de Alianza y Asistencia Mutua entre el Reino Unido y Francia. Artículo II. cvce.eu/publication/1997/10/13/1fb9f4b5-64e2-4337-bc78-db7e1978de09/publishableen.pdf

nueva agresión alemana, pero a juicio de algunos analistas la abundante mención a Alemania en su texto era una manera de no provocar a la Unión Soviética, que ya era considerada como una amenaza letal para las democracias europeas que todavía no habían caído bajo el dominio comunista.

Para 1948 la Unión Soviética ya se había apoderado de la mitad oriental de Europa, y había intentado hacerse con territorios de Turquía tratando de conseguir dos años antes la cesión de las provincias de Kars y Ardahan en el este del país y el control de los estrechos del Bósforo y Dardanelos presionando internacionalmente desde 1946 a 1953 para revisar a su favor los términos de la Convención de Montreux (que ella misma había firmado junto con otros países en 1936). Esta convención, que regula el paso de buques de guerra por los estrechos que separan (y enlazan) el Mediterráneo con el mar Negro, está en vigor desde 1936 y sigue siendo un tratado que afecta la presencia de buques de guerra occidentales en el mar Negro, cuestión de particular importancia potencial en la situación actual de guerra en Ucrania.

En los Balcanes, Yugoslavia estaba apoyando al partido comunista griego en la guerra civil que tuvo lugar en este país desde 1946 a 1949. Si hubiera vencido el Frente Nacional de Liberación y su instrumento militar, el Ejército de Liberación del Pueblo Griego, ambos dominados por el partido comunista, este país habría entrado en la órbita soviética.

Mientras tanto en el resto del continente, y gracias a los deseos generalizados de reformas sociales y a la introducción de la ideología marxista en la vida política, «la mayoría de los europeos se encontraron siendo gobernados por coaliciones de políticos de izquierda y centro-izquierda bastante similares a los frentes populares de la década de 1930»[14]. En las primeras elecciones de postguerra en Noruega y Dinamarca, los comunistas se hicieron con el 12 % del voto y en las de Bélgica con el 13 %. En las elecciones de Italia de abril de 1946 llegaron

14 Judt, Tony. *Postguerra. Una historia de Europa desde 1945*. Pág. 109. Santillana Taurus historia. Madrid 2008.

al 19 %, y en las francesas de noviembre del mismo año fueron la fuerza política más votada con el 28,8 % de los votos.[15] Allanando el camino a lo que vendría después, en las elecciones celebradas en Checoeslovaquia en mayo de 1946 (sus últimas elecciones libres hasta 1990), los comunistas consiguieron el 38 % de los votos.[16]

Para completar el panorama europeo, en el continente había millones de personas que habían perdido sus hogares, desplazados forzosos que querían volver a sus países de origen, un hambre generalizada y un invierno, el de 1947-1948, crudísimo, el peor desde 1880,[17] que había dejado a Gran Bretaña sin electricidad y sin fuerzas para seguir apoyando militarmente a Grecia y Turquía ante la presión comunista. En esta situación se había producido meses atrás, el 12 de marzo de 1947, la declaración del presidente norteamericano en el Congreso que fue conocida como la doctrina Truman. Extraemos de su discurso los dos párrafos más significativos de los cambios que se avecinaban: «Creo que la política de los Estados Unidos debe ser apoyar a los países libres que están resistiendo los intentos de subyugación por parte de minorías armadas o presiones exteriores», y «si fallamos en ayudar a Grecia y Turquía en esta fatídica hora, el efecto será trascendental tanto para el Oeste como para el Este. Debemos actuar resuelta e inmediatamente».[18] Y así lo hicieron.

Hasta el discurso del presidente Truman y la inmediata ayuda norteamericana a Grecia y Turquía, la Unión Soviética había estado aplicando, con bastante fidelidad, lo que había sido ya *bendecido* por el presidente norteamericano Roosevelt, que, según Raymond Aron, «daba su asentimiento a las conquistas territoriales ansiadas por Stalin a costa de Rumania y de Finlandia, y también esperaba que continuara la cooperación

15 Lowe, Keith. *Continente salvaje. Europa después de la Segunda Guerra Mundial.* Pág. 325. Galaxia Gutenberg. Barcelona 2012.

16 Judt, Tony. *Postguerra. Una historia de Europa desde 1945.* Pág. 129. Santillana Taurus historia. Madrid 2008.

17 *Ibid.* Pág. 139.

18 Cook, Don. *Forging the Alliance.* Pág. 74. Secker and Warburg. Londres 1989.

de los tres grandes o al menos de la Unión Soviética y Estados Unidos después de la guerra».[19] Estamos hablando del reparto de Europa en zonas de influencia definidas por porcentajes de la misma en las naciones liberadas, lo que de hecho había sido objeto de un acuerdo entre Churchill y Stalin en la visita del primero a Moscú en octubre de 1944. Según este acuerdo:

> Los porcentajes de la influencia respectiva de la Unión Soviética y la Gran Bretaña, válidos al principio solo para la fase de ocupación y establecidos por Molotov y Eden, eran los siguientes: Hungría 80-20, Rumanía 90-10, Bulgaria 80-20, Yugoeslavia 60-40, y Grecia 10-90.[20]

En cualquier caso, estos *apaños* de difícil cumplimiento y supervisión quedaron obsoletos por los acuerdos de Yalta, pero estos últimos tampoco se cumplieron como debían y dejaron media Europa totalmente a merced de los soviéticos.

En su conjunto, la idea del reparto de Europa estaba ya en 1944 considerada y negociada por las tres grandes potencias vencedoras, para desgracia de los países del Este de nuestro continente y para vergüenza posterior de las primeras. Debemos recordar en particular el caso de Polonia, nación por cuya defensa precisamente habían entrado en la guerra Gran Bretaña y Francia, y que, después de que ganaran estos países la contienda, se vio despojada de los territorios que la Unión Soviética, ¡aliada entonces con la Alemania nazi!, le había arrebatado durante la guerra. Polonia fue sometida al acabar la misma a un férreo control comunista. Actualmente, y en gran parte por impulso norteamericano, casi todos los países que fueron ocupados y sometidos por los soviéticos se sientan en el Consejo Atlántico como miembros de la OTAN.

El año 1948 marcó el punto de inflexión y el cambio de la actitud de los países de la Europa occidental respecto a su propia seguridad, y el definitivo interés norteamericano en los

---

19 Aron, Raymond. *La República Imperial. Los Estados Unidos en el mundo (1945-1972)*. Pág. 51. Alianza Editorial. Madrid 1976.

20 *Ibid.* Pág. 52.

asuntos europeos ante el progresivo avance comunista. Lo que colmó el vaso del temor occidental fue la toma del poder por los comunistas en Checoeslovaquia en febrero de ese año. A la caída de Checoeslovaquia siguió el comienzo del bloqueo soviético a Berlín el 24 de junio. En esos meses se percibía con claridad la posibilidad de una nueva guerra, y las decisiones llegaron en cascada: el 17 de marzo de 1948 el Reino Unido, Francia, Bélgica, Holanda y Luxemburgo firmaron el Tratado de Bruselas, cuya disposición principal estaba contenida en el artículo IV (en la revisión de este tratado que tuvo lugar en 1954 figura como artículo V) que establecía que, si una parte era atacada, todas las demás le proporcionarían «toda la ayuda militar y de otro tipo que fueran capaces».[21] El mismo día que esto sucedía, el presidente Truman solicitaba al Congreso la aprobación del Plan Marshall, que fue aceptado dos días más tarde, y otros pocos días más, el 22 de marzo, a instancias del ministro de Asuntos Exteriores británico Ernest Bevin, comenzaban en Washington unas conversaciones secretas que culminarían al año siguiente con la firma del Tratado del Atlántico Norte.

Es de señalar que hasta entonces una no despreciable parte de los políticos estadounidenses albergaban la esperanza de un posible entendimiento con la Unión Soviética, y la doctrina comunista atraía a las élites intelectuales norteamericanas y de los países libres de Europa continental, y a una parte importante de la población de estos últimos. Citando de nuevo a Tony Judt, «muchos líderes estadounidenses hablaban y actuaban como si creyeran en la continuación de la alianza establecida con Stalin durante la guerra».[22]

En cualquier caso, en el cambio de la actitud norteamericana respecto a la Unión Soviética por aquellas fechas influyó muy particularmente el famoso *largo telegrama* que el diplomático norteamericano George Kennan envió el 22 de febrero de 1946 desde la embajada en Moscú, donde posteriormente (en

21 Tratado de Bruselas revisado en 1954. BOE n.º 110 de 8 de mayo de 1990.

22 Judt, Tony. *Postguerra. Una historia de Europa desde 1945*. Pág. 171. Santillana Taurus historia. Madrid 2008.

1952) sería embajador, aunque por poco tiempo, porque ese mismo año los soviéticos le declararon *persona non grata* y le impidieron la estancia en el país.

Por la importancia que tuvo Kennan en el cambio de rumbo de la política de Estados Unidos respecto a la Unión Soviética recogemos aquí un párrafo de su *largo telegrama:*

> La política soviética se ha orientado siempre hacia un final último que es la revolución mundial y la dominación del mundo por los comunistas. La política soviética no ha cambiado nunca a este respecto y, por tanto, es posible prever que no cambié en el futuro.

Al año siguiente, Kennan publicó un artículo que tuvo gran éxito, «Las fuentes de la conducta soviética»,[23] que de una manera u otra influyó decisivamente en la política exterior estadounidense. Extraemos de este artículo tres afirmaciones muy interesantes: «Está claro que el elemento principal de cualquier política de los Estados Unidos respecto a la Unión Soviética debe ser a largo plazo, paciente, firme pero vigilante en la contención de las tendencias rusas a la expansión», propone «iniciar con razonable confianza una política firme de contención, diseñada para hacer frente a los rusos con una inalterable fuerza de reacción en todos aquellos puntos donde se detecten signos de que están intentando introducirse en contra del interés de un mundo pacífico y más estable» y, de no menos interés, se mostraba partidario de que «una mayor presión deberá imponerse sobre la política exterior del Kremlin».

Ante la situación creada por los avances comunistas en los primeros años de la postguerra y sin duda influenciados por los consejos de George Kennan, respondieron los Estados Unidos. Había comenzado la Guerra Fría.

***

23 Kennan, George. *The Sources of Soviet Conduct.* Publicación *Foreign Affairs* n.º 4. Julio 1947.

En el terreno de lo nuclear, en los primeros años de la postguerra el monopolio norteamericano de las armas nucleares le fue muy útil a Estados Unidos para compensar la situación creada por la desmovilización de las fuerzas norteamericanas, británicas y francesas que habían combatido en la guerra mundial mientras que por el contrario se mantenían al completo los efectivos de la Unión Soviética en los países de Europa central y del este que habían conquistado. Estas fuerzas constituían una presión permanente y la baza más importante para imponer allí regímenes comunistas, así como una peligrosísima amenaza para el resto de países de nuestro continente.

En 1948, según Ronald Powasky en su libro *La guerra fría*, un informe del entonces recién creado Consejo de Seguridad Nacional (NCS) norteamericano, el informe NCS-20, decía que «el objetivo soviético era nada menos que la dominación del mundo entero» (lo había dicho Kennan dos años antes en su *largo telegrama*), y otro estudio posterior del mismo organismo (el NSC-30) consideraba que «en el caso de que hubiera hostilidades, la bomba atómica podría disuadir a la Unión Soviética de invadir la Europa occidental».[24]

Otro informe del Consejo de Seguridad Nacional, el NSC-68, fue de la máxima importancia en cuanto a la situación nuclear en la Unión Soviética y la postura de Estados Unidos ante la misma. Este informe, fechado el 14 de abril de 1950, había sido presentado al presidente norteamericano por sus secretarios de Estado y de Defensa, y enviado por Truman al Consejo de Seguridad Nacional (NSC) el 12 de abril de 1950 para su análisis y consideración. El informe fue calificado entonces como *top secret* y desclasificado en 1975. Con los datos de la CIA, el informe estimaba en su página 19 que la Unión Soviética poseería para mediados de 1950 entre diez y veinte bombas de fisión, entre veinte y cuarenta y cinco en 1951, entre cuarenta y cinco y noventa en 1952, al año siguiente entre setenta y 135, y en 1954 unas 200 bombas atómicas. En sus conclusiones,

24 Powaski, Ronald. *La guerra fría. Estados Unidos y la Unión Soviética. Pág. 100.* Crítica S. L. Barcelona 2011.

(página 60 del documento) puede leerse que «los análisis indican que la capacidad probable de bombas de fisión y la posible capacidad termonuclear de la Unión Soviética han intensificado grandemente la amenaza soviética a la seguridad de los Estados Unidos», y también lo siguiente:

> Los Estados Unidos se enfrentan ahora a la contingencia de que dentro de los próximos cuatro o cinco años la Unión Soviética poseerá la capacidad militar de lanzar un ataque sorpresa atómico de tal envergadura que los Estados Unidos deberán haber aumentado sustancialmente y con carácter general su fortaleza aérea, terrestre y naval, sus capacidades atómicas, y sus defensas aéreas y civiles para disuadir la guerra y proporcionar una razonable seguridad en caso de guerra, de que podría sobrevivir al golpe inicial y avanzar hasta el logro final de sus objetivos.[25]

Para poder valorar la importancia del contenido de este documento, merece la pena detenernos un momento a analizar la estructura y funciones del Consejo de Seguridad Nacional norteamericano, considerar su capacidad de producir recomendaciones para el presidente de la nación más poderosa del mundo, y tener en cuenta las potenciales consecuencias de sus informes en la posición y las decisiones de Estados Unidos en la escena internacional.

El Consejo de Seguridad Nacional fue establecido por el Acta de Seguridad Nacional de 1947 durante la administración Truman. El Consejo sigue vigente en la actualidad y es el principal foro del presidente para la toma de decisiones en el campo de la seguridad nacional y la política exterior de Estados Unidos, así como el principal instrumento para coordinar asuntos de seguridad nacional entre los diferentes departamentos del Gobierno. Lo preside el propio presidente, y entre sus miembros están el vicepresidente y los secretarios (ministros) de Estado, de Defensa, de Energía y de Interior. También asisten el presidente de la Junta de Jefes de Estado Mayor, el representante ante la ONU, el fiscal general y el director nacional de Inteligencia.

25 National Security Council Report NCS-68. 14 de abril de 1950.

Además, se invita a participar a todas las autoridades que en cada caso se precisasen (entre ellos lo ha sido más recientemente el coordinador para la respuesta a la pandemia de la covid-19)[26].

El Consejo (o sus comités especializados) producen informes secretos que con el paso del tiempo llegan a desclasificarse. Este es el caso de dos de ellos, el NSC-68 (al que nos hemos referido ya) y el NSC-162, ambos de gran interés en aquellos años en los que la Unión Soviética era un peligro nuclear en ascenso y el Consejo de Seguridad Nacional aconsejaba al presidente Truman cómo hacerle frente. Y de aquí y por estos años nace la carrera de armamentos nucleares entre las dos superpotencias que ha tenido en vilo a la humanidad desde entonces.

Haciendo referencia una vez más a los informes del Consejo de Seguridad Nacional, traeremos también aquí unas consideraciones expuestas por el informe NCS 162/2, *Statement of Policy by the National Security Council on Basic Security Policy.* Este documento, aprobado por el presidente Eisenhower el 30 de octubre de 1953, afirmaba:

> La capacidad de la URSS de atacar los Estados Unidos con armas atómicas ha estado creciendo continuamente y se incrementará materialmente por armas de hidrógeno. La URSS tiene suficientes bombas y aviones, utilizando misiones unidireccionales para infligir serios daños a los Estados Unidos especialmente con un ataque sorpresa. La URSS pronto podrá tener la capacidad de asestar un golpe devastador a nuestra base industrial y a nuestra capacidad de proseguir una guerra.[27]

En las conclusiones de este documento y sobre este mismo asunto podemos encontrar otra afirmación importante: «El riesgo de una agresión soviética se minimizará manteniendo una postura fuerte de seguridad, haciendo énfasis en una adecuada fuerza de represalia ofensiva y fuerza defensiva. Esta

---

26 Ver whitehouse.gov/nsc/#.~.text=The%20National%20Security%20Council%20isthese% 20across%20 federal%20agencies

27 National Security Council Report NCS-162/2. 30 octubre 1953. Pág. 2, punto 4.a.

debe basarse en una capacidad atómica masiva incluyendo las bases necesarias».[28] Más adelante, la última cita que querría traer de este informe es la afirmación de que «en caso de hostilidades los Estados Unidos considerarán el armamento nuclear tan utilizable como cualquier otro tipo de munición».[29]

Explosión del primer ensayo nuclear de una bomba de fusión (bomba de hidrógeno). Lo llevaron a cabo Estados Unidos en las islas Marshall en el Pacífico. La bomba y el experimento llevó el nombre clave de Ivy Mike, y la potencia fue de 10,4 megatones. Fue la de mayor potencia de todas las pruebas nucleares norteamericanas.

28 *Ibid.* Pág. 19, punto 34.a.
29 *Ibid.* Pág. 22, punto 39.b.

En cualquier caso, en 1953 la carrera de armamentos nucleares entre los Estados Unidos y la Unión Soviética estaba ya en marcha, sustentada principalmente por la decisión soviética de conseguir este tipo de armamento, asunto al que desde el final de la guerra dedicaba todos sus esfuerzos, espías en Inglaterra y Estados Unidos incluidos. De hecho, logró explosionar su primera bomba atómica (de fisión nuclear) el 29 de agosto de 1949 y su primera bomba de hidrógeno (fusión nuclear) el 12 de agosto de 1953, esta última tan solo diez meses más tarde de que lo hicieran los norteamericanos, el 1 de noviembre de 1952.

Por su parte, y con toda seguridad en coordinación con Estados Unidos, el Reino Unido detonó su primera bomba atómica el 2 de octubre de 1952 y la primera de hidrógeno el 15 de mayo de 1957. Francia realizó su primera prueba nuclear de fisión el 13 de febrero de 1960 en el desierto del Sahara y la de hidrógeno tendría que esperar hasta el 24 de agosto de 1968. En el otro lado del espectro político, la República Popular China probó su primera bomba atómica el 16 de octubre de 1964 y la de hidrógeno, adelantándose a Francia, el 17 de junio de 1967. Con la entrada de China se había completado el *club atómico* de cinco países, Estados Unidos, la Unión Soviética, el Reino Unido, Francia y China, que serían aceptados como *países poseedores* de armamento nuclear en el Tratado sobre la No Proliferación de Armas Nucleares, que entró en vigor el 5 de marzo de 1970. La carrera de armamentos nucleares estaba ya entonces alcanzando su madurez.

Para completar el alarmante panorama que se cernía sobre el mundo, deberíamos incluir los programas nucleares de la India y Pakistán, que terminaron logrando hacerse con la bomba atómica en el año 1974 y 1998 respectivamente. En este último año Pakistán y la India realizaron, obviamente con un importante componente intimidatorio, una demostración de su capacidad explosionando cada uno de estos países cinco ingenios nucleares, lo que provocó una resolución de la Asamblea General de la ONU el 3 de junio de 1998 condenando estos ensayos e «instando firmemente a estos gobiernos a abstenerse de realizar futuros ensayos nucleares, de emplazar misiles y de colocar armas en vectores, u otras medidas que incrementen la tensión en la región»[30]. También Sudáfrica llevó a cabo por aquellos años un programa para obtener la bomba atómica, aunque después de construir seis de ellas en la década de los ochenta (sin llevar a cabo que sepamos ningún ensayo previo) renunció públicamente a su programa y a su capacidad militar nuclear en el año 1993 y desmanteló las bombas y todas las infraestructuras que había construido. De menor envergadura, sin ningún resultado concreto y terminando por incorporarse al Tratado sobre la No Proliferación, también se llevaron a cabo investigaciones sobre este campo al menos en Irán, México, Argentina e incluso en España, asunto este último al que dedicaremos más adelante un capítulo específico.

AÑOS EN QUE LOS DIFERENTES PAISES LLEVARON A CABO SUS PRIMERAS PRUEBAS NUCLEARES

| PAIS | BOMBA ATOMICA (DE FISION) | BOMBA DE HIDROGENO (DE FUSION) |
|---|---|---|
| Estados Unidos | 1945 | 1952 |
| URSS/Rusia | 1949 | 1953 |
| Reino Unido | 1952 | 1957 |
| Francia | 1960 | 1968 |
| China | 1964 | 1967 |
| India | 1974 | 1998 |
| Pakistan | 1998 | ¿1998? |
| Israel | ¿1979? | ¿1979? |
| Corea del norte | 2006 | ¿? |

Mientras tanto, los programas nucleares que llevaron a cabo Estados Unidos y la Unión Soviética en los años sesenta y posteriores dieron como resultado un incremento exponencial del número de ojivas nucleares (bombas al fin y al cabo) de sus arsenales hasta cifras realmente absurdas. Veamos este proceso.

***

30 Resolución de la Asamblea General de la ONU AG/RES: 1600 (XXVIII-O/98).

En la década de los cincuenta la Guerra Fría había ido aumentando su carácter amenazador, y, aunque al comenzar la presidencia de Kennedy (el 20 de enero de 1961) las relaciones con la Unión Soviética habían experimentado una cierta mejoría, pronto se volvió a consolidar el radical antagonismo entre las dos grandes potencias. Esta vez la crisis se fraguó en Cuba y tuvo su origen en el apoyo de la CIA al desembarco en la bahía de Cochinos el 17 de abril de 1961 de un contingente de cubanos exiliados opuestos al régimen comunista de Fidel Castro. El desembarco fue un fracaso, y tan solo meses más tarde, Estados Unidos auspiciaba a través de la CIA sabotajes en la isla (operación Mangosta) y el Gobierno cubano consideraba que era cuestión de poco tiempo una invasión de la isla por Estados Unidos.

En este estado de cosas, al año siguiente Nikita Jrushchov decidió aumentar la presencia soviética en la isla y desplegar allí treinta y seis misiles nucleares de alcance medio y veinticuatro de alcance intermedio (otras fuentes hablan de cuarenta y dos misiles R12 de alcance medio, del orden de 2000 kilómetros, y 162 ojivas nucleares) como un elemento más de confrontación con Estados Unidos y como apoyo a las autoridades revolucionarias cubanas. Ante esta situación, y para impedir la llegada de estas armas a la isla, los Estados Unidos comenzaron un bloqueo naval el 23 de octubre de 1962, y durante cinco días pareció que una confrontación nuclear entre las dos superpotencias podía ser inminente. Se negoció secretamente entre norteamericanos y soviéticos, y el resultado final fue la retirada de los misiles nucleares, una declaración norteamericana en la que renunciaban a apoyar cualquier tipo de acción contra el régimen comunista cubano, y la retirada de los misiles norteamericanos de alcance intermedio Júpiter (2400 kilómetros de alcance) de Turquía y de Italia.

Esta fue una de las mayores crisis que se produjeron en la Guerra Fría. No es aventurado considerar que fue la más importante desde el punto de vista nuclear. De hecho, la guerra que hubiera tenido lugar entre la Unión Soviética y los Estados Unidos se hubiera convertido inmediatamente en una tercera guerra mundial en la que previsiblemente se habría recurrido al empleo masivo de las armas nucleares. En cualquier caso, y ese es el propósito de traer aquí unas consideraciones sobre esta crisis, influyó en la continuación de la carrera de armamentos nucleares entre las dos mayores potencias del mundo.

El hecho es que Estados Unidos incrementó progresivamente en la primera mitad de los años sesenta el número de sus ojivas atómicas y sus vectores de lanzamiento, y llegó al final del decenio, según Ronald Powaski, a disponer de 1059 misiles balísticos intercontinentales (ICBM), 700 misiles balísticos lanzados desde submarinos (SLBM) y más de 500 bombarderos B-52 capaces de alcanzar cualquier punto de la Unión Soviética.[31] En cuanto a esta última, durante esa misma década se embarcó en un programa intensivo de aumento de su arsenal nuclear, que continuó durante los años siguientes y le llevó a lograr una paridad en el número de armas nucleares con Estados Unidos que al parecer consiguieron en el año 1978.

Según Powaski, en el año 1968 la URSS disponía ya de 800 misiles balísticos intercontinentales basados en tierra (ICBM) y de 130 capaces de ser lanzados desde sus submarinos nucleares (SLBM).[32] Otras informaciones publicadas dan para el año 1969 las cifras de 2291 vectores estratégicos (misiles) y 4200 cabezas nucleares para Estados Unidos, y 1419 vectores y 1350 cabezas para la Unión Soviética. Demasiadas. En cualquier caso, los soviéticos no cejaron en su empeño de superar a Estados Unidos en este campo, las cifras siguieron aumentando, y en la segunda mitad de los años ochenta la Unión Soviética llegó a disponer de unas 40 000 cabezas nucleares y el total mundial sobrepasó la escalofriante cifra de 70 000 según la Federation of American Scientists, organización de gran prestigio en el campo nuclear nacida en 1945 y fundada por científicos que habían participado en el Proyecto Manhattan.[33] Este número

31 Powaski, Ronald. *La guerra fría. Estados Unidos y la Unión Soviética*. Pág. 178. Crítica S. L. Barcelona 2011.

32 *Ibid*. Págs. 204 y 209.

33 Kristensen, Hans y otros. *Estimated Global Nuclear Warhead Inventories, 2024*. Federation of American Scientists. https:/fas.org/initiative/status-world-nuclear-forces/

de ojivas, en caso de utilización de todas ellas, hubiera posiblemente ocasionado la destrucción de la humanidad o al menos un cambio drástico en la forma de la vida en nuestro planeta. ¿Por qué se llegó a una cifra tan monstruosa?, ¿estaban locos los responsables soviéticos y norteamericanos?; quizás sí, unos más que otros. Menos mal que estos números se redujeron drásticamente en los años siguientes como fruto de los acuerdos que suscribieron ambos países y, en especial, en virtud del acuerdo INF de armas nucleares de medio alcance por el que se prohibieron todas las armas de este tipo. Hablaremos de todo ello en otro capítulo de este libro.

Para entender la situación en aquellos momentos deberíamos también tener muy en cuenta que Estados Unidos y la Unión Soviética se jugaban, además de la defensa de su propio país, su propia relevancia como primera potencia mundial, el control del mundo. Lo que estaba en juego era la supremacía de un orden comunista contra una concepción democrática liberal que, heredada de la cultura europea, lideraban ahora los Estados Unidos.

Y en este estado de cosas es cuando se produjo en los años sesenta la negociación y el acuerdo internacional del Tratado sobre la No Proliferación de Armas Nucleares, que veremos un par de capítulos más adelante.

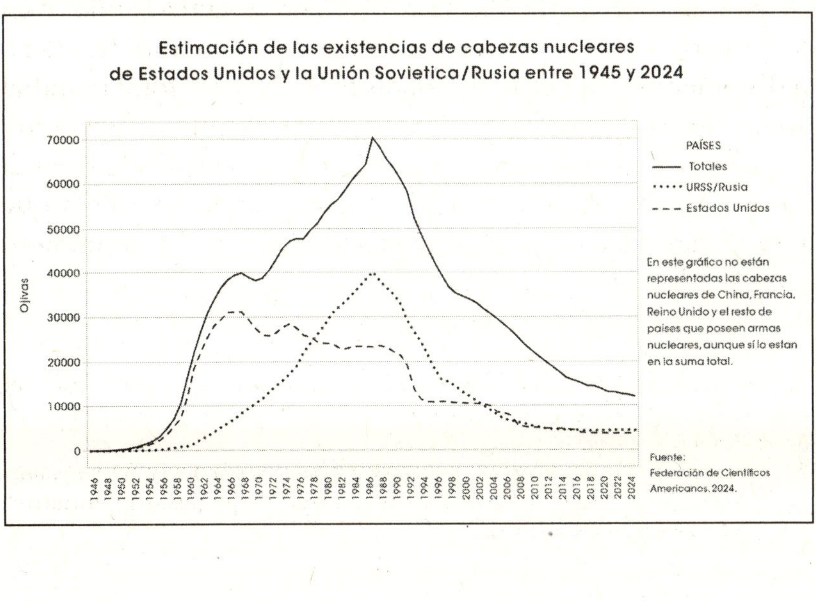

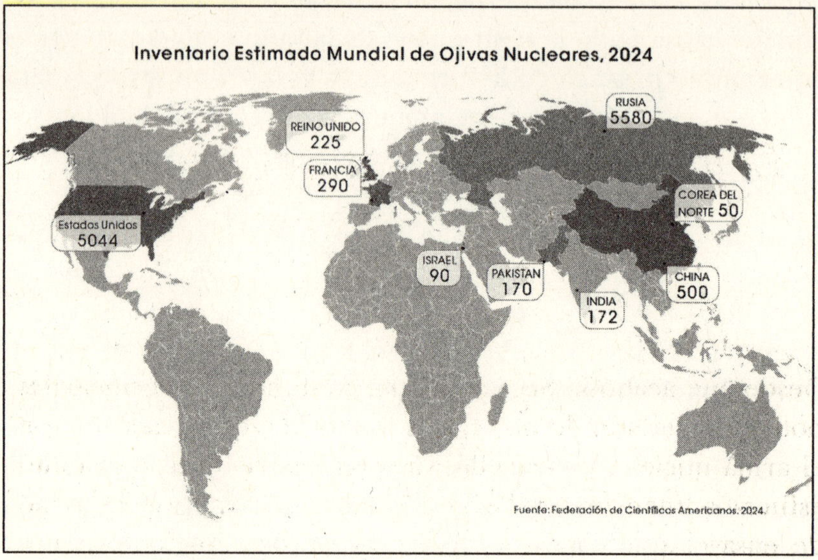
Inventario Estimado Mundial de Ojivas Nucleares, 2024
RUSIA 5580
REINO UNIDO 225
FRANCIA 290
COREA DEL NORTE 50
Estados Unidos 5044
ISRAEL 90
PAKISTAN 170
CHINA 500
INDIA 172
Fuente: Federación de Científicos Americanos. 2024.

# *El problema de los ensayos nucleares*

Desde que acabó la Segunda Guerra Mundial las principales potencias del mundo no regatearon esfuerzos en hacerse con el arma nuclear, y para ello investigaron, dedicaron grandes esfuerzos financieros y llevaron a cabo una enorme cantidad de ensayos que causaron en los primeros años importantes daños al medio ambiente en todo el mundo. En todo el mundo, porque las potencias nucleares norteamericana y europeas procuraron realizar sus pruebas lejos de sus fronteras. En especial se llevaron a cabo multitud de ensayos atmosféricos en la región del océano Pacífico. Pueden citarse como ejemplo las pruebas nucleares de Estados Unidos en el atolón Bikini de las islas Marshall, las británicas en la isla Malden, o las de Francia en el atolón Mururoa de la Polinesia francesa.

En Naciones Unidas se creó el 24 de enero de 1946 una comisión (United Nations Atomic Energy Comission) con objeto de formular propuestas concretas para controlar el uso de la energía atómica a nivel mundial y la investigación y desarrollo de sus usos pacíficos, y, el 31 de diciembre de ese mismo año, Estados Unidos estableció a nivel nacional su propia Comisión de Energía Atómica con los mismos fines y, además, el de dirigir la investigación, el desarrollo y la producción de armas nucleares.

Los programas nucleares de las dos grandes potencias, así como los del Reino Unido, Francia y China, que también participaron en la carrera de armamento nuclear casi desde un principio, necesitaban llevar a cabo *pruebas de calidad* de los productos que desarrollaban y que intentaban que fueran cada vez de mayor potencia. Pronto se vio que estos ensayos tenían un impacto en el medio ambiente de las áreas en las que se realizaban, y surgió la necesidad de impedirlos o al menos de limitarlos. Fueron años de negociaciones para ello en el marco de la Comisión de Naciones Unidas, y principalmente entre Estados Unidos y la Unión Soviética. Inicialmente estos intentos estaban asociados con la reducción o eliminación de este tipo de armamentos, pero posteriormente, y dada la imposibilidad en aquellos momentos de acabar con las armas nucleares, se limitaron al capítulo de sus ensayos.

En esos años el hecho positivo más importante en el campo de la energía nuclear fue sin duda la creación de la Organización Internacional de la Energía Atómica (OIEA o IAEA por su acrónimo en inglés), que tiene sus raíces en la Comisión de la Energía Atómica de Naciones Unidas, que ya hemos citado, y sus antecedentes más cercanos en el famoso discurso del presidente Eisenhower Átomos para la Paz en la Asamblea General de la ONU el 8 de diciembre de 1953.

Esta organización, la OIEA, se fundó en julio de 1957 y un mes más tarde, en agosto de ese año, Estados Unidos hizo una propuesta importante, relacionando la prohibición de ensayos con el cese de la producción de armas atómicas, la reducción de los arsenales existentes y algunas limitaciones en las armas y fuerzas convencionales. La Unión Soviética lamentablemente rechazó aquella propuesta que hubiera implicado una congelación en toda regla de la carrera nuclear. Podemos pensar que estaba retrasada con respecto a Estados Unidos en el desarrollo de las armas atómicas y no le interesaba establecer limitaciones a su propio programa nuclear. A pesar de ello, al año siguiente tanto la Unión Soviética como Estados Unidos y el Reino Unido declararon, aparentemente de forma independiente, una suspensión de sus ensayos por un año si se establecían conversaciones para llegar a un acuerdo sobre los mismos. En abril de 1959, el Reino Unido y Estados Unidos propusieron, como un primer paso, establecer un acuerdo que prohibiría solo los ensayos en la atmósfera y debajo del agua.

Hubo contactos, propuestas y conversaciones entre 1960 y 1962, interrumpidas por situaciones de crisis en la situación internacional (la más notoria la de los misiles en Cuba), y no se llegó a ningún resultado definitivo. En diciembre de 1962

Jrushchov dirigió una carta a Kennedy comunicándole que la Unión Soviética podría llegar a un acuerdo sobre la prohibición de los ensayos nucleares, y las negociaciones se reanudaron en enero de 1963, pero no prosperaron debido a problemas para acordar un régimen de inspecciones que controlara el cumplimiento del tratado que se llegase a acordar.

Fue entonces cuando Kennedy, según el profesor Melvyn Leffler, pensaba en aquellos momentos que la mejor manera de empezar a rebajar la tensión con el Kremlin era negociar un acuerdo exhaustivo sobre la prohibición de las pruebas nucleares. El presidente norteamericano, el 10 de junio de 1963,[34] en un discurso que pronunció en la American University de Washington, se mostró decidido, siempre según Leffler, a replantear la relación con la Unión Soviética y la Guerra Fría, y afirmó que trabajaría para detener la proliferación de armamentos nucleares y que «pondría freno a los ensayos nucleares en la atmósfera siempre y cuando otras naciones hicieran lo propio».[35] Se estimaba que una prohibición de los ensayos nucleares era fundamental para la no proliferación, y en este campo la preocupación del presidente norteamericano se centraba en la República Popular de China que estaba desarrollando, al parecer con el apoyo soviético, su propio programa nuclear. En palabras de Kennedy que cita Leffler, «el objetivo principal que perseguimos con la firma de un tratado con Rusia es detener o retrasar el desarrollo de la capacidad atómica por parte de los comunistas chinos».[36] Obviamente esto no se logró con la firma del tratado porque los chinos explotaron su primera bomba atómica tan solo un año más tarde, el 16 de octubre de 1964, y su primera de hidrógeno el 14 de junio de 1967.

En los meses siguientes se intensificaron los contactos entre Estados Unidos, Gran Bretaña y la Unión Soviética, y se llegó finalmente a la firma en Moscú el 5 de agosto de

34 Leffler, Melvyn. *La guerra después de la guerra.* Pag.Pág. 233. Memoria Crítica. Barcelona 2011.

35 *Ibid.* Pág. 235.

36 *Ibid.* Pág. 238.

1963 del Tratado de Prohibición Parcial de Ensayos Nucleares (TPPEN), que entró en vigor el 10 de octubre de ese mismo año. En virtud de este tratado, se prohibieron todos los ensayos en la atmósfera, en el espacio ultraterrestre y bajo el agua. Los ensayos pasaron desde entonces a realizarse únicamente en el subsuelo. Ni China ni Francia firmaron el tratado, previsiblemente por no interrumpir en aquellos momentos sus respectivos programas nucleares.[37] La Organización Internacional de la Energía Atómica informa en un *dossier* publicado en 1973, con motivo del décimo aniversario de la firma del acuerdo, que ya se habían adherido entonces al mismo ciento cinco Estados.

Con la limitación de los ensayos al subsuelo disminuyó radicalmente la contaminación radioactiva. En la publicación del Organismo Internacional de la Energía Atómica a la que se ha hecho referencia, también se encuentra un artículo de Frank Barnaby, entonces director del Instituto de Investigaciones sobre la Paz de Estocolmo (SIPRI), en el que cifra en 499 las explosiones nucleares que se habían llevado a cabo hasta la firma del tratado, 379 de ellas en la atmósfera, y en 437 más las que se realizaron en los diez siguientes años, pero la práctica totalidad de estas últimas se llevaron a cabo en el subsuelo, a excepción de veintinueve explosiones francesas y catorce chinas (países no firmantes del tratado), que se realizaron en la atmósfera.

El *dossier* al que hemos hecho referencia anteriormente da como cierto que «antes del Tratado habían pasado a la atmósfera casi 200 toneladas de residuos radioactivos procedentes de las explosiones, mientras que en 1970 la cantidad de estroncio-90 depositada en la superficie terrestre era solamente el 5 % de la de 1963».[38] Si no como un éxito total, el Tratado de Prohibición Parcial puede ser considerado como un buen avance por haber contribuido decisivamente a

37 Organismo Internacional de la Energía Atómica. *El Tratado sobre la Prohibición de los Ensayos.* 1973. https://iaea.org/sites/default/files/15403500322_es.pdf

38 *Ibid.*

disminuir la contaminación radioactiva, aunque no pudiera frenar la carrera de armamentos nucleares. El presidente Kennedy, en una declaración con motivo de la firma del tratado, declaró que podía ser un paso hacia la disminución de la tensión mundial y el logro de acuerdos en campos más amplios, y que podía «contribuir a disipar en el mundo los temores y peligros originados por las precipitaciones radiactivas. La continuación sin restricciones de los ensayos contaminaría cada vez más el aire que todos nosotros necesitamos respirar». Tenía razón.

***

A partir de ese momento, el siguiente paso era conseguir la prohibición total de los ensayos. De hecho, el Tratado de Prohibición Parcial de los Ensayos de 1963 fue un precedente del Tratado sobre la No Proliferación de Armas Nucleares que se firmaría en 1968, pero había que avanzar hacia la prohibición total de cualquier tipo de ensayos, empeño que no ha sido definitivo y completamente acordado hasta la fecha.

La herramienta para facilitar un consenso sobre la prohibición total de los ensayos fue la modelización de los experimentos nucleares, técnica que permite modernizar o modificar estas armas sin recurrir a explosiones reales que, obviamente, tienen un coste muy elevado y, peor aún, un impacto muy negativo en el medio ambiente o en el subsuelo de nuestro planeta.

Aunque formalmente las negociaciones para acordar la prohibición completa de los ensayos nucleares comenzaron en 1993 con el apoyo de la Asamblea Generál de Naciones Unidas, no se consiguieron avances reseñables hasta veinte años después. Se negoció el texto en el marco de la Conferencia de Desarme durante tres años, pero, ante problemas planteados por la India, el proyecto de acuerdo fue finalmente presentado directamente por Australia a la Asamblea General de Naciones Unidas, que lo aprobó el 10 de septiembre de 1996 (Resolución A/RES/50/245), y fue abierto a su firma y ratificación el 24 de septiembre.

El tratado había sido aprobado por 158 votos a favor, tres en contra (India, Bután e Iraq) y cinco abstenciones. Estados Unidos lo firmó entonces, y en 2009 lo habían hecho 180 países (no lo hicieron India, Pakistán, Israel ni Corea del Norte), pero solo lo habían ratificado 148, y de ellos únicamente treinta y cinco de los cuarenta y cuatro Estados miembros de la Conferencia de Desarme. Por parte norteamericana, el Senado rechazó su ratificación en octubre de 1999, decisión que no ha reconsiderado desde entonces. Es de particular importancia que el artículo XIV del tratado impone que para su entrada en vigor era necesario que lo ratificaran todos los cuarenta y cuatro países miembros a fecha 18 de junio de 1996 de la Conferencia de Desarme, ratificación que como acabamos de ver no lo hicieron en su totalidad y, por tanto, no entró en vigor. Para complicar más la situación, el 2 de noviembre de 2023 el presidente Putin ha anunciado la salida de Rusia del tratado.

Hasta la fecha han firmado el tratado 187 Estados, de los cuales lo han ratificado 178, sin que lo hayan hecho hasta este momento nueve países, en concreto China, India, Pakistán, Corea del Norte, Israel, Irán, Egipto, Rusia y Estados Unidos, todos ellos miembros de la Conferencia de Desarme.[39] Pueden entenderse, obviamente sin compartirlas, las distintas razones por las que Estados Unidos, China, Israel, India, Pakistán o Corea del Norte no hayan firmado o ratificado el tratado, previsiblemente para disponer de mayor libertad en sus actividades en el campo nuclear, pero tampoco lo han hecho Egipto e Irán. La posición de este último nos habla de su interés por hacerse con el arma nuclear, pero ¿y Egipto?

En cuanto al texto del documento, su artículo primero establece las obligaciones de los participantes, y compromete a cada Estado parte a «no realizar ninguna explosión de ensayo de armas nucleares o cualquier otra explosión nuclear y a prohibir y prevenir cualquier explosión nuclear de esta índole

39 Arms Control Association. *El Tratado de Prohibición Completa de Ensayos Nucleares*. Última revisión en julio de 2024.

en cualquier lugar sometido a su jurisdicción o control», y a «no causar ni alentar la realización de cualquier explosión de ensayo de armas nucleares o de cualquier otra explosión nuclear, ni a participar de cualquier modo en ella». El primer entrecomillado es meridianamente claro y se puede considerar que los países que ya han ratificado el tratado lo están cumpliendo, pero ¿y el párrafo que obliga a no causar ni alentar cualquier ensayo o explosión? Evidentemente esto se cumple para el caso de Corea del Norte, en el que todos los países se han opuesto a sus pruebas nucleares, pero ¿ninguna potencia nuclear ha apoyado de una manera u otra, o ha favorecido los programas nucleares o la realización de ensayos, de India o Pakistán, que en el año 1998 llevaron a cabo pruebas de este tipo de armas?

El artículo segundo preveía el establecimiento de una organización para apoyar el objeto del tratado y asegurar el cumplimiento de sus disposiciones y su verificación, pero, como no entraba en vigor, en 1997 se aprobó en una reunión de los países que ya lo habían firmado el establecimiento de una Comisión Permanente Preparatoria de la Organización del Tratado (Resolución CTBT/MSS/RES/1) que desde entonces (y con sede en Viena) se encarga de gestionar todos los aspectos técnicos que cubre el documento acordado a la espera de su entrada en vigor, y opera en colaboración con la Organización Internacional de la Energía Atómica.

El artículo cuarto preveía el establecimiento de un sistema internacional de vigilancia (IMS por sus siglas en inglés) como instrumento de verificación del cumplimiento del tratado, que está actualmente en funcionamiento. Este sistema puede detectar explosiones nucleares por distintos métodos, y cuenta con 337 instalaciones repartidas por todo el mundo. Aunque Estados Unidos no ha ratificado el tratado, sí apoya al Comité Preparatorio de la organización del mismo y su Sistema Internacional de Vigilancia. Aunque la postura oficial norteamericana en 2018 era la de no reanudar los ensayos a menos que fuera necesario para garantizar la seguridad y la eficacia del arsenal nuclear estadounidense, sí hacía un llamamiento a todos los Estados que estuvieran en posesión de armas nucleares para que declarasen o mantuvieran una moratoria de los ensayos de las mismas. Esta postura fue matizada posteriormente por la administración Biden, comprometiéndose a trabajar para la entrada en vigor del tratado y declarando que seguiría observando la moratoria de ensayos nucleares que venía ejerciendo.[40]

***

El descubrimiento de la capacidad bélica de la energía atómica llevó a la construcción de las armas nucleares, y el proceso de construirlas y de aumentar su rendimiento o la seguridad de su empleo implicaba la necesidad de ensayarlas previamente a su aceptación o almacenamiento en sus arsenales. En los primeros años de la postguerra estos ensayos se hicieron principalmente en la atmósfera, y la combinación de llevar a cabo los ensayos y de aumentar la potencia de estas armas dio como resultado grandes daños al ecosistema allá donde se realizaban las pruebas. En concreto, las enormes explosiones producían en las capas altas de la atmósfera nubes radiactivas que dependiendo de la meteorología descargaban en distintos lugares lluvias radiactivas letales para la fauna, la flora y, por supuesto, para los humanos.

La percepción de las consecuencias a que podía dar lugar el creciente número de los ensayos fue entendida por los Gobiernos que probaban estas nuevas armas en la atmósfera: se enfrentaban a un peligro real para su población y para la del resto de la humanidad. Paralelamente surgió la necesidad de promover una distensión que garantizara en lo posible la coexistencia entre los dos bloques en que se había dividido la escena internacional durante la Guerra Fría. En esta situación se produjeron los primeros contactos para acabar con las pruebas nucleares, objetivo que además contribuiría a evitar la proliferación de estas armas y a controlar la carrera de armamentos entre las dos superpotencias; un paso más hacia el desarme

40 *Ibid.*

nuclear. En este marco es en el que se desarrollaron las negociaciones sobre la limitación y la prohibición de los ensayos nucleares que hemos visto en este capítulo.

### ENSAYOS NUCLEARES A LO LARGO DE LOS AÑOS

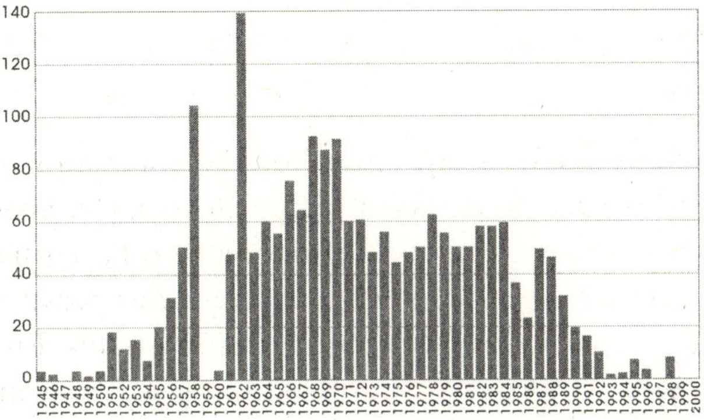


### ENSAYOS NUCLEARES POR PAÍSES HASTA 1996

| | |
|---|---|
| ESTADOS UNIDOS | 1032 (En su territorio y en el Pacífico) |
| UNIÓN SOVIÉTICA | 715 (En su territorio y en el Pacífico) |
| FRANCIA | 210 (Sahara y en el Pacífico) |
| REINO UNIDO | 45 (En el Pacífico y Australia) |
| CHINA | 45 (En su propio territorio) |
| INDIA | 1 (En su propio territorio) |

Nota: El Tratado de Prohibición Completa de los Ensayos Nucleares se firmó el 10 de septiembre de 1996 (India, Pakistan y Corea del Norte no lo han firmado; Estados Unidos y Rusia no lo tienen ratificado). El tratado no ha entrado en vigor aunque los ensayos nucleares prácticamente cesaron salvo casos puntales (Corea del Norte 6, India 2, y Pakistan 2).

Cierto es que los acuerdos alcanzados no han impedido que, basándose en los avances de la ciencia, se investigasen y se desarrollasen nuevas armas nucleares, pero sin duda los tratados acordados han contribuido a limitar daños ambientales que, en cualquier caso y recordando la cita de las palabras de

Kennedy a las que nos hemos referido anteriormente, la continuación sin restricciones de los ensayos contaminaría cada vez más el aire que todos nosotros necesitamos respirar.

Y, muy a tener en cuenta, también han constituido estos tratados un obstáculo importante para evitar que nuevos países tuvieran en aquellos años la tentación de hacerse con armas atómicas, y favorecieron el importante logro que constituiría el Tratado sobre la No Proliferación de Armas Nucleares, firmado por la casi totalidad de las naciones del globo, para que todos ellos (a excepción de los miembros del Consejo de Seguridad de Naciones Unidas) renunciaran a las armas nucleares a cambio de ayuda internacional para utilizar con fines pacíficos este tipo de energía. Nos ocuparemos de este tratado en el siguiente capítulo.

# *La lucha contra la proliferación de las armas nucleares*

Ya en el año 1946, la Asamblea General de la recién creada Organización de las Naciones Unidas, la ONU, consciente del peligro de un proceso en el que muchas naciones se hiciesen con armamento atómico, lo que sin duda afectaría gravísimamente a la estabilidad internacional, había aprobado el 24 de enero de ese año una resolución que creaba una comisión que se encargaría de «tratar los problemas surgidos con motivo del descubrimiento de la energía atómica»[41]. Esta comisión, a la que ya nos hemos referido al comienzo del capítulo anterior, estuvo trabajando en buscar consensos y acuerdos sobre estos asuntos hasta que fue disuelta en 1952 sin haber logrado ningún resultado apreciable. Se conoció como la United Nations Atomic Energy Comission (UNAEC) que, según lo establecido para la misma, presentaría sus informes y recomendaciones directamente al Consejo de Seguridad, y este le daría instrucciones en los asuntos que afectasen a la seguridad internacional. Literalmente, la resolución estipulaba que «la Comisión responderá por su labor ante el Consejo de Seguridad».[42] Entre sus atribuciones (punto 5 de la resolución) se encontraban las siguientes:

> Hará proposiciones específicas para la regulación de la energía atómica hasta donde sea necesario para garantizar su empleo

41 Resolución de la Asamblea General de la ONU, A/RES/1(1) del 24 de enero de 1946.

42 *Ibid.* Sección 1(I). Punto 2.

> únicamente para fines pacíficos, para eliminar de los armamentos nacionales las armas atómicas, así como todas las demás armas principales capaces de causar destrucción colectiva de importancia, y para proteger eficazmente, mediante inspecciones y otros medios, a los países que respeten sus compromisos, contra los riesgos de violaciones y evasiones.

Fue un buen intento. Todo lo que proponía la resolución estaba muy bien, en particular el objetivo de eliminar las armas atómicas, pero el texto del documento, al limitar la actividad de la Comisión a la presentación de informes y consideraciones al Consejo de Seguridad, permitía que todo su trabajo pudiera ser obstaculizado o vetado por cualquiera de sus miembros permanentes.

De hecho, prácticamente la Comisión en sus primeros años solo podría presentar recomendaciones concretas sobre el único país que entonces poseía estas armas (los Estados Unidos) y, con carácter preventivo, sobre aquellos que estaban en proceso de conseguirlas. Estos eran precisamente los restantes miembros permanentes del Consejo de Seguridad (la Unión Soviética, el Reino Unido, Francia y China) que, obviamente, no iban a aceptar verse relegados a un segundo plano en los aspectos nucleares de la escena internacional. En definitiva, la idea de eliminar las armas nucleares era un objetivo muy bueno, pero muy difícil de alcanzar.

En esta situación, cinco meses después de la creación de la UNAEC, el representante de Estados Unidos en esta comisión presentó una versión del informe *Acheson-Lilienthal*, elaborado a petición del presidente Truman, que fue conocido como el Plan Baruch (por el nombre del representante norteamericano en la Comisión), proponiendo la creación de un organismo (la Atomic Development Authority) para la supervisión y el control del desarrollo y uso de la energía nuclear, y con el objetivo de evitar la proliferación de las armas atómicas.

Esta iniciativa propugnaba eliminar las bombas nucleares de los arsenales nacionales, el establecimiento de una Alta Autoridad Supranacional, la Atomic Development Authority, que pudiera imponer sanciones a los países que no cumplieran sus compromisos, y que estas sanciones no pudieran ser objeto de veto en el Consejo de Seguridad por los países que tuvieran derecho a ello. Además, el plan contemplaba que «cuando fuera completamente desarrollado, Estados Unidos debería comenzar el proceso de destrucción de su arsenal nuclear».[43]

El intento fracasó por la posición soviética contraria a un plan que permitía a Estados Unidos mantener durante un tiempo su monopolio nuclear, establecer un régimen de inspecciones, y la eliminación de su potestad de veto en estos asuntos. Andréi Gromiko, entonces embajador soviético en Naciones Unidas, propuso cinco días más tarde un plan similar soviético con la creación de una convención internacional permanente, pero con el compromiso de los Estados firmantes de sancionar a través de su legislación interna la observancia del tratado, y no a través de una autoridad de carácter internacional con derecho a inspecciones o control. Esta propuesta tenía poco sentido porque dejaba abierta la posibilidad de que los Estados (entre ellos la Unión Soviética que estaba entonces en el proceso de conseguir su bomba atómica) no cumplieran los objetivos acordados. No se aceptó. Al año siguiente Gromiko presentó una serie de propuestas que ampliaban su plan del año anterior, pero fueron igualmente rechazadas.

La Comisión de la Energía Atómica de las Naciones Unidas siguió trabajando y buscando el consenso entre sus miembros, pero no se llegó a ningún compromiso general. Era lógico porque la mayoría de ellos lo que deseaban era hacerse con el arma atómica, y la actividad de la Comisión sirvió únicamente para constituir un precedente del Tratado sobre la No Proliferación de Armas Nucleares que se aprobaría ¡dos décadas más tarde!

De hecho, las naciones victoriosas de la contienda mundial habían entrado en una verdadera competición con el objetivo de hacerse cuanto antes con una capacidad atómica *respetable*, y

43 Acheson-Lilienthal & Baruch Plans. hppts://history.state.gov/milestones/1945-1952/ baruchs-plans

con cuantas más cabezas nucleares, mejor. ¿Cómo se iba a llegar a un acuerdo sincero de prohibición de un armamento que todos querían poseer?

Bertrand Goldschmidt, químico francés considerado uno de los padres de la bomba atómica francesa, que había participado en el Proyecto Manhattan y que fue director de la Comisión de Energía Atómica de Francia y presidente de la Junta de Gobernadores de la Agencia Internacional de Energía Atómica, publicó un artículo muy interesante en 1986 sobre la situación en aquellos años de los intentos de controlar los armamentos nucleares en el marco de Naciones Unidas, y en él se ha basado parte de lo expuesto hasta aquí en este capítulo.[44]

En la década de los sesenta la situación fue aún más complicada. Los países que disponían ya de armamento nuclear (Estados Unidos, la Unión Soviética, el Reino Unido, China y Francia) por un lado no pensaban desprenderse de él, y por el otro no querían que aumentase el número de países poseedores del mismo.

***

En cuanto a la génesis del Tratado de No Proliferación, y como ya hemos visto, en diciembre de 1962, apenas finalizada la crisis de los misiles de Cuba, Jrushchov había invitado a Kennedy a negociar un tratado de prohibición de ensayos nucleares, pero en la primavera del año siguiente las negociaciones no habían prosperado, y fue Kennedy el que entonces tomó la iniciativa: el 10 de junio de 1963 pronunció el discurso en la American University de Washington que hemos citado en el capítulo anterior en el que se mostró dispuesto a establecer unas nuevas relaciones con la Unión Soviética, se propuso establecer una línea de comunicación directa con el Kremlin para

44 Goldschmidt, Bertrand. *¿Un precursor del Tratado de no Proliferación? Las propuestas soviéticas de 1947. Una visión retrospectiva de los intentos de controlar la proliferación de armas nucleares.* Boletín del Organismo Internacional de Energía Atómica de Primavera de 1986. Págs. 58-64. Enlace: https:/ iaea.org/sites/default/files/28103595864_es.pdf

evitar situaciones que pudieran conducir a decisiones desastrosas en momentos de crisis (lo que se conoce como *el teléfono rojo*), y declaró que daría un nuevo impulso a las negociaciones de desarme en Ginebra y que trabajaría para detener la proliferación del armamento nuclear, además de negociar con Moscú un acuerdo sobre la prohibición de realizar ensayos nucleares en la atmósfera.[45]

Centrándonos en la proliferación nuclear y en el Tratado sobre la No Proliferación de las Armas Nucleares, y en concreto en el proceso que ha recorrido este último desde su concepción hasta la actualidad, debemos tener en cuenta que se trata de un tratado que ha sido y sigue siendo «el elemento clave de los esfuerzos de la comunidad internacional para controlar las armas nucleares»[46] y que el Organismo Internacional de la Energía Atómica (OIEA) es la institución de carácter gubernamental perteneciente al sistema de Naciones Unidas, que ejerce como foro de cooperación científica y técnica de todo lo relacionado con la energía atómica y, muy importante, ejerce específicamente como organismo de control sobre las naciones miembros del Tratado de No Proliferación para comprobar que cumplen lo dispuesto en él. De hecho, la OIEA es el organismo más importante para mantener un cierto orden en todo lo que respecta a la posesión de armas nucleares y a su control a lo largo y ancho del planeta.

Las negociaciones que condujeron al tratado comenzaron en 1965, y fueron promovidas por la Resolución A/RES 2028 de la Asamblea General de las Naciones Unidas del 19 de noviembre de ese año, en la que se pide:

---

45 Leffler, Melvin P. *La guerra después de la guerra. Estados Unidos, la Unión Soviética y la Guerra Fría.* Pág. 235. Crítica S. L. Barcelona 2007.

46 Valoración del TNP del secretario general de las Naciones Unidas Kurt Waldheim en una alocución a la Conferencia del Comité de Desarme de la ONU el 20 de febrero de 1973, según cita de Georges Delcoigne, entonces director de la División de Información Pública del Organismo Internacional de la Energía Atómica en su artículo *«El Tratado de Prohibición sobre los Ensayos. TPE»*. Organismo Internacional de la Energía Atómica. 1973. Enlace: iaea.org/sites/default/files/15403500322_es.pdf

> … a la Conferencia del Comité de Desarme de Dieciocho Naciones que examine urgentemente la cuestión de la no proliferación de las armas nucleares y que con tal fin reanude sus deliberaciones a la mayor brevedad posible con objeto de elaborar un tratado internacional para prevenir la proliferación de las armas nucleares.

La resolución contenía unas directrices para la elaboración del tratado, y en su punto segundo especifica que este, entre otras cosas, «debe establecer un equilibrio aceptable de responsabilidades y obligaciones para las Potencias nucleares y no nucleares», y que «debe ser un paso hacia la consecución del desarme general y completo y, más particularmente del desarme nuclear». La primera de estas dos disposiciones ya nos dice indirectamente que el tratado no afectaría a la capacidad nuclear de los miembros permanentes del Consejo de Seguridad, y la segunda que, al hablar del desarme general y mencionar *más particularmente* al desarme nuclear, establecía un orden de prioridades que conllevaba un cierto escepticismo, por otra parte lógico, sobre la posibilidad de avanzar hacia un verdadero desarme total a nivel mundial.

Como resultado de esta solicitud de la Asamblea General, se negoció el tratado en el Comité de Desarme de Dieciocho Naciones, que en un principio eran diez: Canadá, Reino Unido, Italia, Estados Unidos, Bulgaria, Checoeslovaquia, Polonia, Rumanía, la Unión Soviética y Francia (esta última estuvo presente, pero oficialmente no participó). A estas naciones se adhirieron posteriormente Brasil, Birmania, Etiopía, India, México, Nigeria, Suecia y República Árabe Unida. Este comité, que había comenzado su actividad en 1962 estudiando una propuesta soviética sobre desarme general, comenzó a trabajar en el tratado sobre la no proliferación de armas nucleares en 1965 y concluyó en 1968. El tratado fue finalmente aprobado por la Asamblea General de las Naciones Unidas y se firmó el 1 de julio de ese año simultáneamente en Washington, Londres y Moscú. Tras su ratificación entró en vigor el 5 de marzo de 1970 por un periodo inicial de veinticinco años, que en 1995 fue extendido indefinidamente. Inicialmente había sido firmado por cuarenta y tres países y, tras las adhesiones que se han producido desde entonces, esta cifra ha ascendido en la actualidad a 191 naciones, haciendo del TNP el tratado con mayor número de países miembros después del de Naciones Unidas. No forman parte del mismo únicamente la India, Pakistán, Israel, Corea del Norte y Sudán del Sur. Todos estos países, a excepción del último de ellos, se han hecho con el arma nuclear.

Durante el proceso de negociación del tratado, los cinco miembros permanentes del Consejo de Seguridad de Naciones Unidas patrocinaron una iniciativa mexicana surgida tras la crisis de los misiles en Cuba y orientada a que no pudiera repetirse una situación semejante en el continente americano, y en el Caribe, a las puertas de Estados Unidos. La iniciativa llevó a la firma del Tratado de Tlatelolco, cuya denominación oficial es Tratado para la Proscripción de las Armas Nucleares en América Latina y el Caribe. Lo firmaron la práctica totalidad de los Estados de América del Sur y Central el 14 de febrero de 1967, y prohibía fabricar, adquirir, ensayar y establecer emplazamientos para armas nucleares.[47] Este tratado está en vigor desde 1969, y tratados similares se establecieron posteriormente en otras regiones del mundo. Participan en ellos ciento catorce Estados, cubriendo más de la mitad de la superficie del planeta. En concreto, los tratados que siguieron el camino del Tratado de Tlatelolco fueron el de Rarotonga (en vigor desde 1986 y para el área del Pacífico Sur), el de Bangkok (en vigor desde 1997 y para el Asia Sudoriental), el de Pelindaba (firmado en 1996 y para África) y el de Semipalatinsk (en vigor desde 2009 y para Asia Central). A estos les podemos añadir la Declaración de Estado Libre de Armas Nucleares de Mongolia en 1998.[48] Según estos tratados, geográficamente y en términos generales únicamente podrían desplegarse o ser fabricadas armas nucleares en el hemisferio norte, particularmente en Estados Unidos, Europa, Rusia, China, Turquía, India, Pakistán, Corea del Norte, Arabia Saudita e Irán.

47 Texto del tratado en opanal.org/texto-del-tratado-de-tlatelolco

48 Aceptada por la Resolución 53/77 de la Asamblea General de Naciones Unidas del 4 de diciembre de 1998.

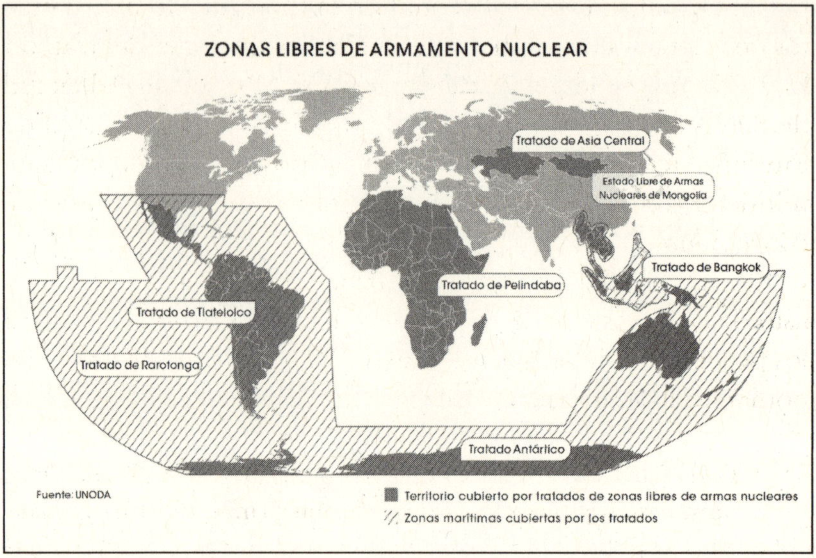


En cualquier caso, meses más tarde de la firma del primero de estos tratados, el de Tlatelolco, el 12 de junio de 1968, se firmaba en Moscú, Washington y Londres el Tratado sobre la No Proliferación de Armas Nucleares, que entraría en vigor el 5 de marzo de 1970, del que ahora vamos a analizar los puntos que presentan mayor interés.

***

El tratado[49] se articula en tres ejes: la no proliferación de armas nucleares, el desarme, y el uso pacífico de la energía nuclear, y entre sus disposiciones concretas, el artículo I establece que «cada Estado poseedor de armas nucleares se compromete a no traspasar a nadie armas nucleares u otros dispositivos nucleares explosivos ni el control sobre tales armas o dispositivos explosivos, sea directa o indirectamente». Tampoco ayudará a la fabricación o adquisición de estas armas por los países no poseedores. Estos se comprometen a no recibir, fabricar o adquirir estas armas, y también a aceptar las salvaguardias que se estipulen

49 https://iaea.org/sites/default/files/10403501117es.pdf

por el Organismo Internacional de la Energía Atómica a efectos de verificar el cumplimiento de las obligaciones del tratado. El 15 de mayo de 1997 se estableció un Protocolo Adicional de Salvaguardias que permite al Organismo Internacional de Energía Atómica inspeccionar con un previo aviso de tan solo veinticuatro horas todas las instalaciones nucleares que estime conveniente.

El artículo V del tratado se dirige a compensar el carácter asimétrico de este acuerdo (al considerar dos grupos de países, los poseedores de armas nucleares y los que no las poseen), disponiendo lo siguiente:

> Cada Parte en el Tratado se compromete a adoptar las medidas apropiadas para asegurar que, de conformidad con el Tratado, bajo observación internacional apropiada, y por los procedimientos internacionales apropiados, los beneficios potenciales de toda aplicación pacífica de las explosiones nucleares serán asequibles sobre bases no discriminatorias a los Estados del Tratado no poseedores de armas nucleares, y que el costo para dichas Partes sea lo más bajo posible y excluya todo gasto por conceptos de investigación y desarrollo.

Por su parte, el artículo VI es poco más que una declaración de buenas intenciones que los países poseedores de armamento nuclear posiblemente no estaban dispuestos a cumplir, ni en el momento de su firma ni en la actualidad. Este artículo establece:

> Cada parte en el Tratado se compromete a proseguir negociaciones de buena fe sobre medidas eficaces relativas a la cesación de la carrera de armamentos nucleares en fecha cercana y al desarme nuclear, y sobre un tratado de desarme general y completo bajo estricto y eficaz control internacional.

Esta disposición obliga a todas las partes, y moralmente más a los Estados poseedores, a comprometerse en el desarme nuclear universal y a conseguir llegar a un tratado de desarme general y completo bajo estricto y eficaz control internacional. Esto, después de más de medio siglo de vigencia del tratado, se ha intentado en muchos foros y negociaciones internacionales, pero, aunque algo se ha avanzado en aspectos parciales, el desarme nuclear general no se ha conseguido en absoluto. De hecho, este es un asunto tan importante como casi imposible de llevarlo a buen puerto a corto ni a medio plazo.

En su artículo IX, el tratado otorga el estatus de Estado poseedor de armas nucleares al que «ha fabricado y hecho explotar un arma nuclear u otro dispositivo nuclear explosivo antes del 1 de enero de 1967», lo que legaliza la posesión de armamento nuclear a los miembros permanentes del Consejo de Seguridad.

Por último, el artículo X dictamina que cada parte tendrá derecho a retirarse del tratado:

> ... si decide que acontecimientos extraordinarios relacionados con la materia que es objeto de este Tratado, han comprometido los intereses supremos de su país. De esta retirada deberá notificar a todas las demás Partes del Tratado y al Consejo de Seguridad de Naciones Unidas, y tal notificación deberá incluir una exposición de los acontecimientos extraordinarios que ese país considere que han comprometido sus intereses supremos.

La redacción de este artículo nos sugiere que la relación entre una nación miembro del tratado y el Organismo Internacional de la Energía Atómica como garante del mismo es casi como la de los esposos en el matrimonio canónico de *hasta que la muerte nos separe.* Y el mejor ejemplo de ello es Corea del Norte que ha declarado en más de una ocasión su retirada del tratado, y esta no es aceptada por la comunidad internacional que en el marco de Naciones Unidas solicita a este país una y otra vez que se reincorpore cuanto antes al mismo.

Podríamos resumir brevemente desde un punto de vista puramente militar este pequeño análisis del tratado con la idea de que constituye un elemento imprescindible para alejar el peligro de una guerra nuclear; reúne en un mismo foro dos grupos de naciones, aquellas que poseen el arma nuclear y aquellas que se han comprometido a no poseerla nunca; y, por decirlo de una manera suave, no es fácil retirarse del mismo.

La nación que lo haga se encontrará sin duda con serios problemas en sus relaciones internacionales.

También es cierto que, en virtud del tratado, los Estados no poseedores de armas nucleares miembros del mismo toman compromisos, pero reciben ventajas: a cambio de su participación reciben un importante apoyo para obtener beneficios de la energía nuclear aplicada con fines pacíficos. Para ello, los Estados poseedores de armamento nuclear se comprometen a transferir la tecnología nuclear necesaria para usos pacíficos a los otros Estados miembros (la inmensa mayoría de los países del mundo), y reciben de estos la garantía de una estabilidad internacional que, de hecho, les consolida su posición de liderazgo en el mismo. Por su parte, los Estados no poseedores se comprometen a aceptar un sistema de salvaguardias, que siempre necesitará ajustes en función de las circunstancias. En cualquier caso, el momento de la firma del documento fue muy oportuno: las circunstancias aconsejaban el tratado en mor de la seguridad global, y el *club nuclear* estaba en la práctica ya formado y había que impedir que se ampliara, aunque esto último no se haya conseguido totalmente.

Como ya se ha dicho, el instrumento principal para el control de la proliferación nuclear en el marco del TNP es el Organismo Internacional de la Energía Atómica (OIEA), y su herramienta principal son los acuerdos de salvaguardias que se establecen con carácter bilateral con las naciones miembros del tratado. Las salvaguardias básicamente consisten en visitas e inspecciones a los países para comprobar que las instalaciones de carácter nuclear que poseen y las actividades que estas llevan a cabo tienen efectivamente como objetivo el uso pacífico de la tecnología nuclear, que no se producen desviaciones y que el material nuclear que poseen es el declarado. Estas inspecciones inicialmente solo se podían hacer en aquellas instalaciones que estaban declaradas por el propio país como de carácter nuclear, pero con las naciones que han firmado el Acuerdo de Salvaguardias Adicionales, el OIEA puede inspeccionar todas las instalaciones existentes en el país en cuestión, prácticamente sin previo aviso y estén o no declaradas como nucleares.

El Tratado de No Proliferación es un documento *vivo* y es actualizado en conferencias de revisión del mismo fijadas inicialmente para cada cinco años. De particular interés es que en la del 2010 se estudió un plan de acción para establecer una zona libre de armas nucleares en Oriente Medio, idea que no ha prosperado.

Más recientemente, la décima y última Conferencia de Revisión del Tratado tuvo lugar en la sede de Naciones Unidas de Nueva York en agosto de 2022, y finalizó sin llegar a ningún resultado concreto y sin consensuar un documento final entre los participantes. En esa misma línea se ha desarrollado la reunión de la comisión preparatoria de la XI Conferencia que ha tenido lugar en agosto de 2023. Según la información hecha pública sobre esta conferencia por el Gabinete de Presidencia del Gobierno de España[50], la falta de resultados de la misma se debió al bloqueo de Rusia, que alegó que «los párrafos referidos a la situación de la central nuclear de Zaporiyia (Ucrania) no reflejaban la realidad». Este resultado quizás era previsible, o al menos no debió sorprender a nadie en unos momentos en que Rusia combatía en territorio ucraniano. En otro orden de cosas, en esta conferencia se puso de manifiesto que en los últimos años se había revertido la tendencia hacia la reducción de los arsenales nucleares, especialmente en China. Durante la reunión no se debatió la situación nuclear actual en Irán que, según la información del Departamento de Seguridad Nacional de nuestro Gabinete de Presidencia, se encontraba en «negociaciones indirectas con Estados Unidos, con la mediación de la Unión Europea, para reactivar el Plan de Acción Integral Conjunto (JCPoA en ingles, PAIC en español) de 2015, que ambos países abandonaron en 2018». Más adelante trataremos con más detalle este asunto.

***

50 Departamento de Seguridad Nacional del Gabinete de Presidencia del Gobierno. Información publicada el 7 de septiembre de 2022. https://dsn.gob.es/es/actualidad/sala-prensa/x-conferencia-revision-del-tratado-no- proliferacion-tnp

En la carrera de armamentos nucleares, y sobre todo en la proliferación de los mismos, no solamente intervinieron Estados Unidos y la Unión Soviética. También lo hicieron otros países que con mayor o menor fortuna quisieron hacerse con armamento nuclear. Algunos lo consiguieron. Consideraremos ahora los cuatro países que finalmente se han hecho con esta capacidad sin pertenecer al Tratado de No Proliferación: la India, Pakistán, Israel y Corea del Norte. Trataremos primeramente los casos de la India y del Pakistán.[51]

La India llevó a cabo su primer ensayo nuclear en mayo de 1974, y veinticuatro años más tarde, en mayo de 1998, llevó a cabo cinco explosiones nucleares subterráneas en su propio territorio. Apenas dos semanas más tarde Pakistán hacía lo mismo: cinco detonaciones. Los dos países declararon una potencia de sus explosiones muy superior a la que calcularon los organismos internacionales competentes en la materia, y esto no era secundario como podría parecer a simple vista. El mensaje de ambos era claro: tenían armas nucleares suficientes, eran armas muy potentes (querían que parecieran más potentes de lo que realmente eran) y estaban dispuestos a utilizarlas si fuera necesario. Estas pruebas provocaron una resolución de la Asamblea General de la ONU el 3 de junio de 1998 condenando las mismas e «instando firmemente a estos gobiernos a abstenerse de realizar futuros ensayos nucleares, de emplazar misiles y de colocar armas en vectores, u otras medidas que incrementen la tensión en la región»[52].

Es innegable que en cualquier caso con estas diez explosiones el conflicto de Cachemira, que había enfrentado durante décadas a los dos países, tomaba potencialmente una nueva dimensión. Según Antía Mato, investigadora del Leibniz-Zentrum Moderner Orient, este conflicto había costado ya

51 Velarde, Guillermo. *Proliferación de Armas de Destrucción Masiva y de tecnología avanzada. Cuadernos de Estrategia* n.º 153, capítulo 2. Instituto Español de Estudios Estratégicos. Madrid 2011.

52 Resolución de la Asamblea General de la ONU AG/RES: 1600 (XXVIII-O/98).

80000 a 100 000 muertos y el objetivo de disponer de armamento nuclear era el de poder responder en caso de necesidad mediante un arma contundente.[53] Un uso de la disuasión agresivo y amenazante.

De Israel se cree que desarrolló su primer ingenio nuclear en 1968.[54] En este caso el objetivo de su programa nuclear es puramente estratégico y encaja perfectamente dentro del carácter disuasorio de este tipo de armamentos. Israel, totalmente rodeado de países árabes hostiles a su existencia, pone sin duda su confianza en el arma nuclear para contrarrestar, si llegara el caso, un asalto masivo islámico que pusiera en riesgo su propia existencia. Podemos tener en cuenta además que Israel contribuye de una manera *muy particular* a los esfuerzos del Tratado de No Proliferación anulando mediante ataques convencionales puntuales los esfuerzos de algunos de sus vecinos por hacerse con la bomba atómica. Llegado un momento en el que las autoridades de este país lo consideraron oportuno, y justificándolo como un ataque preventivo de legítima defensa según el artículo 51 de la Carta de las Naciones Unidas, las Fuerzas Aéreas Israelíes lanzaron en dos ocasiones, aun sin estar en situación de guerra abierta, un ataque aéreo contra los reactores nucleares que enriquecían el uranio de países públicamente declarados como enemigos. Los ataques a los reactores de Al-Kibar (Siria) y Osira (Iraq) son muy reveladores e implican una clara advertencia contra un comportamiento similar de Irán en el desarrollo de su programa nuclear militar si sus avances prosperan más allá de lo que Israel estima aceptable para su seguridad.

Veamos ahora el comportamiento y la situación de Corea del Norte. Citando al profesor Guillermo Velarde:

---

53 Mato, Antía. *El significado actual de la cuestión de Cachemira.* Real Instituto Elcano ARI 151/2010. Madrid 2010.

54 International Institute for Strategic Studies. *Programmes in the Middle East: in the shadow of Iran.* Pág. 122. Londres 2008.

> En la década de los 70 Corea del Norte inició un programa para la obtención de un pequeño arsenal nuclear [...] como es habitual en estos casos, lo primero que hizo fue firmar el 12 de diciembre de 1985 el Tratado de No Proliferación, pero no permitió a los inspectores de la Organización Internacional de la Energía Atómica (OIEA) inspeccionar su centro nuclear de Yongbyon, donde la Unión Soviética había construido en 1965 un reactor experimental.[55]

Al ser Corea del Norte miembro del Tratado de No Proliferación y estar sometida a los acuerdos de salvaguardias, la Organización Internacional de la Energía Atómica podía legalmente realizar inspecciones de sus instalaciones nucleares, y descubrió en 1992 la existencia de un programa nuclear de carácter militar. Ante esta situación Corea anunció en 1993 su retirada del tratado, pero Naciones Unidas reaccionó con una resolución de su Consejo de Seguridad en la que «exhortaba a la República Popular Democrática de Corea a que reconsiderase el anuncio que había hecho el 12 de marzo de 1993 y, de esta manera, reafirmase su adhesión al Tratado».[56] Los Estados Unidos, fieles a su percepción de sí mismos como defensores de la estabilidad y de la democracia en todas las regiones del planeta, trataron de reconducir este asunto con las autoridades norcoreanas, pero no se llegó a ningún resultado satisfactorio. Posteriormente lo intentaron conjuntamente los cinco países nucleares del Tratado de No Proliferación y tampoco. Inicialmente se ofrecieron compensaciones a Corea del Norte, pero esta llevó a cabo su primera explosión atómica el 9 de octubre de 2006. Ante este hecho, Naciones Unidas emitió otra resolución del Consejo de Seguridad en la que condenaba el ensayo nuclear norcoreano y exigía que no hiciera nuevos ensayos ni lanzamientos de misiles balísticos, así como, una vez más, que reconsiderase su decisión de abandonar el TNP y que se

---

55 Velarde, Guillermo. *Proliferación de Armas de Destrucción Masiva y de tecnología avanzada. Cuadernos de Estrategia* n.º 153, capítulo 2, pág. 69. Instituto Español de Estudios Estratégicos. Madrid 2011.

56 Resolución del Consejo de Seguridad de la ONU n.º 825, de 11 de mayo de 1993.

reincorporase al mismo y al régimen de salvaguardias de la OIEA.[57] También se decretaron una serie de sanciones que al principio parecieron tener éxito.

Lamentablemente la situación volvió a empeorar cuando en abril de 2009 Corea del Norte declaró su retirada definitiva del tratado y un mes más tarde, el 25 de mayo, explosionaba su segundo artefacto nuclear[58]. El Consejo de Seguridad de Naciones Unidas condenó de nuevo este ensayo exigiendo que no realizase «nuevos ensayos nucleares ni lanzamientos utilizando tecnología de misiles balísticos», que cumpliera las resoluciones anteriores del Consejo de Seguridad y que se retractase de su anuncio de retirada del TNP y volviera a él cuanto antes.[59]

La situación se mantuvo relativamente estable hasta el 12 de febrero de 2013, entendiendo como estable el que Corea del Norte tenía parado el reactor y la planta de reelaboración de plutonio de Yongbyon, y destruida su torre de refrigeración. No obstante, en cuanto pudo continuó con el enriquecimiento de uranio.[60]

El 12 de febrero del 2013 Corea del Norte volvió a realizar un nuevo ensayo nuclear, y el Consejo de Seguridad de la ONU a emitir un nuevo comunicado en el que calificó el ensayo como un acto de provocación y exigió una vez más que «regrese cuanto antes al TNP»[61].

La actitud de Corea del Norte afecta no solo a la estabilidad y la seguridad internacionales, sino también al bienestar de sus veintiséis millones de habitantes. En estos últimos años el

---

57 Resolución del Consejo de Seguridad de la ONU n.º 1718, de 14 de octubre de 2006.

58 Informe n.º 4 del Comité de Asuntos Exteriores de la Cámara de los Comunes, de la sesión 2008-2009, *Global Security: Non Proliferation*. Londres, 2009, pág. 48.

59 Resolución del Consejo de Seguridad de la ONU n.º 1874, de 12 de junio de 2009.

60 Velarde, Guillermo. *Proliferación de Armas de Destrucción Masiva y de tecnología avanzada. Cuadernos de Estrategia* n.º 153, capítulo 2. Instituto Español de Estudios Estratégicos. Madrid 2011.

61 Resolución del Consejo de Seguridad de la ONU n.º 2094, de 7 de marzo de 2013.

mayor peligro para la comunidad internacional es que decida, o haya decidido ya, una doctrina de uso de sus armas nucleares de carácter agresivo más que disuasorio y contra Corea del Sur o Estados Unidos o, lo que es más probable, la venta potencial de parte de las mismas o su tecnología a algún país islámico u organización terrorista. La línea de acción para corregir esas posibilidades podría ser continuar intentando mantener negociaciones en las que, a cambio de ayuda económica, Corea del Norte acepte un régimen de salvaguardias que impida el desarrollo de estas armas y sobre todo su exportación. En cualquier caso, y a pesar del riesgo siempre existente, parece que habrá que esperar a que cambie el régimen y la situación política en el país. En cualquier caso, un elemento a tener en cuenta es que la potencia de los ensayos nucleares de Corea del Norte es relativamente pequeña, dentro de la gran capacidad de destrucción de este tipo de armas.

A pesar de las pruebas nucleares de Corea del Norte y de su disponibilidad de misiles de alcance cada vez más elevado, el caso iraní es más preocupante aún, aunque todavía Irán no parece haber llegado a hacerse con armamento nuclear ni a realizar ninguna prueba definitiva en este sentido. Por el mayor peligro potencial que ejerce este país en la conflictiva zona del mundo en que se encuentra le dedicaremos un análisis más detallado.

Irán es un país de aproximadamente 1 700 000 kilómetros cuadrados de superficie (más de tres veces la de España) con una población de aproximadamente noventa millones de habitantes y unas fuerzas armadas del orden de 600 000 efectivos. Está controlado por un férreo régimen islámico de naturaleza chií que mantiene desde hace décadas una guerra larvada contra Israel a través de las organizaciones terroristas Hezbolá en el Líbano y Hamás en Gaza, sobre las que Irán ejerce un importante grado de control. Su aliado principal en la escena internacional es en estos momentos Rusia, y su posición antioccidental y ferozmente antisemita en Oriente Medio, solo está relativamente compensada por la también relativa adhesión a occidente de Turquía y Arabia Saudita.

Irán, además de apoyar en Yemen a los rebeldes hutíes contra una coalición liderada precisamente por Arabia Saudita, lanzó el 14 de abril de 2024 un ataque directo y masivo de drones y misiles contra Israel. Este ataque fue neutralizado en casi toda su totalidad por el sistema de defensa aérea israelí, y posteriormente fue contestado de forma muy contenida (¿por intervención diplomática de Estados Unidos?), pero hubiera podido ser la espoleta de una guerra generalizada en la región, de consecuencias imprevisibles. Este asunto hoy en día puede parecer *archivado*, pero en absoluto olvidado. Prueba de ello es que se han vuelto a repetir algunos ataque directos y localizados entre los dos países, siempre sin llegar a una declaración de guerra entre ambos.

El comportamiento de Irán en lo que va de siglo constituye la más grave amenaza a nivel mundial en el campo de la proliferación nuclear, y la percepción occidental es que el objetivo iraní es desde hace mucho tiempo conseguir este tipo de armamento violando el Tratado de No Proliferación, una posibilidad para la que además dispone de los medios técnicos y económicos necesarios. A este pensamiento, verdaderamente alarmante, se añade que su régimen es, como se ha dicho, de carácter islamista radical, su capacidad militar convencional es muy elevada, se encuentra en la región más inestable del planeta, y está empeñado desde hace cerca de cuatro décadas en una guerra contra el Estado de Israel apoyando a Hezbolá en el Líbano y a Hamás en Gaza. Ciertamente no hacen falta muchas más razones para que el programa nuclear iraní, que sus autoridades definen como pacífico, sea considerado con gran preocupación por la comunidad internacional.

En cualquier caso, si la comunidad internacional no logra imponerse y detener o controlar estrictamente su programa nuclear, Irán habrá dejado patente al mundo que no existe una capacidad internacional para impedir la proliferación nuclear, lo que pondría en duda la utilidad práctica del Tratado de No Proliferación. Además, el triunfo de las aspiraciones nucleares de este país podría provocar un efecto contagio y constituir un ejemplo a seguir por otros países, y especialmente por algunos de la zona que también disponen de vastos recursos económicos procedentes del petróleo, y posiblemente del apoyo de sus hermanos musulmanes del Pakistán, país que como hemos visto ya dispone de este tipo de armamento. De ahí a que una organización terrorista de las no pocas que hay en la zona encuentre la manera de hacerse con un artefacto nuclear y decida atacar secretamente a occidente solo hay un paso. Un paso complicado, pero que en caso de que se dé crearía una situación muy difícil de recomponer.

El hecho es que Irán comenzó sus investigaciones nucleares con la ayuda de los Estados Unidos en los años cincuenta en el marco del programa de Eisenhower Átomos para la Paz y firmó desde un principio el Tratado sobre la No Proliferación de Armas Nucleares, ratificándolo en 1970. Rápidamente recibió ayuda tecnológica occidental, principalmente de Estados Unidos, Alemania y Francia para avanzar en un programa de construcción de veintitrés centrales térmicas nucleares. Esta ayuda se interrumpió en 1979 cuando se produjo la revolución que derrocó al sha Reza Pahlevi, y posteriormente las tres centrales que habían quedado a media construcción fueron destruidas en la guerra con Iraq. El programa nuclear se reinició a finales de los ochenta con ayuda soviética y posteriormente con asistencia china. Irán desde el 2003 no ha cesado de declarar que quería hacerse con la capacidad propia de llevar a cabo todo el ciclo nuclear, lo que les capacitaría para enriquecer el uranio hasta el nivel necesario para fabricar bombas atómicas.

El Gobierno iraní asegura desde entonces que su programa nuclear solo tiene fines pacíficos, pero la comunidad internacional no lo cree así, o en el mejor de los casos tiene serias dudas de ello. En cualquier caso, es indiscutible que el programa sigue su curso e incluye la actividad necesaria para el enriquecimiento del uranio y la producción de plutonio. Complica aún más el panorama el que paralelamente Irán ha desarrollado una actividad notable en el campo de los misiles balísticos, de los que se tiene constancia de lanzamientos internos dentro del país en los años 2008-2009 gracias a instalaciones detectoras norteamericanas, y que el elevado coste de estos misiles solo se vería compensado estratégicamente si su utilización fuera la de llevar una carga nuclear.

El comportamiento de Irán respecto al Tratado sobre la No Proliferación de Armas Nucleares es el que el profesor Velarde considera usual para las naciones que quieren violar el tratado y que se resume en «establecer una larga y compleja política de confusión y cansancio fomentando la desunión entre los miembros de la ONU».[62] En cualquier caso, las relaciones entre la Organización Internacional de la Energía Atómica e Irán han sido, y son, tortuosas desde hace muchos años. Sí es cierto que se ha permitido la visita a alguna instalación nuclear, pero las autoridades iraníes no han aceptado el Protocolo Adicional de Salvaguardias, que hubiera permitido a la OIEA llevar a cabo estas inspecciones sin aviso previo, haciéndolas más clarificadoras. El 31 de julio de 2006 el Consejo de Seguridad de Naciones Unidas emitió una resolución por la que «exige que el Irán suspenda todas las actividades relacionadas con el enriquecimiento y el procesamiento, incluidas las de investigación y desarrollo, lo que será verificado por el OIEA».[63] El mensaje se repitió prácticamente en la Resolución 1737 del 23 de diciembre del mismo año, y en la 1835 de 27 de septiembre de 2008.

En todos estos años ha continuado el *tira y afloja* entre la OIEA e Irán: en 2009 este país rechazó una propuesta conjunta de Estados Unidos, Francia y Rusia y al año siguiente vio rechazada por estos una propuesta suya. En ese año, y siempre con el objetivo de enriquecer uranio, Irán rechazó otra propuesta de Estados Unidos, Francia y Rusia, aunque al final del mismo propuso nuevas conversaciones.

El resumen de todo este proceso es que el Consejo de Seguridad de Naciones Unidas ha prohibido a Irán en numerosas resoluciones el enriquecimiento de uranio hasta que se restablezca la confianza de que no hay detrás del programa iraní el objetivo de hacerse con armamento atómico, lo cual parece difícil de demostrar en un sentido o en otro; e Irán en

62 Velarde, Guillermo. *Proliferación de armas nucleares. Irán y Corea del Norte. Cuadernos de Estrategia,* n.º 153, capítulo 2.º, pág. 66. Instituto Español de Estudios Estratégicos. Madrid 2011.

63 Resolución del Consejo de Seguridad de la ONU n.º 1696, de 31 de julio de 2006.

cualquier caso no ha hecho caso de ninguna de las resoluciones emitidas. En fin, la política de confusión y cansancio que hemos mencionado ha sido ampliamente utilizada por las autoridades iraníes.

En cuanto a la OIEA, su posición quedó meridianamente clara en la entrevista que su director general, Yukiya Amano, concedió a la CNN el 26 de noviembre del 2014, en la que afirmó entonces que «no se puede asegurar por ahora que todas las actividades de Irán sean para usos pacíficos»[64]. Si despojásemos a estas declaraciones del lenguaje diplomático con el que estuvieron hechas, podríamos concluir que la situación era ya en aquellos momentos preocupante.

El 14 de julio de 2015 Estados Unidos, Rusia, China, Reino Unido, Francia y Alemania, junto con la entonces Alta Representante para la Seguridad de la Unión Europea para Asuntos Exteriores y Política de Seguridad, llegaron con Irán a un acuerdo que recibió el nombre de Plan de Acción Integral Conjunto (PAIC), y que fue hecho suyo por el Consejo de Seguridad de Naciones Unidas el 20 de julio de 2015[65]. Este plan fue también aceptado por la Unión Europea mediante la Decisión (PESC) 2015/1336 del Consejo de la Unión el 31 de julio de 2015 que modificaba las medidas restrictivas que se habían tomado en este contexto hasta aquella fecha contra Irán.

El Plan de Acción Integral Conjunto afectaba principalmente a la producción de combustible nuclear en el país y a sus actividades de enriquecimiento del uranio. En su preámbulo se afirmaba que su completa implementación «asegurará la naturaleza exclusivamente pacífica del programa nuclear de Irán, que reitera que bajo ninguna circunstancia nunca buscará, desarrollará o adquirirá armas nucleares». Consecuentemente y también en el preámbulo, se afirma que «la exitosa implementación de este plan producirá el total levantamiento de todas las sanciones relativas a su programa nuclear».

---

64 Organización Internacional de la Energía Atómica. https://www.iaea.org/new...

65 Resolución del Consejo de Seguridad de Naciones Unidas 2231 (2015).

Por su aceptación del plan, Irán se comprometía a la disminución del número de ultracentrifugadoras necesarias para el enriquecimiento de uranio, y a que la cantidad de este mineral enriquecido se mantuviera inferior a los trescientos kilogramos de hexafluoruro de uranio o un equivalente en otras formas químicas. El exceso debería ser vendido en el exterior a cambio de uranio natural. En cuanto a las instalaciones nucleares, las principales eran la planta de enriquecimiento de Fordow y el reactor nuclear de Arak. El plan imponía la reconversión del centro de Fordow en un centro tecnológico que permitiría la cooperación científica internacional en áreas previamente acordadas, y el reactor de investigación nuclear de Arak se limitaría a la investigación del uso pacífico de la energía nuclear y a la producción de radioisótopos médicos e industriales. Entre las medidas de confianza, la principal, como no podía ser menos de esperar, era que Irán aplicase provisionalmente el Protocolo Adicional del Organismo Internacional de la Energía Atómica y procediese a su ratificación, así como que permitiera a este organismo controlar la implementación de las medidas acordadas y llevar a cabo en este país inspecciones sin restricciones y sin aviso previo.[66]

Al comienzo del año siguiente, el 16 de enero de 2016, considerando que Irán había cumplido las medidas acordadas en el PAIC, la Unión Europea levantó la mayor parte de las sanciones que pesaban sobre este país. En concreto las relacionadas con el ámbito nuclear, aunque no otras causadas por la relación iraní con organizaciones terroristas, que siguieron en vigor.

En el otro lado del Atlántico, el 8 de mayo de 2018, el presidente Donald Trump anunció el abandono unilateral del plan por Estados Unidos por considerarlo insuficiente e incumplido por parte iraní. Consecuentemente restableció por parte norteamericana las sanciones a este país anteriores al mismo. La

---

66 El Consejo Europeo/Consejo de la Unión Europea ha producido el documento «Plan de Acción Integral Conjunto y medidas restrictivas», que trata con detalle este asunto. consilium.europa.eu/es/policies/sanctions/iran/jcpoa-restrictive-measures

respuesta del presidente de Irán, Hassan Rouhani, fue anunciar en 2019 que a su vez también abandonaría el Plan Integral de Acción Conjunta. Posteriormente, con el cambio en la administración norteamericana, el Departamento de Estado del presidente Joe Biden anunció el 18 de febrero de 2021 que Estados Unidos estaría dispuesto a reemprender las negociaciones del plan y, a modo de respuesta, también lo ha hecho Irán siete meses después, el 27 de septiembre de 2021.

Más recientemente, el 18 de octubre de 2023, los ministros de Asuntos Exteriores de Francia, Reino Unido y Alemania dirigieron una comunicación al Consejo de la Unión Europea denunciando el incumplimiento por parte de Irán de lo acordado en el Plan Integral de Acción Conjunta y que la situación no se había podido solucionar a través del mecanismo de resolución de controversias establecido en el mismo. En esta situación estos países europeos se mostraban dispuestos a reintroducir medidas restrictivas contra Irán. En concreto, la Unión reaccionó emitiendo una decisión que modifica o amplía el listado de personas e instituciones relacionadas con la energía nuclear o con misiles balísticos sujetos a restricciones, que había sido derogado en virtud del PAIC.[67]

Una información más reciente la encontramos en la nota Día Internacional para la Eliminación Total de las Armas Nucleares publicada por el Departamento de Seguridad Nacional del Gabinete de Presidencia del Gobierno el 23 de septiembre de 2023 en la que afirma que «los acuerdos para controlar la nuclearización de Irán (PAIC) se encuentran retrasados o en retroceso».

En julio de 2024 se celebraron en Irán elecciones presidenciales para elegir al sucesor del presidente Ebrahim Raisi que había fallecido en accidente de helicóptero. El vencedor de las mismas fue Masoud Pezeshkian. El nuevo presidente, solamente quizás más moderado y reformista que su antecesor, se ha comprometido durante su campaña y según informaciones

67 Decisión 2023/2195 del Consejo de la Unión Europea del 16 de octubre de 20223 publicada al día siguiente en el Diario Oficial de la Unión Europea n.º L 2/40. Referencia: DOVE-L-2023-81450.

de la prensa a que haría la paz con el mundo (al parecer ha añadido que menos con Israel, lo cual hay que tomarlo en el contexto en que se producen estas declaraciones), aboga por mejorar la relación con Occidente y, de particular interés, ha declarado también que resucitaría el acuerdo nuclear como el camino más rápido para poner fin al régimen de sanciones que asfixia la economía iraní.[68] Estas declaraciones abren una puerta a la esperanza de que el programa nuclear de Irán entre en una nueva fase que mejore la estabilidad en esta región del mundo tan conflictiva. No obstante, hay que tener en cuenta que en el régimen de carácter teocrático de Irán la política exterior la marca el ayatola líder supremo de la revolución, en este caso el ayatola Ali Jamenei.

En fin, una larga y complicada historia a la que en el mejor de los casos le quedan bastantes años para resolverse. En el caso de que la situación no terminara con el abandono definitivo de cualquier intento iraní por hacerse con armamento nuclear, el principal riesgo podría ser que Arabia Saudita, ante una nuclearización de Irán y por las mismas razones que este (agresividad, disuasión y no poco de búsqueda de liderazgo en la región), decidiera seguir el mismo camino y emprender un programa nuclear propio. Esto podría provocar que hasta la Turquía del presidente Erdogán, o de un régimen posterior más islamizado, iniciase un proceso similar. Si alguna de estas posibilidades se hiciera realidad, la situación en Oriente Medio se volvería aún mucho más inestable de lo que ya lo es actualmente, extremadamente peligrosa y muy difícil de gestionar por la comunidad internacional.

Finalmente, podemos apuntar que también Sudáfrica llevó a cabo un programa para obtener la bomba atómica, y la obtuvo, aunque después de construir seis de ellas en la década de los ochenta (sin haber realizado ningún ensayo conocido sobre el terreno), renunció públicamente en el año 1993 a su programa y a cualquier capacidad militar nuclear, y desmanteló las bombas y todas las infraestructuras que

68 Diario *ABC*, 7 de julio de 2024. Pág. 39.

había construido para desarrollar su programa. También hicieron investigaciones en el campo nuclear otras naciones, al menos, México, Argentina e incluso España, pero todas ellas son actualmente miembros del Tratado sobre la No Proliferación.

***

Para completar el análisis de los intentos de la comunidad internacional para hacer frente a la proliferación de las armas nucleares, dedicaremos unas consideraciones a un reciente intento desarrollado en el seno de Naciones Unidas para eliminar todas ellas de todo el planeta: el Tratado sobre la Prohibición de las Armas Nucleares. Este tratado fue aprobado por la Asamblea General de Naciones Unidas el 7 de julio de 2017 y ha entrado en vigor el 22 de enero de 2021, una vez ratificado por cincuenta países de los ochenta y seis que lo habían suscrito en 2017. No fue de extrañar que en este grupo de países no se encontraran los Estados poseedores de armamento nuclear (los cinco miembros permanentes del Consejo de Seguridad de Naciones Unidas y los países que poseen este tipo de armamento sin ser miembros del TNP, la India, Pakistán, Israel y Corea del Norte). Tampoco han participado en las negociaciones ni firmado el acuerdo los países de la OTAN (excepto Países Bajos, que sí lo hizo, pero no se sumó a su firma) que encuentran la garantía última de su seguridad precisamente en la capacidad nuclear norteamericana.

El tratado es realmente muy ambicioso y, a mi juicio, sería perfecto, y a la vez aún más difícil de cumplir, si añadiera al desarme nuclear el desarme de los armamentos convencionales que, como ya hemos visto anteriormente en este libro, pueden, y de hecho ya han podido en la Segunda Guerra Mundial y en otros conflictos, causar tantas víctimas como un conflicto nuclear limitado restringido al empleo únicamente de armas nucleares tácticas hasta llegar a una previsible negociación con el fin de impedir la escalada del mismo, que, obviamente, no beneficiaría a ninguno de los contendientes.

Creo por ello que también es fácil de comprender que este tratado sea muy difícil de aceptar por los países de mayor relevancia internacional, aunque sí lo sería posiblemente por la mayoría de sus ciudadanos, que serían partidarios de su firma sin pensar las implicaciones de eliminar totalmente el principal instrumento de disuasión en las relaciones internacionales.

Dirijamos ahora nuestra mirada al contenido del tratado y veamos lo que constituye el núcleo del mismo.

El primero de sus veinte artículos comienza dejando meridianamente claro el objetivo del tratado y el compromiso que adquieren los Estados que se unan a él: «Cada Estado parte se compromete a nunca y bajo ninguna circunstancia desarrollar, ensayar, producir, fabricar, adquirir de cualquier otro modo, poseer o almacenar armas nucleares u otros explosivos nucleares». Más adelante, el mismo artículo, en su punto d, prohíbe «usar o amenazar con usar armas nucleares», y el punto g, «permitir el emplazamiento, la instalación o el despliegue de armas nucleares en su territorio».[69]

Los restantes artículos del tratado contienen disposiciones complementarias para hacer posible el cumplimiento del artículo 1. Quizás merece una particular atención su artículo 4: «Hacia la eliminación total de las armas nucleares», porque se dirige en especial a la incorporación de nuevos miembros que ya posean armas de este tipo. Ese artículo establece que estos países pondrán inmediatamente sus armas nucleares fuera de estado operativo, las destruirán lo antes posible, procederán irreversiblemente a la eliminación de sus programas al respecto, y establecerán acuerdos de salvaguardias con la Organización Internacional de la Energía Atómica para ofrecer garantías creíbles de que no se producirán desviaciones.

Actualmente al menos noventa y tres países han firmado el tratado y setenta de ellos lo han ratificado. Y serán muchos más los que se incorporen a él en los próximos años si esta iniciativa

---

69 Documento A/CONF. 229/2017/8. Conferencia de las Naciones Unidas para negociar un instrumento jurídicamente vinculante para prohibir las armas nucleares y conduzca a su total eliminación. Nueva York, 7 de julio de 2017.

se consolida en el futuro. Indudablemente, ello refleja la posición de una buena parte de los responsables políticos del mundo (no de los más poderosos), y es en cualquier caso una contribución a los esfuerzos de desarme de la comunidad internacional. La dificultad de una eliminación total de las armas nucleares ya la hemos expuesto anteriormente y, algo cínicamente, podríamos añadir que refleja la voluntad de unos de eliminar lo que solo tienen otros. Y, claro, en el mundo de la realidad, esos *otros* no quieren verse despojados de elementos que les hacen preeminentes en la escena internacional.

Hay que tener muy en cuenta que el orden internacional está fundado en estos momentos en un reparto de poderes en el que la capacidad nuclear militar de los países que la poseen juega un papel muy importante, y que cambiar todo un orden mundial ya establecido y hacerlo por un acuerdo pacífico (y, sin duda, sensato) y no por el resultado de un conflicto planetario (una tercera guerra mundial) es algo que hoy en día parece imposible de alcanzar.

En cualquier caso, sin duda este tratado refleja el sentir de la mayor parte de la humanidad, que ha olvidado que los conflictos convencionales a gran escala producen enormes cifras de víctimas (las dos guerras mundiales produjeron alrededor de setenta millones de muertos y un sinnúmero de heridos y afectados). Por todo ello podemos considerar al Tratado de Prohibición de Armas Nucleares como un magnífico intento y de un enorme potencial en el largo plazo, pero que en estos momentos es de un valor práctico escaso. El compromiso de los Estados que han firmado y ratificado el tratado es un activo de un valor inmenso, aunque desgraciadamente es casi imposible de alcanzar ni a corto ni a medio plazo el objetivo que persigue.

***

Volviendo de nuevo al Tratado de No Proliferación, su contribución a la estabilidad internacional está fuera de toda duda. Está en vigor desde 1970, y ya tiene cincuenta y dos años de vida. Si hiciéramos un balance podríamos poner en el *haber* que por una causa o por otra, entre las que obviamente está su propia y necesaria existencia, no ha habido ni un solo conflicto nuclear entre los Estados que poseen el arma nuclear, y que se han comprometido a respetarlo. También podemos incluir en el haber del tratado que muchas de las 191 naciones miembros del mismo se han beneficiado de transferencias de tecnología nuclear para usos pacíficos de la misma, y que ese beneficio está abierto a todos los países miembros a través del Organismo Internacional de la Energía Atómica. Sin duda, el TNP ha contribuido a la seguridad y a la estabilidad mundial.

¿Podemos imaginar cómo sería nuestro mundo en este siglo si el Tratado de No Proliferación no se hubiera firmado? Hagamos un esfuerzo. Por un lado, y en el mejor de los casos, podría haber un mayor número de países con capacidad nuclear entre los más desarrollados. Alemania, Italia y, de una manera o de otra, muchos países de Europa y de otros continentes como Australia, Japón o Canadá, que podrían haber deseado disponer del arma nuclear y ejercer su propia disuasión, o colaborar directamente con la que nos ha brindado, en la práctica a todo el planeta, Estados Unidos. Motivos de prestigio internacional o de desarrollo científico también podrían haber influido en ese deseo. Todos estos países hubieran tenido que dedicar un constante e importante esfuerzo económico para mantener y actualizar su capacidad nuclear, lo que, obviamente, habría influido negativamente en otros capítulos presupuestarios entre ellos los dirigidos al bienestar social.

En un caso más desfavorable, aunque no el peor de los posibles, habría un buen número de países más modestos que habrían logrado, con un esfuerzo económicamente desproporcionado con respecto a sus posibilidades, poseer el arma de fisión nuclear de forma individual. Estos países no recibirían ayuda tecnológica para el uso pacífico de este tipo de energía y además podrían sufrir más fácilmente accidentes del tipo Chernóbil. Llevando el razonamiento al límite, ¿habría más probabilidades de que se produjera algún accidente nuclear, una explosión pura y dura, aunque fuera accidental, de un arma atómica? No parece muy aventurado estimar que sí.

Considerando ahora el peor de los casos, y teniendo en cuenta el odio y la situación en el Medio Oriente entre árabes e israelíes, o entre chiítas y sunníes, si no existiera el tratado que impide la proliferación de armas nucleares, no es difícil de imaginar que algún país de la región habría conseguido su objetivo de conseguirlas y lanzado un ataque nuclear al otro. Este habría respondido con un ataque similar, y se hubiera podido producir una escalada muy difícil de contener.

Podríamos comparar el éxito o fracaso del Tratado de No Proliferación con el de la existencia de Naciones Unidas. Esta organización, la más importante del mundo por sus objetivos y por el número de países que la componen, no es en absoluto perfecta, pero ¿podemos concebir el mundo actual sin Naciones Unidas? En el caso del Tratado de No Proliferación, su no existencia podría habernos llevado a circunstancias aún más dramáticas que la ausencia de Naciones Unidas. Estas circunstancias hubieran podido cambiar abruptamente el rumbo de la historia … si no acabar con ella.

En cambio, la situación actual es que, como ya se ha apuntado, más de ciento noventa países se benefician, o al menos pueden hacerlo, de la tecnología nuclear para fines pacíficos en todas las áreas del progreso humano. Sabemos que hay ciertamente unos países no pertenecientes al tratado que sí poseen el arma atómica y que complican el panorama internacional con unas posiciones realmente peligrosas, pero son pocos. El éxito es precisamente eso: que son muy pocos países, y que los restantes, la inmensa mayoría, rechaza el uso de este tipo de armas. La estabilidad en el mundo en el campo nuclear es hoy en día aceptable, aunque no esté en absoluto garantizada. Y es precisamente conseguir esa garantía el objetivo principal del Tratado sobre la No Proliferación de Armas Nucleares.

Resumiendo, tres ideas sobre las que se ha incidido ya en estas páginas: el TNP es imprescindible como elemento básico para alejar el peligro de una confrontación nuclear; su asimetría, que implica el que una gran parte de los países estén obligados a no poseer armamento nuclear y unos pocos sí puedan hacerlo, es intrínsecamente buena para el conjunto; y, finalmente, el mayor peligro al que hay que hacer frente en los próximos años es que, en la delicada situación de Oriente Medio, algún país más de la zona pueda conseguir el arma nuclear. Y este parece ser el caso de Irán.

Las perspectivas futuras del Tratado de No Proliferación pasan por varias líneas de acción: mantener el objetivo de la universalidad del tratado aumentando el número de sus miembros hacia la totalidad de las naciones del planeta (Resolución del Consejo de Seguridad de la ONU 1887 del 24 de septiembre de 2009), promover todas las acciones oportunas para lograr que algunos de los países que poseen armamento nuclear y que no forman parte del *club* renuncien al mismo (¿quizás Corea del Norte?), reforzar cada vez más las capacidades de la Agencia Internacional de la Energía Atómica para que pueda hacer cumplir las salvaguardias necesarias para que no se produzcan violaciones o incumplimientos del tratado, proseguir con más brío las negociaciones de control de armamentos, específicamente el nuclear, y finalmente intensificar la cooperación en el campo del uso pacífico de la tecnología nuclear de modo que esta adquiera carácter de imprescindible en las políticas de todos los países menos desarrollados. Esto último favorecería enormemente la autoridad del Organismo Internacional de la Energía Atómica a la hora de imponer una reglamentación más exigente y con ello aseguraría una situación más estable a nivel mundial.

En un campo de actuación paralelo, pero igualmente relacionado con la proliferación nuclear, sería fundamental continuar y promover el contacto y dialogo entre Pakistán y la India, y entre Israel y sus vecinos árabes e iraníes, para ir avanzando hacia acuerdos de paz que vayan diluyendo en todos estos países su percepción de la necesidad de ejercer una disuasión de tipo nuclear para garantizar su futuro.

Una idea final: la estabilidad y la paz, para la Unión Europea y para el mundo, no se lograrán porque se prohíban o desaparezcan las armas nucleares. Las armas nucleares desaparecerán cuando se instale sólidamente un entendimiento entre los Estados y el imperio del derecho internacional. Y para encontrar esa estabilidad y esa paz, las herramientas son la cultura y la educación pública en los valores morales de las personas. Ahí los Gobiernos tienen la palabra.

# *La disuasión nuclear en la Guerra Fría. La estrategia nuclear de la Alianza Atlántica*

El término disuadir es claro, lo define la Real Academia como inducir o mover a alguien a cambiar de opinión o a desistir de un propósito, y su significado encaja perfectamente en el mundo de las armas nucleares. Inicialmente, el arma atómica, las bombas que se lanzaron sobre Hiroshima y Nagasaki, no tenían como objetivo disuadir a Japón de ningún tipo de ataque; tenían como objetivo ganar la guerra. Eran armas a emplear. Muy potentes, nuevas, sí; pero armas que, una vez construidas, su destino era utilizarlas cuanto antes en el campo de batalla.

Tras la Segunda Guerra Mundial, los países que lograron hacerse con la bomba atómica la consideraron directamente como arma a emplear si se llegaba a un conflicto. Buena prueba de ello es que desarrollaron muchas variantes de estas armas, siempre con el objetivo de poder emplearlas de forma diversa en las distintas circunstancias de un conflicto. No solo se construyeron bombas de la mayor potencia posible, que al principio solo podían lanzarlas los bombarderos estratégicos y en cuanto fue posible los misiles balísticos, sino que también se fabricaron ojivas nucleares más pequeñas que podían ser empleadas por plataformas móviles de lanzamiento y hasta por un tipo de artillería diseñado específicamente para ello, cuyo empleo estaba más descentralizado, a nivel de división o cuerpo de Ejército. En el campo naval se desarrollaron cargas nucleares de profundidad y torpedos con cabeza atómica.

Pero el número de cabezas nucleares creció y creció. Hemos visto como se alcanzaron cifras difíciles de entender, y se llegó a un punto en el que se aceptaba que una guerra total basada en las armas nucleares podría destruir el planeta, o al menos la civilización. Paralelamente fue variando la doctrina de empleo de estas armas. Las *pequeñas*, si se me permite esa expresión, presentaban dos inconvenientes de gran trascendencia: el primero, la descentralización de su empleo a escalones de mando inferiores al estratégico o gubernamental, lo que las hacía más fáciles de utilizar sin que los últimos responsables de la nación pudieran controlar completamente su uso. El segundo, porque una vez comenzada la utilización de estas armas era más que probable que no pudiera evitarse una escalada automática al uso masivo del armamento estratégico, y el resultado sería una conflagración a la que quizás ningún bando deseaba llegar.

En cuanto a las armas nucleares más potentes, no se podrían utilizar contra un enemigo que también las poseyera, porque su respuesta sería igualmente demoledora. Estas armas nucleares, de carácter estratégico por su potencia, se apoyaron en el desarrollo de los misiles balísticos para alcanzar sus objetivos, y estos se clasificaron, como ya se ha dicho en los primeros capítulos del libro, en aquellos de alcance intercontinental (ICBM por sus siglas en inglés y alcance superior a 5500 kilómetros), de alcance intermedio (IRBM, de alcance comprendido entre 3000 a 5500 kilómetros) o de corto alcance (SRBM, de alcance entre 1000 y 3000 kilómetros). Entre estas dos últimas categorías estaban los misiles balísticos de alcance medio (MRBM). Las denominaciones de estos misiles no es lo importante. Lo que sí lo era es que los de mayor alcance ya tenían en su radio de acción el territorio de los Estados Unidos desde finales de los años cincuenta, y el resto podían llegar a todos los países de Europa sin excepción. Consecuentemente con el crecimiento del número de cabezas nucleares y de vectores de lanzamiento de las mismas (principalmente los misiles balísticos), y con su enorme capacidad destructiva, la función primordial de estas armas pasó a ser la de disuadir al enemigo de utilizarlas en un potencial conflicto. Así aparece un nuevo concepto de utilización de las mismas: la disuasión.

TIPOS DE MISILES BALÍSTICOS POR SU ALCANCE

| | |
|---|---|
| Tácticos (BRBM) | 150 a 300 kms |
| Corto alcance (SRBM) | 300 a 1000 kms |
| Mediano alcance (MRBM) | 1000 a 3500 kms |
| Alcance intermedio (IRBM) | 3500 a 5500 kms |
| Intercontinental (ICBM) | Superior a 5500 kms |

La disuasión se apoyó, y todavía lo hace, en lo que se ha dado en llamar la *destrucción mutua asegurada*. Según este concepto, y teniendo en cuenta el número de armas nucleares vertiginosamente creciente de las dos superpotencias, al ataque de una de ellas, por muy mortífero que fuera, la otra podría responder con otro ataque igualmente aniquilador, con consecuencias desastrosas para ambas... y para el resto del planeta. Esta realidad, la destrucción mutua asegurada, quizás fue la razón de mayor peso en la Guerra Fría para que no se desencadenase una tercera guerra mundial, que dada la existencia de las armas atómicas y la cantidad de las mismas hubiera puesto a la humanidad al borde de su extinción.

Ciertamente, en aquel momento y en toda la confrontación de la Guerra Fría, que duró cuatro décadas y con una situación siempre cambiante, la posibilidad de que una de las dos superpotencias se atreviera a iniciar una guerra nuclear no se llegó a materializar, y las armas nucleares, de las que ambas superpotencias disponían más que abundantemente, fueron utilizadas, y deberían seguir siéndolo en el futuro, únicamente para disuadir al contrario de iniciar un ataque. Armas imposibles para ganar una guerra, pero sí para evitarla; para detener la tentación de desencadenarla.

***

El hecho de que en una guerra nuclear entre grandes potencias no habría ningún ganador no implicaba que no fuera necesario estudiar y planear la posibilidad de que una situación de este tipo pudiera llegar a producirse. En el mundo polarizado de la Guerra Fría los Estados Mayores de Estados Unidos y la OTAN, como con toda seguridad los soviéticos, diseñaron doctrinas y estrategias para hacerla frente.

Por parte occidental, los países pertenecientes a la OTAN siempre han confiado en la protección que desde un principio les ha brindado la capacidad nuclear norteamericana. Dada la desproporción que existía inicialmente entre las fuerzas armadas convencionales soviéticas y las occidentales a favor de las primeras, solo las armas nucleares de Estados Unidos podrían neutralizar en los años cincuenta una ofensiva soviética en Europa. La doctrina norteamericana para hacer frente a esta amenaza y la posición de liderazgo de este país en la Alianza Atlántica hizo que la OTAN hiciera suyas las estrategias que se diseñaban al otro lado del Atlántico, y si la doctrina norteamericana confiaba en el uso de sus armas nucleares y de su aviación estratégica para poder acceder en caso de conflicto a cualquier parte del mundo, y por supuesto a la Unión Soviética, pues aquí en Europa, también.

El diccionario define doctrina como el conjunto de ideas u opiniones sustentadas por una persona o por un grupo. Estrategia la define como el arte de dirigir las operaciones militares, y táctica como el arte de disponer, mover y emplear la fuerza bélica para el combate. La estrategia va más allá de la táctica. Su objetivo es más amplio, y es particularmente necesaria para conseguir el objetivo a largo plazo, ganar una contienda; mientras tanto, la táctica se aplica más directamente para un fin más concreto, para solventar una situación o incluso para ganar una batalla, un capítulo concreto de una guerra.

En cuanto a la estrategia del empleo de las armas nucleares, los organismos de planeamiento de la OTAN comenzaron desde los primeros momentos de su creación a elaborar documentos que recibieron el nombre de conceptos estratégicos, documentos que desarrollaban la doctrina de empleo de las fuerzas aliadas en su conjunto (convencionales y nucleares) para la defensa colectiva de sus miembros ante la posibilidad de un ataque soviético a gran escala. En la estructura de la OTAN se había creado el Comité de Defensa, dependiente directamente del Consejo del Atlántico Norte (el máximo organismo de la Alianza), en el que sus miembros eran los ministros de Defensa de los países y, dependiendo de él, el Comité Militar, compuesto por los jefes de Estado Mayor de la Defensa de las naciones (sus documentos se identifican con el prefijo MC). Debajo de este comité estaba el Standing Group (Grupo Permanente, al que nos referiremos con su denominación en inglés). Estaba encargado de supervisar el planeamiento militar aliado mientras el Comité Militar no estuviera reunido, lo que implicaba que tenía una influencia capital sobre los asuntos que trataría el Comité Militar y, muy importante, estaba compuesto en permanencia únicamente por representantes de alto rango norteamericanos, británicos y franceses. En aquellos momentos Estados Unidos era ya una potencia nuclear; el Reino Unido, íntimo colaborador de este en todos los temas, incluido el nuclear, no lo era; estaba desarrollando su propio programa y no detonaría su primera bomba atómica hasta el año 1952. Francia, más retrasada en el calendario nuclear, se esforzaba (y hacía bien) en hacerse con el reconocimiento internacional de gran potencia y un hueco nuclear entre sus dos socios.

Podemos considerar como el primer documento estratégico de la OTAN el Concepto Estratégico para la Defensa del Área del Atlántico Norte (Strategic Concept for the Defence of the North Atlantic Area, documento DC 6/1), que fue preparado por el Standing Group en octubre de 1949, elevado a su aprobación por el Comité Militar y hecho suyo ese mismo año por el Comité de Defensa cambiando la mención explícita al empleo del arma nuclear por otra, implícita, pero igual de clara respecto al posible uso de este tipo de armamento. En concreto y en cuanto a las armas nucleares, el documento DC 6/1 afirmaba en su punto 7 que la Alianza debía disponer de «capacidad de llevar a cabo bombardeos estratégicos desde un primer momento con todos los medios posibles, con todos los tipos de armamento sin excepción» y esta era, según afirmaba también ese mismo punto, una «responsabilidad principalmente de Estados Unidos». También pedía el concepto «detener y contraatacar tan pronto como fuera practicable las ofensivas enemigas con todos los medios disponibles».[70] El Consejo del Atlántico Norte dio su aprobación a este documento el 6 de enero de 1950.

En el contexto de la estrategia general de la Alianza se elaboraban también otros documentos para el planeamiento regional (la estructura de la OTAN contemplaba entonces cinco Grupos de Planeamiento Regional). Concretamente en el terreno de la estrategia las ideas esenciales eran dos: que la defensa debía ser mantenida lo más al Este posible (en Alemania), y que la OTAN debía, desde el primer momento de una invasión soviética a gran escala, responder con ataques aéreos estratégicos con armas nucleares. Era el comienzo de la doctrina estratégica de la *represalia masiva.* El primer concepto estratégico (documento DC 6/1), con algunas modificaciones debidas principalmente al ingreso de Grecia y Turquía en 1952 en la Alianza que no afectaron a su contenido de carácter nuclear, fue sustituido por Concepto Estratégico MC 3/5 el 6 de noviembre de 1952.

El periodo 1953-1954 vio la confirmación de la estrategia aliada de la represalia masiva. El general Eisenhower, que había ostentado el mando militar ejecutivo máximo de la OTAN (SACEUR) desde el 2 de abril del año 1951, y por tanto participado decisivamente en la elaboración de la estrategia aliada contra la amenaza soviética, dejó su cargo en 1952 para entrar en la carrera presidencial norteamericana, fue elegido presidente y comenzó su mandato el 20 de enero de 1953. En esa fecha Estados Unidos ya había llevado a cabo su primer ensayo termonuclear (la bomba H) dos meses antes, y la URSS lo haría siete meses después. Obviamente una de las tareas prioritarias del presidente era ocuparse de la defensa y seguridad de su país, y así lo hizo en aquellos años en que se veía con gran preocupación la posibilidad de una guerra en Europa.

70 Documento DC 6/1 del 1 diciembre de 1949. Pedlow, Gregory W. *The evolution of NATO Strategy 1949-1969.* Historical Office SHAPE.

En este campo, Eisenhower llevó a cabo una revisión de la política de defensa de los Estados Unidos que finalizó en los últimos meses de 1954 y recibió el sobrenombre de New Look. Esta nueva política ponía el énfasis en el empleo masivo de la capacidad nuclear norteamericana en caso de agresión comunista y a primar la utilización de las armas nucleares respecto a las fuerzas convencionales. Esta política había estado orientada sin duda por el informe secreto NSC 162/2 del Consejo de Seguridad Nacional de los Estados Unidos, que fue entregado al presidente norteamericano el 30 de octubre de 1953. El documento otorgaba una gran importancia al uso de las armas nucleares en la defensa de Europa, afirmaba que «la capacidad atómica es el mayor factor disuasivo a una agresión soviética», y contenía otras afirmaciones de gran trascendencia, de las que se recogen aquí dos que son muy representativas:

> Las actuales contribuciones a los gastos de defensa de las naciones europeas y la presente contribución de la Asistencia Militar de los Estados Unidos, definitivamente no podrían esperar en absoluto que produjeran fuerzas adecuadas para evitar la pérdida inicial de una considerable parte del territorio de Europa Occidental en caso de un ataque soviético a gran escala», y «el mayor freno a una agresión contra Europa Occidental es la manifiesta determinación de Estados Unidos a emplear su capacidad atómica y poder masivo de represalia si el área es atacada.[71]

Finalmente, querría añadir que el NCS 162/2 contenía una clara afirmación: «En caso de hostilidades, los Estados Unidos considerarán las armas nucleares tan disponibles para su uso como otros tipos de municiones».[72]

En Europa, el SACEUR (Supreme Allied Commander Europe, la máxima autoridad operativa militar de la OTAN), el general Matthew Ridgway, que era precisamente el general

71 National Security Council. Informe NSC 162/2. Punto 9 b). 30 de octubre de 1953.

72 *Ibid.* Punto 39. b. (1).

norteamericano que había sustituido en el cargo a Eisenhower un par de años antes, basándose en la nueva doctrina de defensa norteamericana propuso una nueva estrategia que fue refrendada por el Comité Militar en el documento MC 48, aprobado por el Consejo del Atlántico Norte el 17 de diciembre de 1954. Su título, The Most Effective Pattern of NATO Military Strength for the Next Few Years (El Modelo más Eficaz de Fuerza Militar de la OTAN para los Próximos Años). La idea central del documento estaba expuesta ya en el punto 2 de su texto: «El objetivo de la preparación de la defensa del área de la OTAN es proporcionar una mayor disuasión ante la agresión y una eficaz defensa avanzada contra una agresión soviética»; la palabra clave era *disuasión*, y el siguiente punto del texto sostenía que «para alcanzar estos objetivos debemos convencer a los soviéticos que en caso de una agresión sufrirán inmediatamente un devastador contraataque empleando armas atómicas».

La idea central parece que era la de convencer a la Unión Soviética que cualquier enfrentamiento llevaría inmediatamente a una guerra nuclear, para la que entonces Estados Unidos tenía una mayoría aplastante de cabezas nucleares y de bombarderos estratégicos. Puede ser oportuno, para ver a lo que se exponían los soviéticos en caso de ataque por su parte, traer aquí ahora la información que el coronel del Ejército de Tierra José Luis Calvo Albero nos ofrece en un artículo publicado en la *Revista de Estudios en Seguridad Internacional*: «En 1949 Estados Unidos poseía ya 175 armas nucleares mientras que en 1950 la URSS disponía solo de cinco». A pesar de que la primera prueba nuclear soviética se había producido en 1949, la desproporción nuclear entre las dos superpotencias era más que manifiesta.[73]

Volviendo al documento MC 48, su texto contenía muchos otros elementos interesantes, y entre ellos no pocos abordaban

---

73 Calvo Albero, José Luis. *Estrategia militar de la OTAN: doctrinas y conceptos estratégicos. Recepción en España. Revista de Estudios de Seguridad internacional (RESI).* Volumen 8, n.º 1 (2022). Págs. 53-70. http://dx.doi.org. 10.18847/1.15.4

el tema nuclear: su estudio nos permite conocer cómo veían los responsables del planeamiento de la OTAN una posible guerra total con la Unión Soviética. El documento afirmaba literalmente en su punto 5 que «actualmente, la única manera factible de detener un enemigo capaz de lanzar armas atómicas sobre blancos escogidos de Europa es destruir sus medios en el origen. Esto requiere un contraataque temprano contra el sistema de lanzamiento enemigo».

El punto 6 era igual de directo: «Nuestros estudios indican que la OTAN sería incapaz de evitar una rápida invasión de Europa a no ser que emplee desde un primer momento estas armas —las atómicas—, tanto estratégica como tácticamente».

Y el punto 7 era también muy claro:

> Si ellos provocan una guerra contra la OTAN, lo iniciarían con un violento ataque atómico al que la OTAN debería reaccionar de igual manera. Esto llevaría a una fase inicial de operaciones intensas en la que cada parte trataría de lanzar una gran parte de sus reservas de bombas nucleares, tan rápida y efectivamente como fuera posible, en un esfuerzo por neutralizar la capacidad de lanzamiento atómico del oponente.

Actuando en nombre del Consejo Atlántico, el Comité Militar revisó el MC 48, y su revisión, denominada MC 48/1, fue aprobada por el Comité Militar el 9 de diciembre de 1955 y posteriormente por el Consejo del Atlántico Norte. Esta revisión confirmó todas las conclusiones de carácter nuclear de la versión original y puso especial énfasis en la *estrategia adelantada* estableciendo directrices para el empleo de las fuerzas terrestres, navales y aéreas aliadas.

Esta doctrina y los documentos que se han citado se mantuvieron hasta el 23 de mayo de 1957, fecha en la que el Consejo del Atlántico Norte aprobó un nuevo concepto, el Concepto Estratégico General para la defensa del área de la OTAN (*Overall Strategic Concept for the defence of the NATO Area*, documento MC 14/2 *Revised*), y paralelamente el informe *Medidas para Implementar el Concepto Estratégico* (*Measures to Implement the Strategic Concept*, documento MC 48/2).

Del primero de estos documentos, el Concepto Estratégico General MC 14/2 *revised*, podemos extraer las siguientes afirmaciones:

> Se puede asumir que los soviéticos no desencadenarán deliberadamente una guerra generalizada mientras sepan que el occidente está preparado para contraatacar con armas nucleares suficientes para arrasar la URSS, pero sí hay un peligro de guerra generalizada procedente de un cálculo erróneo por su parte, una interpretación equivocada de las intenciones de occidente, o como resultado de una operación militar de naturaleza limitada que los soviéticos inicialmente no esperen pueda conducir a una guerra generalizada (punto 9 de la sección II del documento).
>
> La destrucción máxima tendrá lugar en los primeros días en que ambos lados trataran de utilizar sus reservas nucleares para ganar la superioridad nuclear. Unos pocos primeros días, que se caracterizarán por la mayor intensidad del intercambio nuclear, serán críticos (punto 11 de la sección II del documento).
>
> Si la URSS emprende deliberadamente una guerra generalizada, probablemente la iniciará con una ofensiva masiva nuclear [...] previsiblemente contra nuestros sistemas nucleares de lanzamiento y otros objetivos militares clave (punto 11 de la sección II del documento).

Quizás donde el Concepto Estratégico MC 14/2 muestra mayor flexibilidad que otros documentos anteriores es en las siguientes secciones del mismo. En su punto 18 podemos leer «los soviéticos son conscientes del enorme y creciente poder de la OTAN en el campo de las capacidades nucleares», y «ellos mismos sufrirían daños de tal dimensión que no podrían esperar conseguir una victoria política o militar rentable». Por ello, continúa el punto siguiente estimando que los soviéticos podrían pensar que la única manera en la que podrían obtener resultados provechosos sería iniciar operaciones limitadas, como incursiones o acciones locales hostiles, confiando en que los aliados también limitarían su reacción o incluso no llegarían a reaccionar. Pero el documento recomienda aquí que en este caso la OTAN «también debe estar preparada para responder rápidamente con armas nucleares si la situación lo requiere». Así que el recurso a lo nuclear podía entenderse matizado, pero no se abandonaba en ningún caso.

No obstante, este concepto estratégico otorgaba un valor particular a la disuasión al afirmar lo siguiente:

> Nuestro objetivo principal es prevenir la guerra creando una disuasión eficaz a la agresión. Los principales elementos de la disuasión son de carácter nuclear y otras fuentes de alta disponibilidad, y la manifiesta determinación de contraatacar cualquier agresión con todas las fuerzas a nuestra disposición, incluyendo las armas nucleares, que la defensa de la OTAN requiera (punto 24 de la sección IV del documento).

Por ello prosigue, «debemos primeramente asegurar la capacidad de llevar adelante una contraofensiva nuclear instantánea y devastadora con todos los medios disponibles y desarrollar la capacidad de amortiguar y sobrevivir a un violento ataque enemigo».

En definitiva, en este documento las armas nucleares no eran el único recurso a considerar, sino uno, prioritario sí, pero a emplear junto con fuerzas convencionales altamente operativas y la manifiesta determinación de contraatacar cualquier agresión con todas las fuerzas disponibles, incluso las nucleares que fueran necesarias. El documento mostraba más flexibilidad que los anteriores y dejaba la decisión del empleo de las armas nucleares a la necesidad de hacerlo, pero, obviamente, dejaba totalmente abierta la puerta a una represión masiva.

En cuanto al otro documento aprobado por el Consejo el 23 de mayo de 1957, el MC 48/2 Medidas para Implementar el Concepto Estratégico, considera que la URSS podría lanzar inicialmente un ataque masivo de naturaleza nuclear, pero también que podría hacer agresiones de un nivel inferior. En cualquier caso, entre las medidas de este documento para implementar el Concepto Estratégico MC 14/2 destaca (en su punto 6) la de la represalia nuclear, al señalarla en primer lugar al enumerar todas las posibles, de las que muchas correspondían a las fuerzas convencionales.

Respecto las fuerzas nucleares que debía disponer la OTAN, el mismo punto 6 del MC 48/2 establece que deberán estar disponibles desde el primer momento y que «de igual importancia que la disponibilidad de estas fuerzas es la manifiesta determinación de emplearlas desde el primer momento de la guerra». En el punto siguiente, y refiriéndose al modelo de fuerzas, el documento estima necesarias unas poderosas fuerzas nucleares de represalia compuestas principalmente por fuerzas aéreas estratégicas de ataque de gran alcance «principalmente bajo mando nacional». Este último entrecomillado nos recuerda en términos generales que los Estados Unidos no solo ostentaban el mando de las fuerzas convencionales de los países aliados en Europa a través del comandante supremo de las fuerzas aliadas en Europa (el SACEUR), que siempre ha sido un general o almirante estadounidense, sino que se reservarían el control total de cualquier operación que implicase el uso de su capacidad nuclear. Tenía su lógica; una lógica que en la actualidad se podría aplicar a la capacidad nuclear de algunos países de Europa.

El documento sobre el conjunto de las medidas de represalia afirmaba que las fuerzas terrestres, marítimas y aéreas «deben desarrollarse también para poder responder inmediatamente a la defensa de las áreas marítimas y los territorios de la OTAN de forma tan avanzada como sea posible [...] contando con el uso de sus armas nucleares desde un principio». Al referirse a sus armas nucleares parece decir que las fuerzas convencionales terrestres contaban también con armas nucleares, que serían las armas nucleares tácticas, de las que ya hemos hablado en otro capítulo de este libro.

De particular importancia es el punto 6.m del documento, que afirma textualmente:

> El Comité Militar ha declarado que, si los soviéticos estuvieran involucrados en una acción hostil local y buscasen ampliar el alcance del incidente o prolongarlo, la situación haría considerar la utilización de todas las armas y fuerzas a disposición de la OTAN.

Una llamada más a considerar la represalia masiva como estrategia a emplear.

En resumen, el documento MC 48/2 considera que en caso de guerra generalizada las tareas prioritarias de las fuerzas de la OTAN serían, a la vez que sobrevivir a los ataques iniciales del enemigo, contraatacar con armas nucleares desde el principio y contener la ofensiva enemiga.

En cualquier caso, en 1957 estos dos documentos, el MC 14/2 y MC 48/2, marcaron en aquellos años el punto álgido de la doctrina de la Alianza de la represalia masiva. Esta estrategia comenzó ya desde en esos momentos a cuestionarse y a buscar planteamientos más flexibles al percibirse los avances soviéticos en el campo de las armas nucleares y de sus vectores de lanzamiento.

***

La situación de preeminencia nuclear norteamericana y la relativa invulnerabilidad de su territorio comenzó a cambiar cuando el 4 de octubre de 1957 los soviéticos lanzaron el primer satélite artificial de la historia, el Sputnik, lo que implicaba que disponían ya de capacidad misilística suficiente para alcanzar Estados Unidos. Por su parte, los Estados Unidos lanzaron su primer misil balístico de gran alcance, el Atlas, el 17 de diciembre de ese mismo año. La carrera espacial había comenzado, pero en el campo de las armas nucleares lo que desde entonces quedó definitivamente claro es que tanto la Unión Soviética como los Estados Unidos podrían lanzar en el futuro una lluvia de ojivas nucleares sobre el otro sin necesidad de conquistar ni un metro de terreno. Esto llevó a la administración Kennedy a plantear un nuevo modelo de estrategia para Europa, la *doctrina de la respuesta flexible* que, si bien no eliminaba en absoluto que en caso de ataque soviético la guerra se desarrollase en territorio europeo, matizaba la respuesta nuclear al hacerla proporcional a la dimensión de la agresión recibida.

Según la doctrina de la respuesta flexible, se combatiría en Europa de forma convencional adaptando la defensa al tipo y la importancia de la agresión recibida, y la capacidad nuclear aliada, básicamente la norteamericana, se emplearía en la medida conveniente y solamente en caso necesario. Esto conllevaba indirectamente una situación difícil de digerir: a pesar de que las dos superpotencias podrían lanzar ataques masivos nucleares por encima de Europa sin apenas afectarla, sería precisamente nuestro continente el campo de batalla donde se dirimiría una potencial guerra; una guerra tan destructiva como la Segunda Guerra Mundial que, además, tendría todas las probabilidades de convertirse en nuclear en todos los teatros de operaciones, y donde todas las capitales occidentales estarían al alcance de los misiles soviéticos. Estábamos en la década de los años sesenta.

Fue el entonces secretario de Defensa norteamericano, Robert McNamara, el que influyó decisivamente en el cambio de estrategia de la OTAN de la doctrina de la represión masiva a la de respuesta flexible. El secretario de Estado, desde 1961 (primer año que ostentaba el cargo), promovió en la Alianza este cambio, que necesitaba un rearme convencional, no solo de Estados Unidos, sino también de sus aliados. Eran los años de la guerra de Vietnam, y el rearme no implicaba un abandono del armamento nuclear por parte de Estados Unidos, que precisamente estaba aumentando desde el principio de la década el número de sus cabezas nucleares de manera muy significativa.

Fue en París, el 14 de diciembre de 1962 —acababa de terminar la Crisis de los Misiles en Cuba—, cuando Robert McNamara expuso muy claramente en una reunión ministerial de la OTAN la posición de su país respecto a la estrategia que debía seguir la Alianza en aquellos momentos. Afirmó que las fuerzas nucleares habían cumplido su papel hasta ese momento y que la disuasión debería ser mantenida y reforzada, pero que «los problemas de la OTAN en los años sesenta eran radicalmente distintos de aquellos de los últimos años cuarenta, y ahora es el momento para nosotros de descartar aquellas soluciones y estrategias que no están en armonía con los tiempos».

El secretario de Defensa se preguntaba «si estamos de acuerdo en que hoy un repentino asalto masivo soviético a

Europa es una contingencia extremadamente improbable, ¿cómo debe afectar esto a nuestro planeamiento?». Y sugería:

> Los conflictos que más probablemente puedan ocurrir comenzarán con seguridad de una manera no nuclear; la OTAN o algunos de sus miembros puede que tengan que tomar la iniciativa de un contraataque militar, y si podemos gestionar conflictos locales con éxito en un marco de fuerzas propias adecuadas e incrementadas, no tendremos que hacer frente a contingencias remotas —las de carácter nuclear—.

Ya al final de su discurso, McNamara apoyó indirectamente el interés del abandono de la doctrina de la represalia masiva y el uso de las fuerzas convencionales. Afirmó: «Me parece muy claro que una postura no nuclear más fuerte otorgaría grandes beneficios políticos a la Alianza, y especialmente a sus miembros europeos», y se mostró partidario de una potente defensa avanzada no nuclear, una *estrategia avanzada.*

***

Todavía resonaban los ecos de la revolución húngara de 1956, aplastada brutalmente por la URSS, que fue en cierto modo un indicador de la medida en que el Pacto de Varsovia podía contar con los países satélites en caso de guerra, y estaba todavía reciente la crisis de los misiles en Cuba, cuando se aprobó y entró en vigor el 16 de enero de 1968 un nuevo concepto estratégico con el mismo título que el anterior (documento MC 14/3). Según este documento se reforzaría la capacidad de defensa convencional de la Alianza con armas convencionales de nuevas tecnologías, y quedaría suficientemente plasmado en el mismo el compromiso nuclear norteamericano para la defensa de Europa.[74] La aprobación del documento vino de nuevo en paralelo, como la aprobación del anterior concepto estratégico, con la aprobación del documento MC 48/3 de medidas para su implementación.

74 *Ibid.*

Cierto es que los Estados Unidos habían ofrecido todos esos años su protección nuclear a los europeos y que estos la aceptaron de buena gana como elemento primordial para disuadir a la Unión Soviética de cualquier aventura militar, pero que el campo de batalla principal fuera Europa no era precisamente un elemento tranquilizador. En cualquier caso, Estados Unidos nunca había renunciado a ser el primero en emplear las armas nucleares si la situación lo hacía a su juicio necesario.

El concepto estratégico aprobado en 1968 marcó el cambio de rumbo definitivo en la consideración de la represalia masiva. Se pronunció por una estrategia de respuesta flexible para la defensa de la Alianza, que matizaba al principio del documento como «dentro del concepto de defensa avanzada».

Contempla el documento las posibles formas de agresión comunista contra la OTAN citando sus capacidades, que enumera desde una agresión nuclear generalizada hasta una presión político-militar contra un país miembro, o acciones en las áreas periféricas de la OTAN, y cita con cierta frecuencia la posibilidad de una forma u otra de una agresión limitada que no llegue a alcanzar el nivel nuclear.

Ante estas posibles amenazas, el documento establece un concepto de disuasión basado en la determinación de usar el armamento nuclear, la capacidad reconocida del mismo y la utilización de la flexibilidad en la respuesta, que impediría al agresor conocer de antemano la respuesta que puede esperar. Como posibles respuestas cita la defensa directa de las fuerzas convencionales aliadas (que podían contar con armamento nuclear táctico), la amenaza deliberada de escalar el conflicto al nivel nuclear y en último extremo la respuesta nuclear generalizada.

Ante el riesgo de escalada, este concepto estratégico sostiene que «la mayor disuasión contra una agresión que no llegue a ser un ataque masivo nuclear es la amenaza de escalada, que llevaría al Pacto de Varsovia a concluir que los riesgos inherentes no son conmensurables con sus objetivos» (punto 22), y que, «si comienza una agresión por debajo del nivel nuclear, la OTAN debe responder inmediatamente con una defensa directa», con sus fuerzas convencionales. Seguidamente indica que el primer objetivo de la OTAN sería «contrarrestar la agresión sin escalar el conflicto», aunque acepta que «la OTAN debe estar preparada en todo momento para escalar el conflicto usando armas nucleares si es necesario». Mas adelante en este mismo punto se puede leer:

> La piedra angular de la seguridad e integridad de la OTAN debe continuar basándose en una total y adecuada postura nuclear. Los efectos de una guerra nuclear serían tan graves, que la Alianza no debería comprometerse en una acción semejante más que en el caso de que las posibilidades de preservar o restaurar la integridad del área OTAN mediante acciones políticas, y militares convencionales se hayan intentado, y se hayan probado insuficientes.

Como puede fácilmente percibirse, hay una diferencia muy notable entre este concepto estratégico de 1968 con el que recomendaba diez años antes una respuesta masiva nuclear. No obstante, y siempre con respecto a la capacidad nuclear de la Alianza, el documento sostiene que las fuerzas nucleares de la Alianza «deben ser adecuadas para infligir un daño catastrófico a la sociedad soviética incluso después de un ataque nuclear por sorpresa, y constituyen la espina dorsal de las capacidades militares de la OTAN».

También este concepto estratégico hace mención a las armas nucleares tácticas. Literalmente indica lo siguiente:

> Las fuerzas nucleares tácticas de que disponen los principales comandantes de la OTAN constituyen un componente esencial del elemento disuasorio. Sus objetivos principales son contribuir a la disuasión de ataques convencionales de cualquier magnitud y contrarrestarlos si fuera necesario, enfrentando al enemigo con la perspectiva de la consiguiente escalada del conflicto. Y disuadir, y si es necesario responder, al uso de armas nucleares tácticas planteando la amenaza de una escalada hacia una guerra nuclear total.

En cuanto a la posibilidad de recibir una agresión de carácter limitado, el documento determina que las fuerzas convencionales de la Alianza deben ser capaces de ejercer una eficaz reacción contra las diversas formas de una agresión limitada, y tener «la capacidad de llevar a cabo una amplia gama de operaciones defensivas y ofensivas, incluyendo selectivos usos de armas nucleares» (punto 27).

Para hacer frente a una agresión importante, el Concepto MC 14/3 expone en su punto 28 que la OTAN necesita disponer «como última respuesta, unas fuerzas nucleares con una capacidad de represalia segura, y unas fuerzas terrestres, navales y aéreas capaces de desarrollar una defensa convencional y nuclear contra cualquier forma de agresión o subversión», pero añade en su punto 34 que el objetivo militar sería en el marco del concepto de la defensa avanzada hacer frente en primer lugar a cualquier agresión de rango inferior a un ataque nuclear generalizado con las defensas directas disponibles (las convencionales).

Dejamos ya las citas del contenido del Concepto Estratégico MC 14/3 con la afirmación que contiene su punto 32:

> El objetivo general de la Alianza es prevenir la guerra creando una eficaz disuasión ante todas las formas de agresión. Para este propósito la Alianza necesita un espectro completo de capacidades militares que abarca desde las fuerzas convencionales hasta las fuerzas nucleares estratégicas, pasando por las fuerzas nucleares tácticas.[75]

Este concepto estratégico, que refleja en términos generales las directrices aplicables a la estrategia de la OTAN en el año 1968, se mantuvo en vigor durante más de veinte años, hasta la desaparición de la Unión Soviética y del Pacto de Varsovia. La filosofía del texto era clara: disuadir ante todo, reforzar la disuasión con una mejor capacidad operativa y tecnológica de las fuerzas convencionales de la Alianza, y estar preparados para, si la disuasión fallase, responder con toda la capacidad propia, entre ellas la nuclear, tanto estratégica como táctica.

---

75 Concepto Estratégico General para la Defensa del Área del Tratado del Atlántico Norte. 16 enero 1968.

Es por esas fechas cuando la Unión Soviética continuó su programa nuclear para alcanzar la paridad con Estados Unidos en el número de cabezas nucleares, paridad que consiguió hacia el año 1978. No le debió parecer bastante a los dirigentes soviéticos, porque los programas continuaron. Culminarían casi diez años más tarde en que, según los datos de la Federation of American Scientists de la que ya hemos hablado anteriormente, llegó a disponer de alrededor de 40 000 cabezas nucleares y un impresionante número de sistemas de lanzamiento. Se había llegado al punto más alto de lo que se había acuñado como la *destrucción mutua asegurada*[76]. A partir de esa fecha el número de armas nucleares comenzó a disminuir como resultado de los diferentes acuerdos entre las dos superpotencias. Los veremos en el próximo capítulo. Ahora vamos a volver a los conceptos estratégicos más recientes limitándonos a sus menciones a las armas nucleares.

El concepto estratégico que sustituyó al de 1968 se aprobó en la Cumbre de la Alianza que tuvo lugar en Roma el 7 de noviembre de 1991, y desde entonces se han aprobado y publicado tres más. Por primera vez, el Concepto de 1991 ya no era un documento clasificado; era, en términos cinematográficos, *para todos los públicos.* Y por lo tanto se publicó. Constituyó no solo como los anteriores documentos del mismo título un elemento básico para desarrollar la estrategia aliada, sino también un manifiesto político que permitía saber cuál era la propia percepción de la Alianza de su papel en el mundo, la situación de la seguridad tras la desaparición de la Unión Soviética y las nuevas misiones que se proponía desempeñar; en particular las de gestión de crisis, favorecer el diálogo y una aproximación cooperativa a la seguridad europea.

La postura nuclear de la Alianza en ese concepto estratégico variaba radicalmente respecto a la que defendía el Concepto de 1968. En su texto se afirmaba ahora que «el propósito

76 Casi todos los autores que tratan esta «destrucción mutua asegurada» recuerdan como una anécdota que las iniciales de estas tres palabras en inglés *mutual assured destruction* forman la palabra *mad,* cuyo significado es loco, absurdo.

fundamental de las fuerzas nucleares de los aliados es político: preservar la paz, evitar la coerción y cualquier tipo de guerra», e informaba también en uno de sus primeros puntos que la amenaza de un ataque masivo no era ya objeto de análisis para la estrategia aliada. Aun así, en sus últimas páginas, el documento dedicaba unos párrafos a las características de las fuerzas nucleares que son muy reveladores de la posición, por lo demás lógica, de Estados Unidos respecto al tema nuclear. Destacaremos de ellos aquí unas afirmaciones particularmente interesantes:

> La garantía suprema de la seguridad de los aliados la proporcionan las fuerzas nucleares de la Alianza, particularmente las de los Estados Unidos; las fuerzas nucleares independientes del Reino Unido y de Francia, que tienen un papel de disuasión en sí mismas, contribuyen a la disuasión general y a la seguridad de los aliados.

En el punto siguiente a este, podemos leer: «Las fuerzas nucleares basadas en Europa y comprometidas a la OTAN proporcionan un vínculo esencial político y militar entre los miembros europeos y norteamericanos de la Alianza. La Alianza por lo tanto mantendrá unas fuerzas nucleares adecuadas en Europa»; y, finalmente, como un mensaje de carácter más táctico, pero en cualquier caso interesante, «no hay requerimiento para artillería nuclear o misiles nucleares de corto alcance basados en tierra, y estas armas serán eliminadas».[77] Corría el año 1991.

El siguiente concepto estratégico fue aprobado en la Cumbre de Washington el 24 de abril de 1999. En el plano nuclear no aportaba nada nuevo y repetía prácticamente de forma literal el contenido de los puntos del Concepto del 1991 a los que nos hemos referido, aunque, en el análisis de los desafíos y riesgos para la seguridad, al hablar de los riesgos de una agresión convencional a gran escala la ve como altamente improbable

77 Concepto Estratégico de la Alianza del 8 de noviembre de 1991. Puntos 55, 56 y 57.

(como en el Concepto de 1991), pero añade que «la posibilidad de una amenaza emergiendo en el largo plazo sí existe»[78]. Parece esta una afirmación muy acertada a día de hoy teniendo en cuenta la agresión rusa a Ucrania que se produciría más de una docena de años más tarde en Crimea y la invasión de la totalidad del país comenzada en el año 2022, que se ha convertido en la principal fuente de preocupación para los países europeos y para la Alianza Atlántica. En cuanto a los puntos que dedica específicamente el Concepto de 1999 a las fuerzas nucleares son literalmente tan similares que no merece la pena ampliar los comentarios a los mismos que acabamos de hacer respecto a los del Concepto de 1991.

Si avanzamos una década en este estudio de los Conceptos Estratégicos de la Alianza nos encontramos con el concepto estratégico aprobado en la Cumbre de Lisboa en 2010. Llevaba un título atractivo: «Compromiso activo, defensa moderna». Este concepto subraya la posición de la OTAN respecto a las armas nucleares: «En tanto haya armas nucleares en el mundo, la OTAN seguirá siendo una Alianza nuclear»[79] y, al referirse a la disuasión, afirmaba que «basada en una mezcla apropiada de capacidades nucleares y convencionales, seguía siendo un elemento central del conjunto de nuestra estrategia». El punto siguiente del documento repetía de nuevo, como en los dos conceptos estratégicos anteriores, que la garantía suprema de la seguridad de los aliados la proporcionaban las fuerzas nucleares de la Alianza «particularmente las de los Estados Unidos».

Y así llegamos al último de los Conceptos Estratégicos de la OTAN, el que está actualmente en vigor y se aprobó en la Cumbre de Madrid los días 29 y 30 de junio de 2022. En esas fechas la Federación Rusa hacía ya cuatro meses que había comenzado su segunda agresión a Ucrania, y los países de la OTAN ven claramente amenazada la paz y la estabilidad en el continente europeo.

78 Concepto Estratégico de la Alianza del 24 de abril de 1999. Punto 20.
79 Concepto Estratégico de la Alianza del 20 de noviembre de 2010. Prefacio y punto 17.

Siempre centrándonos en la cuestión nuclear, este concepto recoge que Rusia estaba ya modernizando sus fuerzas nucleares, que la postura de disuasión y defensa de la Alianza se basa en una adecuada combinación de capacidades nucleares, convencionales y de defensa antimisil, y que «emplearemos herramientas militares y no militares de forma proporcionada, coherente e integrada para responder a todas las amenazas a nuestra seguridad». Esta formulación a mi juicio pretende no ser amenazadora en el terreno nuclear para cualquier Estado que sus intereses pongan en riesgo los de la Alianza, en este caso la Federación Rusa, y expresa una estrategia de la OTAN basada no solo en la defensa colectiva, sino también en conceptos con un alto grado de componente político como la gestión y prevención de las crisis que pudieran surgir en el horizonte internacional y en la seguridad cooperativa, sobre la que afirma que continuará desarrollando su asociación (partenariado es el término que se ha acuñado en el lenguaje de la OTAN) con otros países, entre ellos con Ucrania y Georgia, que habían sufrido ya agresión por parte de Rusia.

En cualquier caso y en el campo de lo nuclear, el concepto vuelve a repetir que «en tanto existan las armas nucleares, la OTAN seguirá siendo una alianza nuclear», aunque esta vez matiza que «buscamos crear un entorno de seguridad para un mundo sin armas nucleares». También, como en sus versiones anteriores, afirma que el propósito fundamental de su capacidad nuclear es preservar la paz, prevenir la coerción (coacciones de países hostiles) y disuadir de todo tipo de agresión. Las circunstancias en que la OTAN podría tener que utilizar armas nucleares son extremamente remotas, afirma literalmente el concepto estratégico del 2022. Aquí conviene recordar una vez más aquello de la destrucción mutua asegurada en el caso de generalizarse una contienda nuclear entre las principales potencias mundiales.

También vuelve a repetir este concepto que «las fuerzas nucleares estratégicas de la Alianza, en particular las de Estados Unidos, son la garantía suprema de la seguridad de la Alianza» y completa esta afirmación con lo siguiente:

> La postura de disuasión nuclear de la OTAN también se basa en las armas nucleares de Estados Unidos desplegadas en Europa y en las contribuciones de los Aliados concernidos. Las contribuciones nacionales a la misión de disuasión nuclear de la OTAN, en forma de aviones de doble capacidad —convencional y nuclear— sigue siendo esencial.[80]

Así pues, podemos concluir que mientras los primeros conceptos estratégicos tenían un carácter exclusivamente militar, a partir del de 1991 se vuelven progresivamente más políticos, y dan a la Alianza Atlántica una nueva dinámica más universal, compatible con la defensa colectiva de sus miembros, al superar las limitaciones geográficas del área euroatlántica, e insisten en la importancia del vínculo transatlántico que une a Europa con Estados Unidos y que nos hace en cierta manera colaboradores con su política exterior, de la que en cualquier caso somos los europeos de alguna manera beneficiarios, que ha sostenido el carácter democrático, el desarrollo y el bienestar social de las naciones occidentales. En el terreno de las armas nucleares, la afirmación más importante y expresada en los tres últimos conceptos, ya lo hemos dicho, es que mientras existan las armas nucleares, la Alianza Atlántica continuará siendo una alianza nuclear.

80 Concepto Estratégico de la OTAN 2022. 30 de junio de 2022. Prefacio y puntos 28 y 29.

# *Los acuerdos entre Estados Unidos y la Unión Soviética y Rusia sobre las armas nucleares*

No hablaremos aquí de los tratados de reducción y prohibición de los ensayos nucleares, pues ya hemos dedicado gran parte de un capítulo anterior a ello. Nos centraremos en los acuerdos de limitación de armas nucleares entre Estados Unidos y la URSS y la Federación Rusa en los años de la Guerra Fría y posteriores. Unas negociaciones y acuerdos con el objetivo de reducir el peligro que constituía el progresivo crecimiento del número de estas armas; un peligro que amenazaba la existencia de ambas potencias, y hasta la vida en nuestro planeta, en el caso de desencadenarse una guerra nuclear.

La situación en la primera mitad de los años sesenta era de una superioridad aplastante a favor de Estados Unidos pero, como ya hemos dicho en un capítulo anterior, algo había pasado en la segunda mitad de la década anterior que abría un nuevo capítulo en la carrera de armamentos nucleares: el lanzamiento por parte de la Unión Soviética en octubre de 1957 del primer satélite artificial de la historia, el Sputnik. Ello llevaba consigo que Estados Unidos iba a *estar a tiro* de las armas nucleares de la Unión Soviética. ¿Se podría utilizar el espacio para llevar a cabo un ataque nuclear?

Ya por entonces Naciones Unidas se interesaba por el espacio exterior de nuestro planeta, y en particular, y por razones obvias, lo hacían Estados Unidos y la Unión Soviética. La capacidad de poner en órbita un satélite implicaba la capacidad de lanzamiento de un misil desde la Unión Soviética que pudiera alcanzar el territorio norteamericano (y, de hecho, con mayor o menor precisión, todo el planeta). Ante esta situación la Asamblea General de la ONU acordó una Resolución el 17 de octubre de 1963 instando a todas las naciones a abstenerse de introducir armas de destrucción masiva en el espacio exterior.[81] Se creó el Comité del Espacio Exterior, se produjeron las oportunas negociaciones y en enero de 1967 se abrió a la firma, simultáneamente en Washington, Londres y Moscú, el Tratado del Espacio Exterior (Outer Space Treaty), cuyo título completo, aunque muy largo, nos da una idea muy clara de lo que pretendía: «Tratado sobre los principios que deben regir las actividades en la exploración y uso del espacio exterior, incluida la luna y otros cuerpos celestes». Este acuerdo entró en vigor el 10 de octubre de 1967.

El contenido del tratado se adelantó a su tiempo; todavía los astronautas Armstrong y Aldrin no habían pisado el suelo lunar y no lo harían hasta el 20 de julio de 1969. El texto se inicia con la afirmación de que el espacio ultraterrestre, incluso la Luna y otros cuerpos celestes, estará abierto para su exploración y utilización por todos los Estados sin discriminación alguna, y establece que el espacio y los cuerpos celestes no podrán ser objeto de apropiación por ninguna nación. Su disposición más importante para nosotros es la que contiene el artículo IV:

> Los Estados partes en el Tratado se comprometen a no colocar en órbita alrededor de la Tierra ningún objeto portador de armas nucleares ni ningún otro tipo de armas de destrucción masiva, a no emplazar tales armas en los cuerpos celestes, y a no colocar tales armas en el espacio ultraterrestre en ninguna otra forma.[82]

La Luna y los demás cuerpos celestes —continuaba el tratado— se utilizarían exclusivamente con fines pacíficos por todos los Estados partes. Quedaba prohibido establecer en los

---

81 US Department of State. *Treaty on Principle Governing the Activities of States in the Exploration and Use of Outer Space Including the Moon and Other Celestial Bodies* 2009-2017. state.gov/t/isn/5181.htm

82 United Nations Treaties and Principles on Outer Space. Naciones Unidas, Nueva York 2002. Unoosa.org/pdf/publications/STSPACE11E.pdf

cuerpos celestes bases, instalaciones y fortificaciones militares, efectuar ensayos con cualquier tipo de armas y realizar maniobras militares. No se prohibía la utilización de personal militar para investigaciones científicas ni para cualquier otro objetivo pacífico. Tampoco se prohibía la utilización de cualquier equipo o medios necesarios para la exploración de la Luna y de otros cuerpos celestes con fines pacíficos.

***

En los años sesenta Estados Unidos desarrolló su producción de cabezas nucleares y de misiles para su lanzamiento más velozmente que la Unión Soviética, y la superioridad norteamericana en cuanto al número de cabezas nucleares era aplastante. En los setenta la situación tomó un rumbo más amenazador. El objetivo de la Unión Soviética de llegar a un equilibrio nuclear con Estados Unidos se vio cumplido en los últimos años de la década en cuanto al número de cabezas nucleares, pero no por ello cesó en su empeño de superar a su rival del otro lado del Atlántico. Sus programas de armamento continuaron y, en cuanto a cabezas nucleares, llegó a hacerse como ya se ha dicho anteriormente con ¡alrededor de 40 000! en 1987.[83]

Los norteamericanos ya habían desarrollado programas equivalentes en la primera mitad de los años sesenta para mantener su posición de dominio en la escena internacional (las familias de misiles Atlas y Titan son la prueba de ello), y podían dedicarse en los setenta al desarrollo cualitativo tecnológico y al planeamiento estratégico de su fuerza nuclear con el mismo objetivo: mantener su superioridad, operativa y técnica respecto a la URSS. La introducción del misil Minuteman III fue quizás el mejor exponente de aquellos desarrollos.

Pero con el constante aumento del número de cabezas nucleares se llegó al convencimiento a nivel mundial, de los Gobiernos y de la población, de que un conflicto nuclear

83 Kristensen, Hans y Korda, Matt. Status of World Nuclear Forces. Federation of American Scientists. 29 de marzo de 2024. Fas.org/initiative/status-world-nuclear-forces/

Misil Atlas, primer misil balístico intercontinental (ICBM)
estadounidense, lanzado por primera vez en 1957.

generalizado no tendría vencedores ni vencidos y que, en caso de producirse, la civilización experimentaría en el mejor de los casos un retroceso de incalculables consecuencias que, por supuesto, se llevaría por delante definitivamente a las dos superpotencias. Como resultado de esta situación se acuñaron dos términos que la resumían perfectamente: el *equilibrio del terror* y la *destrucción mutua asegurada.* Dos términos que no necesitan más explicación.

Concretamente, los responsables soviéticos y norteamericanos también debieron entenderlo así, y entonces comenzaron a dirigir sus esfuerzos a conseguir progresivas reducciones de las armas nucleares, que comprendían no solo el número de ojivas o cabezas nucleares, sino también sus sistemas de lanzamiento.

Las primeras negociaciones recibieron el nombre de Strategic Arms Limitation Talks (SALT), dos series de conversaciones entre Estados Unidos y la Unión Soviética que comenzaron en Helsinki en 1969 y se extendieron a lo largo de diez años con el objetivo de limitar las armas nucleares y frenar la carrera armamentística. En aquellos años, como ya se ha dicho al principio de este capítulo, la URSS estaba embarcada en un ambicioso programa que pretendía alcanzar y superar la situación de Estados Unidos en el campo de las armas nucleares.

Quizás el comienzo del proceso lo podríamos adelantar hasta 1967, año en el que el presidente estadounidense Lyndon Johnson y el presidente soviético Alexéi Kosyguin trataron en la Cumbre de Glassboro (Estados Unidos) sobre una posible apertura de negociaciones para el control de las armas nucleares, aunque comenzaron formalmente, ya en tiempos de Nixon, en noviembre de 1969.

En 1972 estos contactos dieron como un primer resultado la firma del Tratado ABM (Treaty on the Limitation of Anti-Ballistic Missile Systems) y de un acuerdo interino sobre armas estratégicas ofensivas (SALT I),[84] firmados por Nixon y Brezhnev en Moscú el 26 de mayo de ese año, y la segunda ronda de estas

84 US Department of State. *Strategic Arms Limitation Talks (SALT I)* (Narrative). Bureau of Arms Control, Verification and Compliance. (Párrafo 17). 2009-2017.state.gov/t/isn/5191.htm

conversaciones finalizó en 1979 con la firma del Tratado SALT II, por Carter y Brezhnev,[85] en Viena. En los años que mediaron entre ambos acuerdos, los presidentes Ford y Brezhnev firmaron en la cumbre que mantuvieron en Vladivostok en noviembre de 1974 otro acuerdo interino que sentó las bases del futuro tratado, pero siguió dejando aspectos importantes por resolver que no habían quedado resueltos en las conversaciones SALT I y seguían pendientes. Entre estos aspectos estaban cuestiones relativas a los sistemas MIRV,[86] la consideración como estratégicos de los bombarderos soviéticos Backfire, el número total de cabezas nucleares que se podían desplegar y discrepancias referentes a la verificación del tratado que estaba por firmar.

Jimmy Carter y Leonidas Brezhnev firmando el Tratado SALT II, el 18 de junio de 1979 en Viena.

***

85 Office of the Historian del Departamento de Estado del Gobierno de Estados Unidos. history.state.gov/milestones/1969-1976/salt

86 En aquel momento ya estaba operativo el concepto MIRV (*multiple independently targetable reentry vehicules*) que permitía a un misil intercontinental llevar en su interior varias ojivas nucleares que en un momento de su vuelo podían separarse del misil y dirigirse a objetivos distintos preseleccionados. De esta tecnología ya disponían en los años setenta los ICBM norteamericanos Minuteman III, y los soviéticos los SS-18.

El Tratado sobre los Misiles Antibalísticos (Anti-Ballistic Missile Treaty, ABM), que en realidad era un tratado sobre la limitación de los sistemas de defensa contra los misiles balísticos, se negoció en el marco de las conversaciones SALT, y nos da pie a unas consideraciones sobre la disuasión que con este tratado tanto la URSS como Estados Unidos pretendían obtener, que yo diría que son al menos algo discutibles. Su objetivo último era desacelerar la carrera de armamentos nucleares entre las dos superpotencias, pero la forma de hacerlo venía a ser en la práctica el reforzamiento de la destrucción mutua asegurada (MAD). Lo que el acuerdo proponía era muy particular: limitar la capacidad de defensa de ambos países contra los misiles nucleares balísticos de carácter estratégico que atacasen su propio territorio.

En concreto, este tratado reducía sustancialmente la defensa de cada una de las partes a un ataque nuclear contrario y, al estar las defensas de ambas reducidas, cada una de las dos potencias se hacía más vulnerable a las armas nucleares del otro y, por tanto, según la información encontrada, y esto es lo discutible, «disuadiría a ambos de lanzar un primer ataque, ya que implicaría una potencial represalia a la que sus defensas no lograrían hacer frente».

Para ello establecía severas limitaciones en el número de sistemas interceptadores de cada bando y en las áreas a defender. El resultado esperado era que la limitación de los sistemas de defensa reduciría la necesidad de construir un mayor número de armas ofensivas o el desarrollo de otras nuevas, al tener menos oportunidades de ser derribados sus misiles en el camino hacia sus objetivos por los sistemas de defensa del contrario. Además, y esto si es indiscutible, se favorecía un comienzo de la distensión entre las dos superpotencias, que habían demostrado que podrían conversar y llegar a acuerdos entre ellas, ... ¿y de Europa, qué?

De Europa nada, porque el tratado no mencionaba en absoluto el continente europeo, y de hecho no ponía limitaciones a la defensa contra los misiles nucleares de menor alcance ni a los tácticos en los teatros de operaciones, es decir, en Europa. El tratado era *muy* bilateral, y se dirigía únicamente a evitar una guerra nuclear entre los Estados Unidos y la Unión Soviética. La política tiene sus razones, y hay que comprender que la responsabilidad de los gobernantes es mayor respecto a sus ciudadanos que hacia sus amigos o aliados. Es el *America first*, indicador de prioridades políticas y tantas veces repetido en las campañas presidenciales actuales de nuestros aliados transatlánticos. En cualquier caso, indirectamente se podía entender que en caso de conflicto se esperaba que este se limitase al territorio europeo.

Se acordó que las áreas metropolitanas a defender serían las dos capitales y las áreas de asentamiento de los misiles intercontinentales. De esta manera ambos países, en caso de producirse un conflicto nuclear, mantendrían sus gobiernos y la capacidad de represalia. La población no se contemplaba, pero sí que la capacidad de respuesta del país atacado ejerciese un importante papel de disuasión hacia el otro, porque el país atacante sería igualmente vulnerable al haber reducido también de forma drástica sus defensas antimisiles. Se consideraba que, si no se hubiera llegado finalmente al acuerdo de limitación de las defensas, el país que poseyera un sistema suficientemente eficaz contra los misiles enemigos podría estar tentado a lanzar un primer ataque nuclear masivo en la confianza de que con sus propios medios podría hacer frente a la represalia nuclear enemiga, que además ya estaría debilitada por el ataque recibido.

El texto del tratado permitía el despliegue en cada una de las dos áreas acordadas de cien misiles interceptadores y sus correspondientes lanzadores, así como radares para detectar los misiles atacantes en su última fase y guiar las interceptaciones. No obstante, un protocolo que se firmó en 1974 redujo estas cifras y dejó vigente una sola área de defensa en cada uno de los dos bandos y un total de únicamente cien misiles interceptadores en el área que cada uno de los dos Estados decidiera elegir. Además, se prohibían los radares de largo alcance capaces de detectar con tiempo suficiente los misiles balísticos atacantes. Con el tiempo se consideró que la protección que brindaban los cien misiles interceptadores y una única área era escasa, y que el coste de mantenimiento del conjunto del sistema era demasiado elevado. Pasados los años, Estados Unidos, que había decidido como área de defensa la de su despliegue de misiles ICBM en Grand Fork, abandonó el tratado el 13 de junio de 2002[87] justificando esta retirada en que no estaba suficientemente cubierta la protección contra posibles misiles balísticos de otros Estados, literalmente «porque dificultaba la capacidad de nuestro gobierno de desarrollar formas de proteger a nuestro pueblo de ataques futuros de misiles terroristas o de Estados *villanos*».[88]

El tratado, curiosamente, no estipulaba ningún sistema de verificación internacional del cumplimiento del mismo. Únicamente contemplaba el establecimiento de una Standing Consultative Commission (Comisión Consultiva Permanente) con capacidad de consulta y de llegar a acuerdos sobre aspectos de interpretación o gestión del tratado, pero sin poder decisorio.[89]

***

Las conversaciones SALT I, además de dar como resultado el Tratado ABM, finalizaron con la firma del Acuerdo Interino en Ciertas Medidas respecto a la Limitación de Armas Estratégicas Ofensivas, que también se firmó en la misma fecha. Su objetivo principal era fijar límites concretos al número total de armas nucleares ofensivas y de carácter estratégico en poder de cada una de las partes, pero esto no se logró por las implicaciones de la entonces reciente tecnología MIRV, a la que se estaba llegando en aquellas fechas.

87 Arms Control Association. Factsheets & briefs. *The Anti-ballistic Missile Treaty at a Glance.* Última revisión en diciembre 2020. armscontrol.org/factsheets/anti-ballistic-missile-abm-treaty-glance

88 La expresión utilizada era *rogue-states*, y la declaración del presidente Bush está tomada de Arms Control Association. *President Bush Remarks and US Diplomatic Notes.*

89 US Department of State. *Treaty Between the United States of America and The Union of Soviet Socialist Republics on The Limitation of Anti-Ballistic Missile System (ABM Treaty).* «Diplomacy in Action».

Estados Unidos había desplegado su primer ICBM MIRV, el Minuteman III, en 1970, y el primer SLBM MIRV, Poseidón, en 1971; y la URSS lo hizo respectivamente en 1975 y 1978.[90] Esta tecnología, que permitía que un misil pudiera llevar alojados en su interior varios *vehículos* (según el término utilizado en inglés) con cabezas nucleares de menos tamaño y potencia dirigidos a objetivos distintos, implicaba que, aunque se disminuyese el número de misiles en virtud de un acuerdo, la disminución podría no afectar al número total de cabezas nucleares desplegadas, ya que cada misil podía estar configurado para llevar varias de ellas. El potencial efecto destructor total de un ataque sería aún mayor que el de una cabeza nuclear de mayor potencia, a un coste menor por la reducción del número de sistemas de lanzamiento, y haría menos efectivos los sistemas de defensa antimisiles al aumentar el número de vehículos a batir.

***

Los contactos sobre temas nucleares no se interrumpieron y dieron como resultado la firma siete años más tarde de un nuevo tratado, el SALT II. Firmado, como ya se ha dicho anteriormente, por Carter y Brezhnev.

Este tratado expone en su primer artículo su objetivo general: «Compromete a cada parte a limitar sus armas ofensivas estratégicas cualitativa y cuantitativamente y a ejercitar contención en el desarrollo de nuevos tipos de armas ofensivas estratégicas». Para ello, limitaba a un máximo de 2400 las armas ofensivas estratégicas, considerando como tales los lanzadores basados en tierra de ICBM, los lanzadores de SLBM, los bombarderos pesados, y los ASBM (Air Surface Ballistic Missile) lanzables desde los bombarderos pesados, pero contemplaba que ese número de 2400 se reduciría a 2250 a partir del 1 de enero de 1981, y que cada parte podría escoger la composición

90 *Studies of Military R&D Weapons Development. The Origins of MIRV.* https://man.fas.org/eprint/leitenberg/mirv/

del número total de sus armas entre los diferentes tipos considerados en el texto. Con respecto a los bombarderos pesados, en la cifra total de 2250 misiles se debía incluir el número máximo de misiles ASBM que estos podían llevar en su interior, pero en este caso no contaría como arma ofensiva el propio bombardero.

El tratado dedicaba una particular atención a los sistemas MIRV, y en su artículo quinto cada parte se comprometía a que, de las 2250 armas nucleares que el tratado fijaba como número total definitivo, solamente se permitirían 1320 misiles equipados con sistemas MIRV. De estos únicamente 820 podrían equipar a los ICBM, hasta 1200 podrían equipar al conjunto de ICBM, SLBM y ASBM, y se podrían alcanzar los 1320 permitidos añadiendo los de crucero lanzados desde el aire (ALCM) de un alcance superior a 600 kilómetros.

En fin, este resumen elaborado aquí, además de dar a conocer el tipo y cantidad de armas nucleares que permite el tratado y el especial tratamiento que se dio a los sistemas MIRV, permite al lector apreciar la complejidad del tema y el trabajo que debió costar llevar a buen término el acuerdo. Además, merece la pena recordar que en aquel momento (año 1979) el número de cabezas nucleares de cada una de las dos superpotencias, contando las no desplegadas, era de alrededor de unas 25 000,[91] y que en ese contexto cualquier tipo de tratado que directa o indirectamente las redujese merecía la pena.

Una información sobre la existencia y cantidad en aquellos momentos de armas estratégicas ofensivas en los dos países, que se intercambió el mismo día de la firma del tratado entre los jefes de las dos delegaciones con motivo del acuerdo alcanzado, nos permite una valoración de las reducciones de las armas estratégicas ofensivas que se acordaron como resultado del mismo:

91 Informe Federation of American Scientists. 24/03/24. fas.org/initiative/status-world-nuclear-forces/

| | Estados Unidos | URSS |
|---|---|---|
| Lanzadores fijos de ICBM | 1,054 | 1,398 |
| Lanzadores de ICBM equipados con MIRV | 550 | 608 |
| Lanzadores de SLBM | 656 | 950 |
| Lanzadores de SLBM equipados con MIRV | 496 | 144 |
| Bombarderos pesados | 573 | 156 |
| Bombarderos pesados con misiles de crucero de más de 600 kilómetros de alcance | 3 | 0 |

Los bombarderos y misiles a los que hacía referencia el tratado eran por parte norteamericana los bombarderos B-52 y B-1, y los misiles Minuteman III. Por parte soviética, los bombarderos Tu-95 Bear y Myasishchev M-4 Bison, y como misiles basados en tierra los SS-17, SS-18 y SS-19. Hubo disputa en la consideración del bombardero Tu-22 Backfire, sobre el que los soviéticos alegaban que no cumplía el radio de acción para su consideración como bombardero pesado capaz de alcanzar Estados Unidos, y también hubo diferencias de criterio respecto a los misiles de crucero norteamericanos ALCM (*air launched cruise missile*). Según algunos analistas, las negociaciones estuvieron dominadas por una mutua desconfianza. Era lógico.

El tratado, que preveía estar en vigor hasta el 31 de diciembre de 1985, fue considerado en el Senado como no suficientemente satisfactorio para los intereses de Estados Unidos y Carter retiró provisionalmente la petición de ratificación a finales de 1979. En diciembre de 1979 la Unión Soviética invadió Afganistán, y un mes más tarde, en enero de 1980, el presidente norteamericano, como signo de rechazo a la invasión, pidió al Senado que no considerase la ratificación del tratado, y este nunca lo ratificó. Posteriormente, Washington y Moscú acordaron cumplir la política nuclear contenida en el documento hasta que fuera reemplazado por un acuerdo futuro. No obstante, el presidente Reagan, que había anunciado el 23 de marzo de 1983 la Iniciativa de Defensa Estratégica (llamada popularmente Guerra de las Galaxias), estimó en 1984

Fotografías del Boeing B-52 y del Tupolev Tu-95, veteranos bombarderos estratégicos que han constituido desde hace más de cincuenta años la base de las fuerzas estratégicas nucleares de Estados Unidos y de la Unión Soviética, ahora de Rusia.

y 1985 que los soviéticos no estaban cumpliendo lo acordado y, el 26 de mayo de 1986, declaró que la política nuclear norteamericana no se ajustaría al texto del tratado, sino a lo que realmente estaba haciendo la Unión Soviética en el aspecto nuclear.[92] Con ello el Tratado SALT II perdió su relevancia, aunque los contactos y negociaciones sí se mantuvieron, una situación que se mantuvo hasta 1991, año en que se firmó el Tratado START I que analizaremos unas páginas más adelante.

En cualquier caso, estos acuerdos, SALT y ABM, ratificados o no entre Estados Unidos y la Unión Soviética, nos indican que el objetivo en aquellos años era el de profundizar en una distensión entre los dos bloques que poseían la inmensa mayoría de cabezas nucleares del mundo. Una distensión siempre difícil de llevar a la práctica, pero que no por ello deja de ser imprescindible para la estabilidad internacional, la paz y, por qué no decirlo, para el empleo de los costosísimos esfuerzos económicos invertidos hasta ahora en las armas nucleares a objetivos distintos a la confrontación entre regímenes que pueden ser rivales o incompatibles, pero que únicamente tienen su razón de ser en el servicio que deben prestar a las sociedades que dirigen y al resto de la humanidad.

***

En el año de 1986 la Unión Soviética ya andaba en graves apuros económicos que se venían arrastrando desde la década anterior. El estancamiento económico de la URSS llevaba ya una década, y a las ineficiencias de la economía centralizada se añadía el coste de la intervención en Afganistán y el de la carrera armamentística entre las dos grandes potencias (el gasto militar soviético era entre el 8 y el 15 % del PIB según las fuentes). El comunismo no había

92 US Department of State. *Treaty on the Limitation of Strategic Ofensive Arms.* «Diplomacy in Action». 2009-2017. state.gov/t/isn/5195.htm

logrado dar a la población el desarrollo económico y el bienestar social que supuestamente pretendía. Para colmo, en este ambiente enrarecido tuvo lugar en ese año la tragedia nuclear de Chernóbil.

Volviendo atrás, desde 1964 estaban desplegados por los Estados Unidos en el marco de la OTAN misiles nucleares Pershing I en la República Federal de Alemania. Estos misiles, según fuentes no clasificadas, disponían de una sola cabeza nuclear y tenían un alcance de unos 740 kilómetros según algunas fuentes y de 650 a 1800 kilómetros según otras.

La Unión Soviética había comenzado a instalar en 1976, principalmente en la República Democrática Alemana y en Checoeslovaquia, unos nuevos misiles, los SS-20, de un alcance de más de 5000 kilómetros y dotados de tecnología MIRV con tres cabezas nucleares. Ello alteraba cualquier tipo de equilibrio nuclear en el continente, y dejaba a todas las capitales europeas al alcance de estos misiles. Ante esta situación la OTAN tomó el 12 de diciembre de 1979 lo que recibió el nombre de *la doble decisión* (*double track decision*): la Alianza Atlántica se daba un plazo de cuatro años para negociar con los soviéticos la retirada de sus misiles, y, si no se lograba su retirada, la OTAN desplegaría otros nuevos misiles en Europa para compensar la iniciativa soviética.

Eran los tiempos de Brezhnev y Reagan. Este último le propuso al primero la *opción cero:* si la URSS retiraba los misiles que había desplegado, la OTAN (Estados Unidos) no desplegaría ninguno. Brezhnev no aceptó, pidió una moratoria, no se la dieron, y la situación siguió empeorando. En la Unión Soviética se vivía una inestabilidad política al tiempo que se deterioraba la situación económica. Brezhnev moría en noviembre de 1982, su sucesor, Yuri Andropov, murió en febrero de 1984, y el sucesor de este último, Konstantin Chernenko, lo haría en marzo de 1985. En medio de todo esto, un ejercicio de la OTAN en el año 1983, el Able Archer, que su guion era el de simular todas las fases de alarma y toma de decisión en un conflicto nuclear, fue interpretado por los soviéticos como una amenaza real previa a un ataque nuclear norteamericano. Fue una situación delicada que, mal gestionada, hubiera podido dar lugar a un conflicto nuclear definitivo. El tiempo pasaba sin llegar a un acuerdo. Finalmente, en marzo de 1985 fue nombrado secretario general del Partido Comunista y máxima autoridad de la Unión Soviética, Mijaíl Gorbachov.

La situación se había hecho crítica al tomar el Kremlin la decisión de seguir adelante con el despliegue en los países satélites de los SS-20, de características muy superiores a los misiles Pershing I occidentales. Ante esa situación, Reagan y la OTAN decidieron cumplir con la decisión que habían tomado en el año 1979, la *double track decision*, y comenzar el despliegue de ciento ocho lanzadores de misiles Pershing II (con un total de 276 misiles), de 1400 kilómetros de alcance y una potencia de cinco a ochenta kilotones, y 464 misiles de crucero BGM-109 Tomahawk, más lentos, subsónicos, pero de mayor alcance (se barajan cifras de aproximadamente 2500 a 3000 kilómetros), lo que les permitiría alcanzar Moscú. Estos últimos misiles de desplegarían, tras consentimiento de sus respectivos Gobiernos, en Alemania, el Reino Unido, Italia, Bélgica y Holanda.

Misil soviético SS-20 Saber (RSD-10 en denominación soviética) de alcance intermedio (IRBM) pero muy cercano al de los de superior categoría (ICBM). Este misil podría portar tres cargas del tipo MIRV. Su despliegue dio lugar a la crisis que condujo al Tratado INF.

En los países aliados, muy especialmente en la República Federal de Alemania, se produjeron fuertes movimientos ciudadanos en contra, que llegaron a causar en este último país la caída del gobierno en octubre de 1982. No obstante, después de las elecciones que llevaron al poder a Helmut Kohl, el Bundestag votaba el 22 de noviembre de 1983 el despliegue de los misiles en su territorio. En cualquier caso, lo cierto es que hubo una fuerte y bien orquestada presión popular en Europa en contra del despliegue de los misiles occidentales. Los soviéticos continuaron con su despliegue en la República Democrática Alemana y en Checoeslovaquia y, lo que hacía más daño a su propia economía, siguieron aumentando su presupuesto militar.

A la llegada al poder de Mijaíl Gorbachov, la situación cambió. Al mes de llegar al poder interrumpió el despliegue de los misiles soviéticos y llegó a ofrecer negociaciones sin condiciones sobre las fuerzas nucleares con la propuesta inicial de que las dos superpotencias redujeran a la mitad sus arsenales estratégicos. La primera cumbre entre los presidentes soviético y estadounidense tuvo lugar en Ginebra el 19 de noviembre de 1985 y después una segunda en Reikiavik (Islandia) el 11 de octubre de 1986, donde Gorbachov planteó ya propuestas de desarme nuclear entre las dos superpotencias[93] que podemos considerarlas como un antecedente del acuerdo START sobre armas estratégicas que se firmaría cinco años más tarde. Aunque en esta cumbre se lograron resultados muy significativos, terminó abruptamente por diferencias respecto a la forma de llevar adelante el proyecto de Reagan de la Iniciativa de Defensa Estratégica (Strategic Defence Initiative, SDI), la llamada Guerra de las Galaxias.

La Iniciativa de Defensa Estratégica había comenzado con el anuncio de Ronald Reagan en 1983 de su objetivo de establecer un sistema defensivo eficaz para hacer frente a un no probable pero posible ataque nuclear soviético al territorio de los

93 Powaski, Ronald. *La guerra fría. Estados Unidos y la Unión Soviética, 1917-1991.* Crítica S. L. Barcelona 2000.

Estados Unidos. Hasta entonces, y como hemos visto, la estrategia de defensa por ambas partes estaba basada en el Tratado ABM que, como ya se ha dicho, se centraba en limitar la defensa antimisil por las dos partes, y hacer que la capacidad de llevar a cabo una represalia nuclear por una parte sirviera de disuasión a la otra de lanzar un primer ataque.

Al año siguiente el anuncio de Reagan tomó cuerpo y se creaba la Organización de la Iniciativa de la Defensa Estratégica (SDIO), que estuvo trabajando en este proyecto hasta 1993. Esta organización se transformó en la Organización para la Defensa de los Misiles Balísticos (Ballistic Missile Defense Organization, BMDO), y en enero de 2002, dos meses después de la visita de Putin a Washington, la MBDO dio lugar a la Missile Defense Agency (MDA), que a lo largo de su existencia ha intervenido al menos en el desarrollo de los sistemas Patriot y AEGIS. Según se ha dicho, en los planes de la MDA estaba la instalación de bases en Polonia y la República Checa. Esto obviamente no podía ser fácilmente aceptable, y con razón, por las autoridades rusas, que han visto como la OTAN, liderada por Estados Unidos, ha ido incorporando países alrededor de sus fronteras.

Volviendo atrás, según el prestigioso analista británico Tony Judt en su libro *Postguerra*, la reunión de Reikiavik sentó las bases del éxito futuro. «A finales de 1987 Eduard Shevardnadze, ministro de Exteriores soviético, y el secretario de Estado George Schultz habían esbozado el Tratado de Fuerzas Nucleares de Alcance Medio»[94], y el 8 de diciembre de 1987 Gorbachov y Reagan firmaron en Washington (tercera reunión en la cumbre de ambos dirigentes) el Tratado INF, por el que acordaron desmantelar y destruir todos los misiles balísticos y de crucero de alcance comprendido entre 500 y 5000 kilómetros. El acuerdo entró en vigor el 1 de junio de 1988.

El proceso que llevó a este acuerdo había sido como en el popular juego del mus, un *y yo envido más*, al responder el

94 Judt, Tony. *Postguerra*. Págs. 864-865. Santillana Ediciones Generales. Madrid 2008.

presidente norteamericano a la iniciativa soviética de desplegar los misiles SS-20 con la decisión, tomada de acuerdo con sus colegas de la OTAN, de desplegar nuevos misiles que a partir de entonces podrían desde la Europa occidental alcanzar no solo las capitales de muchos países miembros del Pacto de Varsovia, sino también Moscú. Eran ya *palabras mayores* en la confrontación bipolar de aquellos años. Lo que es indudable es que con el Tratado INF sí que se lograba una mayor seguridad en el terreno nuclear para Europa, un alivio para la economía soviética y el comienzo definitivo del deshielo entre ambos bloques.

Misil de crucero Tomahawk en vuelo escoltado
por un caza Grumman F-14 Tomcat.

Con la firma y ejecución de este tratado se estaba poniendo un final a la Guerra Fría, y es de justicia reconocer que nadie tuvo más responsabilidad en ello que el líder soviético Mijaíl Gorbachov. Él y el presidente Ronald Reagan se entendieron, la situación se distendió, los acuerdos llegaron y la Unión Soviética y el dominio del comunismo sobre medio mundo desaparecieron. Un resumen brevísimo y a la vez profundo sobre lo sucedido en la segunda mitad de los años ochenta lo podemos encontrar en las siguientes palabras de Melvin Leffler en su libro *La guerra después de la guerra*:

> Tuvo que aparecer un hombre excepcional, Gorbachov, para reformular la naturaleza de la amenaza y para centrarse en la resurrección interna —del imperio soviético— antes que en las oportunidades en el extranjero. Y tuvo que aparecer un hombre excepcional, Reagan, con la convicción interna, el encanto personal y la fuerza política doméstica necesarias para enmarcar las concesiones de su rival en un contexto que preservaba e institucionalizaba la hegemonía global de su propio país.[95]

Ya muy recientemente, el 1 de febrero de 2019, el presidente Trump anunció la suspensión de la participación de su país en el Tratado INF, alegando su incumplimiento por parte de Rusia (que respondió haciendo lo mismo al día siguiente), y el 2 de agosto de ese mismo año los Estados Unidos se retiraron formalmente del mismo.

***

El establecimiento de un tratado específico para la reducción de las armas nucleares estratégicas, las que podían alcanzar directamente el territorio de Estados Unidos desde la Unión Soviética y viceversa, que sustituyera al SALT II que seguía sin ratificar por parte norteamericana, había sido propuesto por Ronald Reagan a los soviéticos en el primer año de su mandato, y las negociaciones comenzaron en mayo de 1982. Las negociaciones fueron aplazadas en varias ocasiones, y con toda seguridad una de las principales razones para ello fue el anuncio del presidente Reagan el 23 de marzo de 1983 de la Iniciativa de Defensa Estratégica. La llegada al poder de Mijaíl Gorbachov facilitó definitivamente el proceso y, aunque la Cumbre de Reikiavik en octubre de 1986, que se centró en los temas nucleares, terminó sin acuerdos (principalmente a causa de la Iniciativa de Defensa Estratégica del presidente norteamericano), las negociaciones continuaron, se orientaron después de la firma del Tratado INF en diciembre de 1987 a la limitación

---

95 Leffler, Melvin. *La guerra después de la guerra. Estados Unidos, la Unión Soviética y la Guerra Fría.* Pág. 568. Crítica S. L. Barcelona 2008.

de las armas nucleares estratégicas, y se llegó finalmente a buen puerto. El tratado recibió el nombre de START (Strategic Arms Limitation Treaty), y posteriormente se le conoce como START I. Se firmó en Moscú el 31 de julio de 1991 por los presidentes George H. W. Bush, que había sucedido a Reagan, y Gorbachov, y entró en vigor en diciembre de 1994 después de ser ratificado por ambas partes.

El Tratado START I es el primero que, abordando las armas nucleares estratégicas, limitaba directamente tanto las cabezas nucleares como los sistemas de lanzamiento. Tenía una duración inicial de diez años y las reducciones debían llevarse a cabo en tres fases, específicamente limitadas, en los siete primeros años después de su entrada en vigor. Lógicamente, el tratado también afectó, una vez disuelta la Unión Soviética en diciembre de 1991, a las repúblicas a partir de ese momento independientes de Bielorrusia, Kazajistán y Ucrania, donde la Unión Soviética había tenido hasta entonces desplegadas armas nucleares estratégicas. Esto se resolvió con la firma del Protocolo de Lisboa por el que estas repúblicas pasaron a formar parte del tratado. Solventados todos los problemas y tras sus imprescindibles ratificaciones, el tratado entró en vigor el 5 de diciembre de 1994 y las reducciones se completaron en el año 2001. El artículo segundo de su texto exponía los límites de misiles y cabezas nucleares que autorizaba.

Concretamente el artículo segundo del tratado establecía que cada parte no podría tener desplegados al final de los siete años citados más de 1600 misiles ICBM, o SLBM desplegados, con sus respectivos lanzadores, o portados por bombarderos estratégicos pesados; y en esta cifra se incluían hasta 154 ICBM pesados, calificativo con el que se hacía referencia a los misiles soviéticos conocidos en la OTAN como SS-18 Satan y a los Peacekeeper norteamericanos. Estos misiles eran los más grandes en servicio en la Unión Soviética y en Estados Unidos.

En cuanto a cabezas u ojivas nucleares asignadas a los misiles, el tope para cada parte era de 6000, de las cuales se podían asignar un máximo de 1540 a los misiles ICBM SS-18, que disponían de sistemas MIRV y alojaban alrededor de diez ojivas nucleares cada uno, y un máximo de 1100 a los sistemas desplegados en lanzadores móviles (esta limitación solo era aplicable a los misiles soviéticos, porque los misiles estratégicos norteamericanos no eran móviles).[96] Podemos hacer referencia de nuevo a la Federation of American Scientists, que estima para esos años en alrededor de 30 000 las cabezas nucleares de la Unión Soviética y en 20 000 las de Estados Unidos para valorar la importancia de la reducción a 6000 del número total de cabezas nucleares a cada parte en virtud del Tratado START I.

En cuanto al resto del tratado, muy minucioso, contiene todos los detalles técnicos de las limitaciones acordadas, permite en términos generales el reemplazo de las armas estratégicas objeto del tratado por otras más modernas, establece el derecho de cada parte a llevar a cabo inspecciones para asegurar la verificación de su cumplimiento, fijando en siete el número máximo de inspecciones al año, permite realizar ejercicios de dispersión de los sistemas de lanzamiento y de sus misiles, y establece una Joint Compliance and Inspection Commission para resolver cuestiones relativas al cumplimiento de las obligaciones asumidas, comisión que se reuniría en cualquier caso cuando lo solicitase la otra parte. Finalmente, el artículo decimoséptimo establece la duración del tratado en quince años, es decir hasta 2009, salvo que fuera sustituido por un acuerdo posterior.[97]

***

Apenas había pasado un año y medio de la firma del Tratado START I, que estaba aún pendiente de ratificación, cuando los presidentes George H. W. Bush y Boris Yeltsin firmaron el

---

96 Ver artículo «START I at a Glance». Publicado por la Arms Control Association, revisado en julio de 2022.

97 United States Department of State. *Treaty between the United States of America and the Union of Soviet Socialist Republics on the Reduction and Limitation of Strategic Offensive Arms.* https://2009-2017.state.gov/documents/organization/27360.pdf

3 de enero de 1993 un nuevo tratado, el START II que, según su artículo sexto, debería haber estado en vigor en tanto el START I lo estuviera; es decir, hasta el 5 de diciembre de 2009, pero nunca llegó a entrar en vigor.

De hecho, fue rechazado por Putin el 14 de junio de 2002, y fue en la práctica sustituido ese mismo año por el Tratado SORT (Strategic Offensive Reduction Treaty). No obstante, antes de considerar el Tratado SORT analizaremos primero aquí el Tratado START II para ordenar en el tiempo el proceso progresivo de reducciones acordadas de las armas nucleares entre Estados Unidos y la Unión Soviética (y la Federación Rusa), y para ver que, aún sin entrar legalmente en vigor, el texto del acuerdo fue un escalón básico para negociaciones posteriores.

El Tratado START II limitaba en su artículo I el total de ojivas nucleares de cada parte a 4250 (recordamos que el texto del START I permitía hasta 6000) y de ellas establecía un máximo de 2160 las asignadas a los SLBM desplegados, 1200 las que estaban asignadas a los ICBM desplegados de los tipos que tenían asignadas más de una ojiva nuclear (se entiende dotados de sistemas MIRV), y 650 para las asignadas a los misiles ICBM pesados desplegados, que, como se ha dicho al hablar del Tratado START I, eran los misiles rusos SS-18 que en aquel momento estaban desplegados en Kazajistán y los Peacekeeper norteamericanos.

Pero el tratado no se conformaba con esta reducción inicial, porque estipulaba que, una vez cumplidas estas reducciones, las partes reducirían y limitarían aún más el número de sus ojivas a no más de un total máximo de 3500 para el 31 de diciembre de 2007, y de ellas 1750 sería el número máximo de ojivas permitidas para los SLBM, cero ojivas para los misiles ICBM dotados de sistemas MIRV, y cero ojivas para los misiles ICBM pesados (los SS-18 y los Peacekeeper).

Es decir, el Tratado START II preveía el compromiso de las partes en una segunda fase de la eliminación de los sistemas MIRV de los ICBM y de los misiles pesados SS-18, y Peacekeeper, y reducir, también en su segunda fase, el número total de cabezas u ojivas en las armas nucleares desplegadas

Misil ICBM norteamericano Peacekeeper que entró en servicio en 1986 y fue retirado en virtud del Tratado START II: Fue el más potente de los misiles intercontinentales estadounidenses, tenía capacidad MIRV y podía albergar hasta 10 cabezas nucleares.

hasta un máximo de 3500, de las que 1750 se podrían asignar a misiles SLBM; por lo tanto, el resto, otras 1750, obviamente podrían asignarse a los ICBM armados con una única cabeza nuclear y a los bombarderos estratégicos. Verdaderamente, este tratado implicaba una muy importante reducción de las armas nucleares desplegadas, que favorecería la estabilidad internacional y la distensión entre los dos países poseedores de la inmensa mayoría de este tipo de armamentos, sin menoscabar en absoluto su posición política de predominio en el mundo.

El proceso de ratificación del START II, imprescindible para su entrada en vigor, fue complicado. Por parte estadounidense, el Senado lo ratificó inicialmente el 26 de enero de 1996 (tres años después de su firma) y la Duma rusa lo hizo el 14 de abril del 2000, pero entre esas fechas los presidentes Clinton y Yeltsin acordaron en marzo de 1997 un protocolo relacionado con el Tratado ABM que modificaba el Tratado START II aplazando en cinco años la fecha límite para completar las reducciones estipuladas por el mismo (del 1 de enero de 2003 al 31 de diciembre de 2007).[98] Este protocolo no fue ratificado por el Senado estadounidense, con lo que el tratado en su conjunto y definitivo quedó sin ratificar. El golpe de gracia se lo daría Putin el 14 de junio de 2002 al abandonar el cumplimiento del START II en respuesta a la retirada de Estados Unidos del Tratado ABM, ¡un par de semanas después de haber firmado en Moscú el Tratado SORT con el presidente Bush!, que de hecho sustituyó al START II.

En cualquier caso, el Tratado START II constituyó un avance más, y muy importante, dentro del proceso de negociaciones nucleares entre Estados Unidos y Rusia, heredera de todo el armamento de este tipo de la Unión Soviética.

***

98 Arms Control Association. *START II and its Extension Protocol al a Glance.* Armscontrol.org/factsheets/start-ii-and-its-extension-protoclo-glance

Putin había sustituido a Yeltsin en 1999 y fue elegido presidente al año siguiente, y Rusia seguía siendo propietaria de una fuerza nuclear enorme. Los deseos respecto a estas armas de las dos grandes potencias aparentemente eran los mismos en términos generales: reducir el número de ojivas nucleares y sus sistemas de lanzamiento, favorecer una distensión que beneficiaría a ambas partes, alejar las posibilidades de una guerra total y, ¿por qué no?, controlar los gastos del capítulo nuclear en sus presupuestos de defensa. Una vez más había que sentarse a negociar.

En noviembre del año 2001, apenas pasados dos meses del ataque terrorista a las Torres Gemelas y al Pentágono, el presidente ruso atendió una invitación de su colega estadounidense a visitar Washington. Durante esta visita, el 13 de noviembre, ambos dirigentes acordaron una «Declaración Conjunta sobre una nueva relación entre Estados Unidos y Rusia» en la que textualmente afirmaban: «Hemos acordado que los niveles actuales de nuestras fuerzas nucleares no reflejan las realidades estratégicas de hoy, y hemos confirmado nuestros respectivos compromisos de llevar a cabo reducciones sustanciales en las armas estratégicas ofensivas». Estaban ya dando a entender que un nuevo tratado sobre este asunto era cuestión de poco tiempo. Si proseguimos en la lectura de esta declaración conjunta, encontramos otra afirmación muy interesante: «Apoyamos la construcción de una comunidad europeo-atlántica que respete la independencia, soberanía e integridad territorial de todas las naciones», pero esta solemne afirmación sería desmentida por los hechos una docena de años más tarde con la ocupación y anexión rusa de Crimea en 2014.

Ese mismo 13 de noviembre, en una recepción que ofreció Putin en la embajada rusa a personalidades y políticos norteamericanos, el presidente ruso declaró que Rusia estaba «proponiendo un programa radical de una mayor reducción de armas estratégicas ofensivas, por lo menos a un tercio, hasta el mínimo nivel necesario para mantener el equilibrio estratégico en el mundo». Equilibrio ¿entre quiénes?, ¿entre Rusia y Estados Unidos?, ¿entre ellos dos y el resto del mundo? Vladímir

Putin, cuyo objetivo siempre ha sido devolver a Rusia la importancia que había tenido anteriormente la Unión Soviética, quizás perseguía en su política exterior de aquellos años el objetivo de compartir con Estados Unidos la consideración de potencia rectora del orden internacional.

En cualquier caso, es en estas circunstancias cuando, un mes más tarde de la visita de Putin a Washington, el 13 de diciembre de 2001, el presidente Bush comunicó a las autoridades rusas que Estados Unidos se retiraba del Tratado ABM firmado en 1972. Esta comunicación no fue precisamente del agrado de Putin, pues ese mismo día y como respuesta hizo pública una nota en la que calificaba de equivocada la decisión norteamericana, y afirmaba que en esa situación era una tarea particularmente importante «poner un sello legal en los acuerdos conseguidos de posteriores recortes, radicales, irreversibles y verificables, de armas estratégicas ofensivas, en nuestra opinión al nivel de 1500 a 2000 cabezas nucleares por cada parte». Estaba prácticamente pidiendo la negociación de un nuevo tratado.[99]

Las negociaciones posteriores a la visita de Putin a Washington llevaron finalmente a la firma en Moscú por los presidentes Bush y Putin el 24 de mayo de 2002 de un nuevo tratado, el SORT (Strategic Offensive Reduction Treaty), también conocido como el Tratado de Moscú. El objetivo principal del tratado era limitar el número de ojivas nucleares desplegadas, es decir, capaces de ser utilizadas operativamente en un tiempo brevísimo.

Las cosas empeoraron cuando seis meses más tarde, el 13 de junio de 2002, Estados Unidos se retiró formal y definitivamente del Tratado ABM. Como ya hemos dicho al hablar del Tratado START II, al día siguiente, tan solo veinticuatro

99 Estas referencias y citas a la Declaración Conjunta y a las declaraciones del presidente Putin el 13 de noviembre de 2001 durante su visita a Washington y 13 de diciembre del mismo año, están recogidas de US Department of State. Archive. Information release online from January 20, 2001 to January 20, 2009. https://2001-009.state,gov/t/ac/trt/18016.htm#4

horas después, el presidente Putin declaró que a partir de ese momento Rusia no se vería legalmente obligada por la firma del Tratado START II. No obstante, en esa fecha ya había firmado el Tratado SORT, por lo que, además de aceptar que su declaración del 13 de junio estaba motivada por la denuncia norteamericana del Tratado ABM, podríamos pensar que el futuro del Tratado SORT, pendiente en aquellos momentos de ratificación, no estaba del todo claro.

En aquellos años Estados Unidos había seguido investigando en el campo de la defensa contra misiles balísticos, armas indudablemente defensivas, no las ofensivas a las que se dirigía el SORT. La Rusia de Putin no veía favorablemente que Estados Unidos siguiera por ese camino, y menos aún que abandonara el Tratado ABM, asunto para el que posiblemente estaba tecnológicamente menos preparada; de ahí el abandono ruso del START II al que hemos hecho referencia. ¿Sería a partir de aquí que el presidente ruso perdería la idea de ser en la esfera internacional un socio con Estados Unidos, de igual a igual, y eligiera la vía de la radicalización de su comportamiento para lograr para Rusia la importancia que había tenido la Unión Soviética?

En cualquier caso, el Tratado SORT establecía su entrada en vigor en la fecha de su ratificación y estaría vigente hasta el 31 de diciembre de 2012 si no era sustituido antes por otro acuerdo, que para esa fecha el número total de ojivas nucleares desplegadas no podría exceder de 1700-2200 para cada parte (recordemos que en el Tratado START II ese número era de 3500), y que cada una de las dos partes decidiría por sí misma la composición y estructura de sus armas ofensivas. También establecía que el Tratado START I seguiría en vigor de acuerdo con lo establecido en el mismo, y que las partes celebrarían reuniones al menos dos veces al año en una Comisión Bilateral de Implementación para desarrollar lo acordado. No obstante, el tratado no especificaba qué cabezas nucleares reduciría ni cómo se llevaría a cabo esta reducción. Tampoco ponía límites sobre las cabezas nucleares en reserva o almacenadas, ni compromisos de destrucción de las mismas ni de sus sistemas de lanzamiento. Este tratado además permitía, al no mencionarlos,

los sistemas MIRV que habían sido objeto de prohibición por el START II.

El Tratado SORT entró en vigor el 1 de junio de 2003 una vez ratificado por ambas partes. Aunque su vigencia inicial era hasta el 31 de diciembre de 2012, fue sustituido en el año 2010 por el Tratado New START, a pesar de que la situación internacional andaba muy revuelta por la intervención en el Cáucaso de la Rusia de Putin.

***

Efectivamente, pasaron varios años que no ayudaron a mejorar las relaciones entre las dos potencias. En agosto de 2008 y en el marco de una situación de conflicto por la independencia de Osetia del Sur con respecto a Georgia, se produjo una agresión rusa a este país.[100] Esta intervención militar y el apoyo político que recibió Georgia de Estados Unidos no permitían albergar buenas expectativas de disensión y acercamiento entre las dos grandes potencias nucleares.

Paralelamente, las negociaciones que se estaban llevando a cabo en esos años para una nueva reducción de las armas nucleares hicieron que el contenido de los Tratados START y SORT fuera sustituido por un nuevo acuerdo, el Tratado START III, más conocido como New START, que se firmó en Praga el 8 de abril de 2010 entre los presidentes Obama y Medvédev, y entró en vigor el 5 de febrero de 2011 con una vigencia inicial de diez años. Su texto preveía que podría renovarse por otros cinco años más, y se prorrogó hasta el 5 de febrero de 2026. Lamentablemente, no llegaría su vigencia hasta esa fecha. No obstante, vamos ahora a profundizar un poco en el contenido del tratado.

---

100 United States Department of State. 7 de agosto de 2023. Declaración a la prensa del secretario de Estado Antony Blinken: «Rusia invadió la nación soberana de Georgia y ocupó el 20 % de su territorio. Los Estados Unidos permanecieron firmes en apoyo a la soberanía georgiana y su integridad territorial dentro de sus fronteras internacionalmente reconocidas».

Aunque se ha dicho ya, es importante no olvidar que cuando el tratado se refiere a armamento desplegado lo hace sobre misiles, ojivas nucleares, bombarderos o submarinos que están en estado operativo, situados geográficamente según decisiones estratégicas tomadas por los mandos militares y las autoridades políticas, y listos para, una vez tomada la decisión correspondiente, poder ser empleados inmediatamente. El tratado no hace referencia ni prohíbe el almacenamiento de armamentos o cabezas nucleares de reserva, ni las contabiliza. Lo que pretende es evitar un ataque masivo por sorpresa.

Barack Obama y el entonces presidente ruso Dmity Medvedev en el acto de firma del Tratado New START en Praga el 8 de abril de 2010. La expresión del dirigente ruso no parecía presagiar sus abruptas declaraciones en noviembre de 2024 como Presidente del Consejo de Seguridad del Gobierno de Putin, en el sentido de que Rusia podría recurrir al uso de las armas nucleares en el contexto de la situación creada por el conflicto de Ucrania.

Los artículos técnicamente centrales del tratado son el segundo y el tercero. El segundo determina que las reducciones que impone deberán estar ejecutadas no mas tarde de siete años después de la fecha de su entrada en vigor; es decir, en febrero de 2018, y prácticamente así ha sido. Continúa el artículo concretando las reducciones que deberán llevarse a cabo:

> Deberá reducir y limitar sus ICBMs y sus lanzadores, SLBMs y sus lanzadores, bombarderos pesados, cabezas nucleares de los ICBMs y SLBMs, y armamentos nucleares de los bombarderos pesados, de forma que siete años después de la entrada en vigor del Tratado y en adelante, los números totales, contados de acuerdo con lo estipulado en el artículo tercero de este Tratado no excedan de:
>
> - 700 para los ICBMs, SLBMs desplegados, y para los bombarderos pesados desplegados.
> - 1550 cabezas/ojivas nucleares en los ICBMs y SLBMs desplegados y asignadas para los bombarderos pesados desplegados.
> - 800 para los sistemas de lanzamiento (lanzadores) de ICBMs y SLBMs desplegados y no desplegados, y bombarderos pesados desplegados y no desplegados.

Así que, en cumplimiento de lo acordado, ni Estados Unidos ni Rusia podrían tener desplegados más de un total de 700 misiles ICBM, SLBM o bombarderos estratégicos. Tampoco podían desplegar más de 1550 cabezas u ojivas nucleares en los misiles y bombarderos desplegados, ni más de 800 lanzadores, ya fueran silos, lanzadores móviles terrestres, lanzadores de misiles desde submarinos o bombarderos pesados; en este caso contando tanto los desplegados como los no desplegados.

La manera de interpretar las cifras anteriores la proporcionaba el artículo tercero, que expone con gran detalle como deberán considerarse para su asignación en una u otra categoría las armas consideradas en el artículo segundo. Algunas de sus disposiciones más ilustrativas se exponen a continuación.

Para contabilizar el total de cabezas nucleares debía contarse el número de ojivas en sistemas MIRV colocadas en cada ICBM y SLBM desplegados. Es de recordar aquí que las ojivas correspondientes a sistemas MIRV habían sido eliminadas de los ICBM pesados, al menos teóricamente, en virtud del Tratado START II. No obstante, de la lectura del texto del New START podría deducirse que muchos misiles rusos disponían en el momento de su firma de sistemas MIRV. Otro punto de no poca importancia a la hora de contabilizar era que debía considerarse una cabeza nuclear por cada bombardero pesado, aunque de hecho llevaran de dotación cada uno de ellos un número elevado de misiles de crucero.

Hablando de misiles no desplegados, el tratado contempla, aunque no fija límites, la existencia de misiles y cabezas nucleares almacenadas que cada parte podría utilizar como estimase oportuno, pero que no servirían para un ataque por sorpresa sobre el territorio de la otra parte.

Este acuerdo podríamos considerarlo como el más importante de todos los suscritos anteriormente, tanto por las reducciones de armas nucleares que contempla como por ser el más reciente, y porque a partir de su entrada en vigor quedó como único acuerdo sobre las relaciones nucleares de Estados Unidos y Rusia. Aunque antes de que finalizara su vigencia fue extendido por cinco años más, hasta el 2026, tras acusaciones de incumplimiento del mismo, procedentes incluso de la OTAN, Putin suspendió su participación en el cumplimiento del tratado el 21 de febrero de 2023. No se retiró definitivamente de él, «Rusia no abandona, solo suspende», declaró, lo que en cualquier caso le dejaba las manos libres en el tema de desarrollos nucleares.

En cuanto al incumplimiento del New START, al margen del conocimiento sobre el asunto que tuvieran los sistemas de inteligencia norteamericanos, querría traer aquí como un botón de muestra algunas noticias que en los años que mediaron desde la ocupación rusa de Crimea hasta las acusaciones de incumplimiento occidentales la agencia rusa Sputnik ha publicado en internet, informaciones que parecen confirmar la posibilidad de un incumplimiento. Unas informaciones en las que, a mi juicio, dado el sistema político ruso, habrán tenido algo que ver las autoridades del Kremlin facilitándolas o al menos consintiendo su publicación. El 16 de junio de 2015 Sputnik Mundo publicaba «Fuerzas nucleares rusas reciben 40 misiles balísticos intercontinentales en 2015». El 11 de diciembre de ese año, «Rusia fortalece la capacidad de sus fuerzas nucleares», y el 18 de febrero de 2016, «Más de 50 misiles balísticos intercontinentales entraron en servicio operativo durante los últimos tres años». Si a esto añadimos que últimamente Rusia no permitía las visitas de inspección del cumplimiento del tratado, que este estipulaba, podemos pensar sin mucho riesgo a equivocarnos que el tratado se estaba *quedando corto* para los programas, obviamente secretos, que estuviera desarrollando Rusia en estos años.

En este estado de cosas y en estos momentos, no hay ningún acuerdo en vigor sobre las armas nucleares entre las dos potencias que esté amparado por el derecho internacional, entre las dos potencias que disponen (desplegadas y no desplegadas) de la inmensa mayoría de las armas y cabezas nucleares existentes sobre la tierra. Recientemente, la guerra en Ucrania ha vuelto a dar motivos de preocupación nuclear ante las alusiones rusas a su posible utilización, casi una vuelta a la Guerra Fría. Y la aparición, el anuncio y hasta el empleo de nuevas armas rusas con capacidad de transportar ojivas nucleares es un motivo de profunda inquietud para todos los países que ayudan a Ucrania a rechazar la invasión rusa de su país.

Esta situación otorga una importancia particular al cumplimiento del Tratado New START, a pesar de que se encuentre suspendido, y, en el caso de que llegue a encontrarse una fórmula o negociación que ponga fin antes o después a la guerra actual, habrá que volver a tenerlo muy en cuenta en futuras conversaciones sobre cuestiones nucleares.

***

Es cierto que los inventarios de armas nucleares de las dos grandes superpotencias experimentaron desde 2010, año en que andaban por no menos de 10 000 cada una de ellas, una disminución importante que se produjo como resultado del Tratado New START. Según las cifras de ojivas nucleares que publicó la Federation of American Scientists, en el año 2022 Rusia disponía de 5977 y Estados Unidos de 5428. La misma publicación adjudicaba a China 350, a Francia 290, al Reino Unido 225, a Pakistán 165, a la India 160, a Israel noventa y a Corea del Norte veinte.[101] Estas cifras son de cabezas nucleares,

101 Federation of American Scientist. Status of World Nuclear Forces. https://fas.org/issues/nuclear-weapons/status -world-nuclear-forces/

bombas al fin y al cabo. No son de vectores para su lanzamiento (misiles estratégicos o tácticos, aviones y submarinos). En cualquier caso, estimo una vez más que es muy difícil conocer datos precisos de las cantidades y capacidades de las armas nucleares actuales en estado operativo, pues, como podemos suponer, los países que las poseen, todos, pero en particular los no pertenecientes al TNP, pretenderán mantener una campaña permanente de desinformación y habrán alterado las cifras reales en función de sus intereses.

Hemos visto en este capítulo la situación nuclear a través de los tratados que con distinta fortuna han negociado y acordado Estados Unidos y la Unión Soviética, y en los últimos años con Rusia. Al principio se consideraba el empleo del arma nuclear en un conflicto como garantía de la victoria, y ello llevó a la acumulación de cabezas nucleares por las dos partes. Con los años, el desarrollo de los vectores de lanzamiento de estas armas (misiles, bombarderos y submarinos) y el ingente número de cabezas que se consiguió en los años setenta y ochenta llevó al convencimiento de que una guerra nuclear no tendría vencedores, aniquilaría a los contendientes y a sus aliados, y a sus vecinos, y al conjunto del planeta. Entonces cobró nueva fuerza el concepto de disuasión y los esfuerzos por acordar reducciones fueron cada vez más importantes. Este proceso de sucesivas negociaciones para reducir y limitar las cabezas nucleares y sus sistemas de lanzamiento está actualmente obstaculizado y, de hecho suspendido, por la actitud agresiva de Rusia y la guerra que ha desencadenado en el este de Europa, que vuelve a llevar a la civilización occidental a los tiempos de la Guerra Fría. No obstante, se ha aprendido ya mucho sobre el poder nuclear y por ello hasta se ha alejado la perspectiva de un conflicto de esta clase a gran escala o por accidente. Podemos confiar, o debemos confiar, que cuando se llegue a estabilizar de una u otra manera la situación en Ucrania, las conversaciones entre las dos grandes potencias nucleares volverán a retomarse y continuará la tendencia a la reducción del número de estas armas.

# *El arma nuclear en Europa. El Reino Unido y Francia*

No podemos hablar sobre el estado actual del Reino Unido en el campo del armamento nuclear sin tener en cuenta la *special relationship* que, desde la guerra de independencia de sus antiguas colonias americanas, ha marcado sus relaciones con Estados Unidos. Una relación íntima, si se puede utilizar este calificativo entre dos países soberanos y distintos que por encima de todo son fieles a sus intereses individuales, pero que desde hace muchos años buscan permanentemente su cooperación, encuentran un sentido profundo a la misma y persiguen unos objetivos comunes en todos los aspectos de su vida política.

Esta relación, la que establecieron de hecho los políticos británicos y estadounidenses, y que se mantiene con gran firmeza desde hace más de un siglo, viene de lejos. En 1935, el primer ministro británico Stanley Baldwin, y según cita que recoge Henry Kissinger en su libro *Diplomacia,* expuso en un discurso pronunciado en el Albert Hall en Londres su opinión sobre las relaciones entre los dos países: «Siempre he creído que la mayor seguridad contra la guerra en cualquier parte del mundo, en Europa, en Oriente o por doquier, sería la íntima colaboración del imperio británico con los Estados Unidos de América».[102] Esta opinión de Baldwin, acertada o no, en la práctica no ha perdido actualidad.

---

102 Kissinger, Henry. *Diplomacia.* Pág. 638. Ediciones B. S. A. Barcelona 2010.

Un aspecto de la relación especial del Reino Unido con Estados Unidos tiene que ver con los sentimientos británicos de cierta paternidad sobre sus antiguas colonias, sobre su propia europeidad y sobre el arraigo de su idea imperial, sentimientos que han marcado el comportamiento de los gobernantes británicos e influido a su vez en el sentir de su población. Podemos encontrar un buen botón de muestra en uno de sus más prestigiosos escritores, Eric Blair, más conocido como George Orwell, que en la década de 1940 escribió su famosísima obra *1984*. En esta obra Orwell divide al mundo en tres grandes superestados, Oceanía, Eurasia y Asia Oriental, y considera al primero de ellos, en el que sitúa al protagonista de la narración, compuesto por las zonas de más relevancia del hasta entonces Imperio británico: la mitad sur de África y de Asia, los océanos, el continente australiano, las islas británicas y, ¡cómo no!, los Estados Unidos de América.[103] Cierto es que añade *de propina* a toda Sudamérica, donde durante tanto tiempo ha mantenido Inglaterra un desmedido empeño en neutralizar la hegemonía que España ostentaba allí desde los tiempos más gloriosos de su imperio.

La división del mundo hecha por el célebre autor, conocedor y parte de la mentalidad inglesa, nos orienta en cierta medida respecto al encaje en que se ve a sí mismo el Reino Unido en el contexto mundial, que podríamos resumir como una nostálgica visión imperial de responsabilidad en todo el planeta, una situación de isla cercana, pero a la vez separada del resto del continente europeo, y una relación particularmente familiar y privilegiada con los Estados Unidos, la *special relationship*.

Por la parte británica estaba extendida la idea de que la *special relationship* iba a consistir en «el uso juicioso de la experiencia del antiguo poder imperial británico para influenciar en la nueva superpotencia».[104] Otra interpretación algo más dura pertenece al norteamericano John Gaddis, que sostiene que «los británicos se proponían influir en los estadounidenses lo

103 Orwell, George. *1984*. Pág. 196. Ediciones Destino. Barcelona 1983.
104 Smith, Dan. *Pressure. How America runs NATO*. Pág. 98. Bloomsbury. Londres 1989.

máximo posible y aspiraban a interpretar el papel de los griegos como tutores de los nuevos romanos».[105] Una afirmación idéntica la encontramos en Charles S. Maier.[106] En cualquier caso, parece que la palabra clave es *influenciar*.

En los años cuarenta del pasado siglo, en plena guerra mundial, ya se investigaba en Inglaterra la energía atómica y sus aplicaciones para obtener armamento nuclear. El programa se llamaba, previsiblemente para despistar, *Tube Alloys* (aleaciones de tubos). Con este bagaje y tras el Acuerdo de Quebec del 16 de agosto de 1943, que entre otras cosas estableció la plena colaboración entre Estados Unidos y el Gobierno británico «en el desarrollo de la energía nuclear con fines militares» con «el único objetivo de la realización del proyecto de armas atómicas lo antes posible»,[107] el Reino Unido se incorporó al Proyecto Manhattan y envió a sus científicos a Estados Unidos a finales de ese mismo año. Posiblemente, los británicos pensaran que lo hacían como socios en términos de igualdad con sus aliados norteamericanos, basándose en el estado de la investigación nuclear en su país en aquellos momentos y en el nivel y volumen de su contribución al programa norteamericano, pero el tiempo, tan solo cuatro o cinco años más tarde, demostró que esa igualdad no existía. No obstante, ello no impidió que el Reino Unido tuviera un papel muy relevante en la segunda mitad de los años cuarenta en la creación de la OTAN y en el desarrollo de los aspectos nucleares en la misma.

Posteriormente, en la crisis del canal de Suez de 1956 los intereses franceses y británicos se vieron desatendidos por Estados Unidos, que obligó políticamente a que los ejércitos de

---

105 Gaddis, John Lewis. *La Guerra Fría*. Pág. 32. RBA Libros. Barcelona 2008.

106 Maier, Charles S. «Hegemony and Autonomy in the Western Alliance». Capítulo 13 del libro de varios autores *Origins of the Cold War*. Pág. 231. Routledge. Nueva York 2010.

107 Department of State. Office of the Historian. Relaciones exteriores de los Estados Unidos, 1952-1954. Asuntos de Seguridad Nacional, volumen II, parte 2. *Memorándum del asistente especial del secretario de Estado para Asuntos de Energía Atómica (Arneson)*. Washington, 3 de diciembre de 1953. history.state.gov/historicaldocuments/frus1952-54v02p2/d124

estos dos países, después de una victoriosa confrontación con las fuerzas egipcias, se retiraran cediendo a las presiones económicas estadounidenses y dejaran el campo libre a la nacionalización del canal, decretada por el presidente Gamal Abdel Nasser. No obstante este descalabro, el Reino Unido mantuvo con sus en ese momento discutibles aliados norteamericanos una política que Kissinger denominó «el valor de lo intangible», y que en su libro *Diplomacia* expone de la manera siguiente:

> Los gobernantes británicos escogieron, sobre todo después de Suez, seguir el camino de buscar una mayor influencia. Los líderes británicos de ambos partidos lograron hacerse tan indispensables para el proceso de toma de decisiones en los Estados Unidos que los presidentes y quienes les rodeaban llegaron a ver las consultas con Londres no como un favor especial hacia un aliado débil, sino como un elemento vital de su propio gobierno.[108]

Dos últimos ejemplos de esta relación tan estrecha entre el Reino Unido y los Estados Unidos. El primero es tan solo de hace dos décadas y está recogido de la CNN: diez días después de los atentados terroristas del 11 de septiembre de 2001 contra las Torres Gemelas y el Pentágono, el primer ministro británico Tony Blair se hallaba en Washington, en el Capitolio ante el Congreso y el Senado, para mostrar su apoyo ante el brutal ataque. Las palabras de agradecimiento del presidente estadounidense George W. Bush en aquella ocasión fueron las siguientes:

> América no tiene un amigo más leal que Gran Bretaña [y aquí fue interrumpido por los aplausos de los senadores y congresistas]. Una vez más estamos unidos por una gran causa. Estoy muy honrado porque el primer ministro británico haya cruzado el océano para mostrar su unión con América. Gracias por venir, amigo.

108 Kissinger, Henry. *Diplomacia*. Pág. 639. Ediciones B. S. A. Barcelona 2010.

El segundo ejemplo, aún más reciente, de la *special relationship* entre los dos países lo podemos encontrar en la alianza estratégica militar entre Estados Unidos, el Reino Unido y Australia (miembro de la Commonwealth) para el Pacífico, el llamado AUKUS, una asociación para contener el riesgo del aumento de la presión china en la región indopacífica, establecida por las tres naciones sin haber compartido la gestación de este acuerdo con ningún Estado europeo ni haber buscado la participación de otros aliados. Esto nos lleva a recordar de alguna manera las conversaciones secretas entre el Reino Unido, Estados Unidos y Canadá para la creación del Tratado del Atlántico Norte que tuvieron lugar en 1948. En el actual caso del AUKUS, el acuerdo ha ido acompañado por la cancelación de un contrato de enorme magnitud para la compra de submarinos por Australia que ha pasado de estar acordado con Francia a serlo con Estados Unidos, y por un importe de alrededor de 50 000 millones de euros.

Dan Smith, prestigioso autor británico, director del Instituto de Investigación para la Paz de Oslo (PRIO) y, posteriormente, del Instituto Internacional de Estudios para la Paz de Estocolmo (SIPRI) se expresó en 2015, al hablar de la *special relationship*, con una simpática y expresiva expresión: «NATO allies are equal, but some are more equal than others. Most equal of all is Britain»[109]. Smith recurre en este caso a la famosa frase de George Orwell en su conocidísima obra *Rebelión en la granja* refiriéndose a los animales que la componían: «Todos son iguales, pero algunos son más iguales que otros».

En cualquier caso, y para terminar estas consideraciones sobre la *special relationship*, debemos reconocer que, por encima de todo, esta relación especial entre los dos países ha sido y es fruto no solo de la lengua común y de una procedencia étnica sajona, sino también del leal y permanente apoyo británico a los Estados Unidos y de la constante y valiosa ayuda que desde hace mucho tiempo ha prestado el Reino Unido a

109 En la OTAN los aliados son iguales entre sí, pero algunos son más iguales que otros. El más igual de todos es Gran Bretaña (traducción del autor).

su aliado norteamericano dentro de la OTAN y fuera de ella. Una inversión costosa, y muchas veces dolorosa en términos de vidas humanas, pero sin duda eficaz para los intereses de ambas naciones.

***

Y ahora, centrándonos en la cuestión nuclear, volvamos a los tiempos de la Segunda Guerra Mundial.

El historiador canadiense Carl Pépin escribió en un texto dedicado a la conferencia de Quebec:

> En relación al Proyecto Manhattan, cuyo fin era desarrollar una bomba atómica, Churchill deseaba que la Gran Bretaña participara activamente, pero Roosevelt quiso restringir la actuación británica. No obstante, ambos se pusieron de acuerdo en no compartir informaciones con Stalin sobre el tema.

De hecho, lo que habían acordado en Quebec era que no utilizarían el arma nuclear el uno contra el otro, que para utilizarla contra terceros necesitarían el previo consentimiento mutuo, y que los planes de la bomba atómica no serían revelados a otros países.

Hemos dicho ya que el Reino Unido posiblemente llegó a considerar que, tras el Acuerdo de Quebec, el Proyecto Manhattan era un proyecto de carácter conjunto al mismo nivel entre Estados Unidos y Gran Bretaña, y parte de razón tenían, puesto que el texto del acuerdo estipulaba que el empleo de armamento atómico tendría que ser objeto de consentimiento mutuo por los dos países. Literalmente las dos potencias acordaron que «no intervendremos contra terceras partes sin el consentimiento mutuo»[110]. Y así se hizo en el caso de Hiroshima y Nagasaki. El representante británico en el Combined Policy Committee, organismo creado en virtud

110 *Quebec Agreement. The Manhattan Proyect* – Atomic Archive. https://atomicarchive.com/resources/documents/manhattan-proyect/quebec-agreement.html

del Acuerdo de Quebec que controlaría el desarrollo político del Proyecto Manhattan, el mariscal de campo Henry Maitland Wilson firmó el 4 de julio de 1945 el consentimiento del Reino Unido al uso de la bomba contra el Japón.

Esta dependencia del consentimiento mutuo fue modificada unos meses más tarde, en febrero de 1946, sustituyendo la mención al consentimiento mutuo por la de consulta previa (Office of the Historian, 1946). En cualquier caso, el Acuerdo de Quebec fue modificado definitivamente, también en 1946, por la United States Atomic Energy Act, que prohibió proporcionar información confidencial sobre temas nucleares de índole militar a sus aliados, ¡bajo pena de muerte!, lo que obviamente no pudo ser del agrado de los británicos al deshacer su percepción de haber logrado con Estados Unidos un acuerdo en términos de relativa igualdad.

No obstante, la interacción y los contactos con el Reino Unido en el campo nuclear continuaron y dieron lugar finalmente el 3 de julio de 1958 a la firma del Acuerdo de Londres de Defensa Mutua entre los dos países «For Cooperation on the Uses of Atomic Energy» según reza su título.[111] En virtud de este acuerdo los norteamericanos compartieron tecnología nuclear con los británicos y les suministraron armamento de este tipo. Incluso este acuerdo facilitó más adelante otros como fue en 1962 el Acuerdo de Nassau, en cuyo contexto se produjo la adquisición británica de los misiles necesarios para el lanzamiento de las cabezas nucleares británicas (compra de misiles Polaris y posteriormente de misiles Trident).

En conjunto, el Acuerdo de Londres de 1958 llevó al Reino Unido, que ya había explosionado su primera bomba atómica, de plutonio y de veinticinco kilotones, el 3 de octubre de 1952 en la isla Trimouille, una de las islas del archipiélago Monte Bello (Australia) y su primera bomba de hidrógeno (de fusión nuclear) en mayo de 1957, a depender desde entonces en buena

111 *Agreement between the Government of the United States of America and the Government of the United Kingdom of Great Britain and Northern Ireland for Cooperation on the uses of Atomic Energy for Mutual Defense Purposes.* 3 July 1958.

medida de sus aliados norteamericanos en todo lo referente a su capacidad militar nuclear, pero, eso sí, con una dependencia particularmente favorable para sus intereses.

Volviendo atrás recogemos ahora un párrafo del *Oxford Dictionary of National Biography* sobre el Tube Alloys Directorate, el órgano del Gobierno británico responsable de la investigación y desarrollo en el campo de la energía atómica durante la Segunda Guerra Mundial, que matiza muy claramente lo dicho hasta aquí sobre la situación en este terreno entre las dos naciones en los primeros años de la postguerra:

> Aunque Churchill y el presidente Roosevelt discutieron el asunto en varias ocasiones, no fue hasta la cumbre de Quebec de agosto de 1943 que se acordó un acuerdo de trabajo, y este dejó a *Tube Alloys* en un papel decididamente menor, incapaz de realizar un trabajo importante en Inglaterra, y permitió el acceso al Proyecto Manhattan sólo en áreas elegidas por los estadounidenses. Desde ese momento, la función principal de *Tube Alloys* fue apoyar el Proyecto Manhattan, y durante los dos años siguientes envió unos sesenta científicos a Estados Unidos.[112]

Un pequeño análisis de todo lo que hemos visto en relación con la actividad nuclear militar del Reino Unido es que, en un principio, la tecnología nuclear británica no estaba retrasada respecto a la norteamericana, quizás estaba aún más avanzada, pero la empresa era muy grande en términos económicos para llevarla a cabo de forma individual. El Reino Unido aprovechó que su relación con los Estados Unidos era realmente especial, y consideró, a mi juicio inteligentemente, que las ventajas de integrarse en el programa nuclear con tan políticamente cercanos y potentes aliados eran claras. Finalmente hay que aceptar que, en un tema de tanta importancia estratégica, era lógico que Estados Unidos, principal inversor en todos los aspectos del Proyecto Manhattan, desplazara a un escalón inferior la colaboración británica. No obstante, en cualquier caso,

---

112 Cathcart, Brian. Oxford Dictionary of National Biography. «Tube Alloys directorate» 25 mayo 2006. https://doi.org/10.1093/ref:odnb/93791

la relación especial entre los dos países ha permitido al Reino Unido *prosperar* en sus objetivos de disponer de una importante capacidad militar nuclear que, siempre aceptando el liderazgo norteamericano, ha integrado en la estructura de la OTAN.

En la práctica, el Acuerdo de Nassau dio paso a la construcción en Gran Bretaña de cuatro submarinos nucleares, que se construyeron entre 1964 y 1968, y comenzaron su vida operativa en 1968-1969 siendo portadores cada uno de ellos de dieciséis misiles Polaris A-3 adquiridos a Estados Unidos. Cada misil podía lanzar tres ojivas termonucleares. La adquisición de estos misiles implicó la interrupción del programa de investigación y fabricación del misil Blue Streak y el final de la actividad británica en este campo. El programa nuclear Polaris duró hasta 1996, año en que fue siendo progresivamente sustituido por un nuevo programa con otros cuatro submarinos más modernos y con misiles Trident, más avanzados y también adquiridos a sus aliados norteamericanos.

Las ojivas nucleares de todos sus misiles fueron en cambio construidas en el Reino Unido, que ha desarrollado desde la última mitad de los años cuarenta su propio programa nuclear de forma independiente, aunque previsiblemente manteniendo un intercambio tecnológico en este campo con Estados Unidos. Los británicos han realizado un total de cuarenta y cinco ensayos nucleares hasta su interrupción definitiva en el año 1991.

En la actualidad, el Reino Unido dispone según la información abierta consultada de unas 225 ojivas nucleares (llegó a tener unas 350 en los años setenta) y de ellas ciento sesenta las mantiene al parecer en estado operativo. Su empleo lo decidiría directamente el primer ministro y, en caso de hacerlo, el Reino Unido dispone para ello exclusivamente de los cuatro submarinos nucleares mencionados anteriormente (armados con misiles Trident), de los que uno está permanentemente en patrulla.

Así pues, el sistema Trident es el único sistema sobre el que reposa la capacidad de disuasión nuclear del Reino Unido, y, aunque en conjunto esta capacidad está asignada a la OTAN, sus medios podrían ser en caso extremo utilizados independientemente de la misma por las autoridades británicas. Merece la pena recordar aquí la gestión británica de la guerra de las Malvinas, para la que Gran Bretaña retiró del control de la OTAN las fuerzas que previamente había asignado a la Alianza Atlántica y que decidió utilizar en el conflicto. Obviamente, la capacidad militar nuclear de un país, en este caso del Reino Unido, es el último recurso cuando sus intereses vitales estén en juego y la disuasión no logre ejercer el papel que le corresponde.

En cuanto a la doctrina de empleo, el Libro Blanco de la Defensa Británica de 1994 considera la posibilidad de que el Reino Unido pueda necesitar emprender acciones limitadas de carácter nuclear ante una agresión localizada y sin llegar a un umbral que implicaría inevitablemente un empleo masivo de armamento de este tipo. De hecho, no hace mención expresa de renuncia a un primer uso del armamento nuclear, y, en este sentido, el secretario de Estado para la Defensa británico Michael Fallon declaró en abril de 2017 que su país podría en un momento dado, obviamente muy justificado, utilizar su capacidad nuclear en un ataque inicial preventivo en defensa ante ataques de armamentos de destrucción masiva.

***

Francia y el Reino Unido declararon la guerra a Alemania el 3 de septiembre de 1939 haciendo honor a su compromiso de garantizar las fronteras de Polonia y haber sido invadida ésta dos días antes por las fuerzas armadas del Tercer Reich, que actuaron de acuerdo con los soviéticos repartiéndose Polonia según el Pacto Ribbentrop-Molotov y su Protocolo Adicional secreto, que habían firmado los ministros de Asuntos Exteriores de Hitler y de Stalin unos pocos días antes, el 23 de agosto. Después de un periodo de baja intensidad bélica en el oeste de Europa, los ejércitos alemanes invadieron Francia en mayo de 1940, derrotaron a sus fuerzas armadas y ocuparon París el 14 de junio de ese año. Francia firmó un acuerdo de armisticio que partió en dos su territorio y dejaba el norte del país, la capital incluida, en manos alemanas.

Dos días después de la ocupación de París, el general Charles de Gaulle abandonó Francia y se trasladó a Londres, y desde allí promovió la Resistencia y organizó la colaboración francesa con las fuerzas británicas y norteamericanas para recuperar el territorio francés perdido y vencer a los ejércitos alemanes.

La guerra tomó el carácter de mundial al extenderse por todo el planeta. Los aliados la ganaron y la victoria corrió a cargo principalmente de Estados Unidos, Inglaterra, la Unión Soviética y, con una mucho más modesta contribución militar, Francia. Este país había sufrido la dureza de los combates en su territorio y miles de víctimas a causa del conflicto, como también las habían sufrido Austria, Noruega, Bélgica, Holanda y un largo etcétera de países que igualmente lucharon contra el enemigo invasor.

Francia, desde los primeros meses después de finalizar el conflicto, procuró, y no se la puede culpar por ello, mantenerse al mismo nivel que los Estados Unidos, Gran Bretaña y la Unión Soviética; es decir, mantener una relación de igualdad con las grandes potencias vencedoras, aunque estuviese en una situación de ruina política, económica y social. Pero hizo bien y le salió bien.

En el proceso de recuperación de Europa y para garantizar la seguridad del continente ante la amenaza comunista, Estados Unidos colaboró con una intensidad comparable a su participación en el conflicto, y en la práctica ejerció un control político y sobre todo militar de nuestro continente que dura hasta nuestros días. Francia exigió desde el principio unas ayudas particularmente privilegiadas en el terreno político y militar, y, con una firme obstinación especialmente por parte del general De Gaulle, quiso mantener una autonomía política y de defensa respecto de los Estados Unidos, a pesar de que paralelamente aceptaba y solicitaba su ayuda en todos los aspectos, incluido el nuclear.

Esta situación fue percibida por Estados Unidos y, aun siendo ambos países aliados contra el nazismo y en aquellos años frente al comunismo, fue previsiblemente la causa de un progresivo distanciamiento político entre ellos. Un ejemplo puede confirmar esta afirmación: el Tratado de Bruselas y la génesis de la creación de la OTAN. Veámoslo.

En cuanto al Tratado de Bruselas, el año 1948 marcó el punto de inflexión en la actitud de los países de la Europa occidental respecto a su propia seguridad y en el interés norteamericano en los asuntos europeos ante la progresiva expansión soviética. Lo que colmó el vaso de la preocupación y el temor occidental fue la toma del poder en Checoeslovaquia por los comunistas en febrero de 1948. A la caída de Checoeslovaquia siguió el 24 de junio el comienzo del bloqueo soviético a Berlín. Se percibía con claridad la posibilidad de una nueva guerra, y ese año las decisiones llegaron en cascada: el 17 de marzo de 1948 Gran Bretaña, Francia, Bélgica, Holanda y Luxemburgo firmaron el Tratado de Bruselas, cuyo elemento principal era el artículo IV (en la revisión de ese tratado en 1954 figura como artículo V) que establecía que, si una de las partes era atacada, todas las demás le proporcionarían «toda la ayuda militar y de otro tipo que fueran capaces»[113]. El firmante del tratado por parte británica fue el ministro de Asuntos Exteriores británico Ernest Bevin, que no compartió entonces con sus homólogos europeos que menos de una semana más tarde (el 22 de marzo) se reuniría en Washington, en un contexto exclusivamente sajón (Gran Bretaña, Estados Unidos y Canadá, esta última a instancias del propio Bevin), para elaborar un pacto de mayores dimensiones, el Tratado del Atlántico Norte, en el que las naciones del Tratado de Bruselas se verían invitadas, y abocadas, a participar. Francia no fue informada de nada de esto durante la firma del Tratado de Bruselas ni invitada a participar en la reunión de Washington a la que nos hemos referido.

Es muy verosímil que, habiéndose convertido la Unión Soviética en el enemigo del momento, la mención en el preámbulo de la versión original del Tratado de Bruselas a un posible ataque alemán fuera una cobertura para no estimular reacciones soviéticas contrarias al mismo. En concreto, se afirmaba que uno de los motivos del pacto era «tomar las medidas que fueran necesarias en caso de una nueva política de agresión

113 Tratado de Bruselas. Revisado en 1954. BOE 110 de 8 de mayo de 1990.

por parte de Alemania». Quizás en aquella versión inicial del tratado fuera esta mención una contribución eminentemente francesa, ya que sus previsiones sobre el futuro de Alemania eran particularmente duras, en cierto modo comparables con las que se decidieron sobre esta nación después de la Primera Guerra Mundial en el Tratado de Versalles. Estos designios franceses no eran compartidos por los norteamericanos ni por los británicos, y en la versión modificada del tratado que se acordó en 1954 ya no se menciona ninguna potencial amenaza o peligro alemán, y sí en cambio se incluyó el objetivo de «promover la unidad y alentar la progresiva integración de Europa».

Continuando con el análisis del progresivo distanciamiento político entre Estados Unidos y Francia, las conversaciones en Washington para la creación de una alianza defensiva en la que participaría Estados Unidos (la Alianza Atlántica), que habían sido promovidas por Bevin desde meses atrás y solicitadas finalmente por él en una nota de fecha 11 de marzo de 1948 al secretario de Estado norteamericano George Marshall, fueron aceptadas, y su nota contestada ¡al día siguiente![114] Las conversaciones comenzaron el 22 de marzo, tan solo cinco días después de la firma del Tratado de Bruselas, y, como se ha dicho, sin que lo supiera Francia ni ninguno de sus firmantes, a excepción obviamente del propio ministro inglés.

La reunión de Washington del 22 de marzo al 1 de abril fue mantenida en secreto, no para los soviéticos que tenían un espía en la delegación británica en Washington, y no incluyó a Francia a instancias de Estados Unidos. A partir de entonces los contactos se sucedieron y culminaron en conversaciones que llevarían en menos de un año a la firma del Tratado del Atlántico Norte.[115] La versión oficial de la OTAN sobre estos contactos es que comenzaron formalmente el 6 de julio entre todos los miembros del Tratado de Bruselas junto con

114 Cook, D. *Forging the Alliance. NATO 1945 to 1950.* Pág. 125. Seecker and Warburg. London 1989.

115 Sloan, Stanley R. *La negociación del artículo V.* Revista de la OTAN. Verano 2006.

Canadá y Estados Unidos.[116] En la práctica, las reuniones entre todos ellos comenzaron en diciembre[117] y el resultado fue que el 4 de abril de 1949 se firmaba en Washington el Tratado del Atlántico Norte. Por supuesto, Francia era uno de los firmantes.

En aquellos años Francia recelaba especialmente de incluir a Alemania en el Tratado del Atlántico Norte y consecuentemente en la OTAN, pero la realidad se impuso, y la clara posición norteamericana en este sentido, particularmente apoyada por Gran Bretaña, también. Alemania fue incluida en la OTAN el 6 de mayo de 1955.

En cualquier caso, las conversaciones secretas del 22 de marzo al 1 de abril de 1948 nos dicen claramente que la OTAN fue un invento anglosajón: de concepción británica, elaborado en sus aspectos más importantes en Washington, con la participación desde los primeros momentos de Canadá, y con la ausencia en las primeras conversaciones de Francia. Todo esto obviamente no favorecía las relaciones de Estados Unidos y sus aliados anglosajones con un país, Francia, que albergaba una clara inclinación a liderar a los países de Europa occidental que habían sufrido la agresión y ocupación alemana durante el conflicto.

En aquellos momentos Estados Unidos ya controlaba Europa occidental, y el Plan Marhall y la presencia de sus fuerzas terrestres, navales y aéreas en nuestro continente puede que causaran un cierto recelo en los responsables políticos franceses, en particular en el general De Gaulle, que, tras purgar internamente en su país a los que habían colaborado con el enemigo durante la ocupación nazi, se había metido de lleno en la tarea de restituir el prestigio de Francia y su preeminencia en Europa.

Otro episodio que muestra la diferencia de posturas entre Francia y Estados Unidos en aquellos tiempos, y la participación del general De Gaulle en el asunto, fue el intento de establecer la Comunidad Europea de Defensa sobre un plan

---

116 Cook, D. *Forging the Alliance. NATO 1945 to 1950.* Pág. 155. Seecker and Warburg. London 1989.

117 Smith, D. *Pressure. How America runs NATO.* Pág. 75. Bloomsbury. London 1989.

desarrollado por los propios franceses (René Pleven, jefe del Gobierno en 1950, con el apoyo de Jean Monnet y de Robert Schuman). La firma del acuerdo, que sin participar impulsaron decididamente Estados Unidos e Inglaterra, tuvo lugar el 27 de mayo de 1952, pero la Asamblea Nacional Francesa, debido a la oposición gaullista en la misma, rechazó definitivamente su ratificación en agosto de 1954.

En aquel momento la OTAN ya había sido creada, y vemos aquí dos posturas enfrentadas: una europeísta, representada por los defensores de la Comunidad Europea de Defensa, y otra, propia de De Gaulle y sus partidarios, de reforzar la soberanía francesa, evitar la presencia de fuerzas extranjeras en su territorio por más aliadas que fueran, y conseguir desempeñar un papel de liderazgo en la política europea.

No obstante, en un principio la preferencia de De Gaulle fue la de establecer una relación bilateral privilegiada con Estados Unidos, fijándose con casi toda seguridad en la que estos mantenían con el Reino Unido ya desde antes del conflicto y, en cualquier caso, obtener su ayuda técnica para desarrollar y conseguir el arma nuclear. En julio de 1958, unas semanas después de ser nombrado primer ministro, De Gaulle mantuvo una entrevista con el secretario de Estado norteamericano, John Foster Dulles con este propósito. El secretario de Estado le contestó que no sería posible salvo en el caso de que Francia aceptase el despliegue de armas nucleares norteamericanas en su territorio. De Gaulle consideró inaceptable esta condición. No obstante, un par de meses más tarde escribió un memorándum secreto a Eisenhower pidiéndole que valorase la posibilidad de establecer un directorio político-militar en la OTAN compuesto por Estados Unidos, Francia y el Reino Unido para tratar los asuntos estratégicos de más trascendencia en la Alianza (obviamente, los nucleares estarían entre ellos), a lo que el presidente norteamericano contestó rechazando la propuesta.[118] Aquí parece oportuno recordar

118 Teasdale, Anthony. *The Fouchet Plan: De Gaulle's Intergovernmental Design for Europe*. LSE Europe in Question. Discussion Paper Series. LEQS Paper No. 117/2016. Octubre 2016.

una cita del general sobre su consideración de este tipo de armas en aquel momento: «Ningún país sin una bomba atómica puede considerarse independiente».[119] Por esas fechas es cuando Francia aceleró su programa nuclear, que no anunció públicamente hasta noviembre de 1959, y realizó su primer ensayo nuclear unos meses más tarde, el 13 de febrero de 1960 en Argelia.

Este es el contexto en el que Charles de Gaulle, primer ministro de la República Francesa en 1958 y presidente de la misma desde 1959 a 1969, propuso en 1961 un plan que se conoce como el Plan Fouchet, cuyo objetivo era establecer un tipo de unión política europea entre los seis miembros de la Comunidad Económica Europea (Francia, Alemania, Italia, Holanda, Bélgica y Luxemburgo), y una política exterior común, que se limitaría a los asuntos en que los Estados miembros tenían intereses comunes, pero evitando todo carácter supranacional como el que progresivamente se iba implantando en el funcionamiento de la Comisión de la Comunidad Económica Europea. De hecho, proponía una unión de Estados de carácter convencional bajo el liderazgo de Francia que daría a esta una posición de preeminencia en el contexto europeo, diluyendo el papel que estaban ejerciendo Estados Unidos y la OTAN en nuestro continente en el terreno de su seguridad y defensa. El plan también rebajaba las expectativas del proceso de integración de las naciones miembros de las comunidades europeas (la CECA, la Comunidad Económica Europea y la Comunidad Europea de la Energía Atómica) que los llamados padres de Europa (Jean Monnet, Robert Schuman, Konrad Adenauer, Alcide De Gasperi y Paul-Henri Spaak) habían defendido durante toda la década con un carácter federalista, sustituyéndolo por otro de tipo confederal o intergubernamental. La situación que los padres de Europa tenían como objetivo no encajaba con la visión que el general De Gaulle tenía de nuestro continente, de sus instituciones y de su futuro.

---

119 ALBAIGÈS (1997) pág. 283. En *The New York Times Magazine* 1968.

De Gaulle defendía con el Plan Fouchet una política exterior y una defensa europea común sin instituciones supranacionales que la dirigiese, donde las decisiones de sus órganos principales debían tomarse por unanimidad. Esta iniciativa francesa fracasó definitivamente en 1962, principalmente porque las naciones participantes en las negociaciones querían mantener el vigor del vínculo transatlántico y la posición norteamericana de liderazgo dentro de la Alianza Atlántica.[120] Los cinco países participantes en las negociaciones convocadas por Francia defendieron la permanencia de la OTAN, hacia la que De Gaulle mostraba una cierta hostilidad, y deseaban, quizás como contrapeso a Francia, la presencia del Reino Unido en el tratado que tendría lugar como consecuencia del Plan Fouchet. Obviamente detrás de esa unanimidad que defendía De Gaulle, todos percibían el propósito del general de que Francia liderase la política exterior y la defensa de todos los miembros del plan. Alemania mantuvo durante todo el proceso una inteligente y deliberada ambigüedad, Italia fue deslizándose hacia posiciones más contrarias al tratado, y Holanda y, sobre todo, Bélgica expresaron casi desde el principio su rechazo al mismo.

Ante este resultado del Plan Fouchet, De Gaulle decidió prescindir de sus aliados del Benelux y centrar sus esfuerzos en reforzar el eje franco-alemán, y podríamos pensar sin excesivo riesgo de equivocarnos que su exigente manera de pensar y su falta de entendimiento con los norteamericanos fueron las causas de su decisión en el año 1966 de abandonar la estructura militar integrada de la OTAN de la que formaba parte desde su creación, y cuya sede estaba situada hasta ese momento precisamente en París. Desde ese año hasta el 2009, en que el presidente Nicolas Sarkozy volvió a introducir a su país en la estructura militar aliada, Francia mantuvo su fidelidad política y militar a la Alianza Atlántica, pero compatibilizándola con una autonomía de empleo de sus fuerzas armadas y, de particular importancia, conservando independientes sus fuerzas

120 La política exterior y de seguridad común. Summaries of EU Legislation. EUR-Lex -a19000 – EN -EUR-Lex-Europa.

nucleares sin participar en el Grupo de Planes Nucleares de la Alianza. Aunque en el 2009 Francia volvió a la estructura militar integrada (IMS), lo hizo con ciertas condiciones entre las que estaba que continuaría manteniendo su independencia nuclear y sin unirse al Grupo de Planes Nucleares, que es el que define, acuerda o acepta, de la mano de sus principales contribuyentes, Estados Unidos y el Reino Unido, la política nuclear de la Alianza.

De Gaulle ha sido un personaje de singular importancia en la política francesa, de una importancia comparable en el interior del país a la que tuvo Napoleón en el exterior, y buscó siempre para Francia más de lo que, de una manera o de otra, le ofrecían los Estados Unidos. Literalmente una de sus más célebres frases, que podemos encontrar en la primera página de sus memorias y que lo dice todo de él, es «Francia no puede ser Francia sin grandeza»;[121] y a buscar esa *grandeur* dedicó su vida, aunque causara notable y justificado rechazo en sus vecinos y aliados de ambos lados del Atlántico.

El lector podría preguntarse en este punto el porqué de haber traído aquí estas pinceladas de la Segunda Guerra Mundial y de los primeros años de la postguerra, y creo que en el contexto de este libro hay unas justificadas razones para hacerlo: el análisis de la capacidad nuclear francesa y de su doctrina de utilización, y su comparación con la cobertura que en este campo brinda Estados Unidos a sus aliados europeos, pide de alguna manera saber los antecedentes de todo ello. Es algo así como conocer *de dónde venimos* para saber *quiénes somos* y *a dónde vamos.* Por ello hemos profundizado un poco en la figura del general De Gaulle y su actividad internacional en los años sesenta. Ahora tendremos en cuenta lo manifestado sobre la disuasión nuclear por algunos posteriores presidentes de la República, y, finalmente, consideraremos la capacidad nuclear francesa actual.

***

121 De Gaulle, Charles. *Memoires de Guerre: L'appel. 1940-42.* Pág. 1. Editorial Plon. París 1954.

El anuncio de la creación de la *force de frappe* francesa tuvo lugar por primera vez el 3 de noviembre de 1959 en una alocución del general De Gaulle en el Centro Superior de Enseñanza Militar de Francia, *l'Ecole Militaire de Saint Cire* en París. De su discurso recogemos literalmente aquí sus palabras sobre este asunto:

> Hace falta que sepamos proveernos en el curso de los próximos años de una fuerza capaz de actuar por nuestra cuenta, de lo que hemos convenido en llamar una *force de frappe*, capaz de desplegarse en todo momento sin que importe donde. Por supuesto la base de esta fuerza será el armamento atómico, que fabricaríamos o compraríamos, pero que debe pertenecernos. Y, puesto que se puede destruir Francia eventualmente desde cualquier lugar del mundo, hace falta que —esta fuerza— esté hecha de manera que pueda actuar en cualquier parte de la tierra. Daros cuenta de la dimensión de esta obligación, de todo a lo que nos va a conducir. En el terreno de la defensa esta será nuestra gran obra de los próximos años.

Esta concepción de la necesidad nacional francesa de disponer de armamento nuclear y de la *force de frappe* que se creó entonces sigue vigente en la actualidad. De hecho, cinco décadas más tarde, el 19 de enero de 2006, el entonces presidente de la República Francesa, Jacques Chirac, en un interesantísimo discurso sobre la política de defensa francesa y la disuasión nuclear que pronunció en la base de *L'Ile Longue* en Brest (la base central de los submarinos franceses con capacidad de lanzamiento de misiles nucleares), se mostró partidario de la disuasión nuclear y defendió la flexibilidad y capacidad de reacción de las fuerzas nucleares francesas, ampliando el concepto del uso clásico de la disuasión a su potencial utilización contra una potencia regional (diferenciándola de una gran potencia), y estimando que la respuesta a una potencia de este estilo no se podía limitar a únicamente dos alternativas, la inhibición propia o el aniquilamiento del atacante. Siempre, según el presidente, las fuerzas nucleares francesas se habían configurado en el sentido de poder responder de la forma más adecuada al tipo de agresión que estuviera sufriendo su país.

Hablando de la situación internacional, en aquel año 2006, Chirac afirmó:

> Actualmente no estamos bajo la amenaza directa de una gran potencia, pero el fin del mundo bipolar no ha hecho desaparecer las amenazas contra la paz. En numerosos países se difunden ideas radicales defendiendo la confrontación de las civilizaciones, las culturas y las religiones. Hoy, esta voluntad de confrontación se traduce en atentados odiosos que nos recuerdan regularmente que el fanatismo y la intolerancia conducen a todo tipo de locuras. En el día de mañana podrían adoptar otras formas, aún más graves y quizás involucrar incluso a los Estados. La lucha contra el terrorismo es una de nuestras prioridades.

Y añadió que «no estamos a salvo de un giro imprevisto del sistema internacional ni de una sorpresa estratégica». De hecho, añado yo, desde ese año del discurso de Chirac han sucedido muchas cosas, entre ellas la anexión de Crimea en 2014 y la invasión de Ucrania en 2022 por la Rusia de Putin. Ese giro del que hablaba el presidente francés en 2006 ya ha tenido lugar, y lo podemos concretar en el campo de lo nuclear en las amenazas más o menos veladas de varios dirigentes rusos de que la situación en el este de Europa y el conflicto en Ucrania podrían escalar hasta alcanzar el umbral de empleo de las armas nucleares.

Volviendo al discurso de Chirac y en cuanto al empleo por Francia de sus armas nucleares, el presidente sostuvo que «la integridad de nuestro territorio, la protección de nuestra población, y el libre ejercicio de nuestra soberanía constituirán siempre el núcleo de nuestros intereses vitales», pero advirtió que «la percepción de estos intereses va variando al ritmo del mundo, un mundo marcado por la interdependencia creciente de los países europeos», y puso como ejemplo que «la garantía de nuestros aprovisionamientos estratégicos o la defensa de países aliados son, entre otros, intereses que conviene proteger», y precisó que le correspondía a él como presidente de la

República analizar cuando, llegado el caso, esos intereses vitales franceses se vieran afectados. Añadió además una advertencia muy reveladora:

> Los dirigentes de los Estados que recurran a medios terroristas contra nosotros, así como aquellos que consideren la posibilidad de utilizar, de una forma u otra, armas de destrucción masiva, deben comprender que están sujetos a una respuesta firme y adecuada de nuestra parte. Y esta respuesta puede ser convencional, pero también puede ser de otra naturaleza.

Posteriormente en su discurso, Chirac se hizo unas preguntas retóricas: «¿Cuál sería la credibilidad de nuestra disuasión si no nos permitiera responder a las nuevas situaciones? ¿Qué credibilidad tendría ante potencias regionales si estuviéramos aferrados estrictamente a hacer frente únicamente a una amenaza de aniquilación total?».

El presidente Chirac terminó con un par de ideas que merecen una consideración particular. Afirmó que: «La imbricación creciente de los intereses de los países de la Unión Europea y la solidaridad entre sus miembros, hacen de la disuasión nuclear francesa, por su sola existencia, un elemento ineludible de la seguridad del continente europeo». Subrayaríamos aquí las palabras «por su sola existencia», que no implican un compromiso de su uso en defensa de sus aliados europeos, pero también es verdad que en aquella ocasión el presidente francés no tenía por qué comprometerse con ninguna afirmación más rotunda respecto a sus aliados. La otra idea que querría resaltar aquí, obviamente referente a Europa y a la Unión Europea, y expuesta seguidamente en el mismo párrafo de su conferencia, fue «es mi convicción que deberemos, llegado el momento, plantearnos la cuestión de una defensa común, que tendrá en cuenta las fuerzas de disuasión» Aquí subrayaríamos la expresión «llegado el momento». En aquel tiempo, y al parecer según el presidente francés, el momento de plantearse la cuestión todavía no había llegado.

***

Veremos ahora cómo ha evolucionado la posición francesa respecto a lo expresado en aquel importante discurso del presidente Chirac, y cómo nuestro país vecino y aliado entiende a día de hoy la importancia de la capacidad nuclear y el uso de sus fuerzas estratégicas dotadas de este tipo de armamento. Mucho más recientemente, el actual presidente francés, Emmanuel Macron, pronunció el 7 de febrero de 2020 otro discurso igualmente interesante en la *École de Guerre* francesa.[122] Ningún presidente francés desde que allí estuvo De Gaulle en 1959 anunciando la creación de la *forcé de frappe* había vuelto a esta prestigiosa escuela, donde se forman todos los altos mandos militares de la República Francesa.

Su discurso tuvo mucho en común con el de Chirac del año 2006. Macron consideró que «con la proliferación de misiles usando las tecnologías más avanzadas, estamos haciendo frente a una situación sin precedentes en la que las potencias regionales son o serán capaces de atacar el territorio europeo directamente», y se pronunció por una mayor libertad de acción de Europa, que estimó pendiente de una relación transatlántica reequilibrada en la que, aunque en el marco de una estrecha alianza con Estados Unidos, nuestro continente debería disponer de una mayor autonomía.

El presidente recordó a su audiencia que Francia había reducido su arsenal estratégico a menos de 300 cabezas nucleares, pero que mantenía la estructura y la potencia de su capacidad de disuasión nuclear a un nivel de estricta suficiencia. Ajustada, pero suficiente a su juicio. Merece la pena recordar aquí que en la primera mitad de los años noventa Francia había llegado a disponer de unas 560 cabezas nucleares que contaban para su lanzamiento con aviones Mirage IV, asentamientos fijos para sus misiles estratégicos y misiles móviles Pluton de carácter táctico. Macron anunció también en su discurso que dedicaría 37 000 millones de euros hasta 2025 para mantener y modernizar la capacidad nuclear francesa, una

122 Macron, E. Discurso en la École de Guerre el 7 de febrero de 2020. Enlace: elysee. Fr/en/Emmanuel-macron/2020/02/07/speech-of-the-president-of-the-republic-on-the-defense-and-deterrence-strategy

cifra que él estimó en aquel momento en el 12,5 % del presupuesto de defensa galo.

En cuanto a la fuerza nuclear francesa, Macron afirmó en su discurso que, siendo responsable de la seguridad de Francia y de proteger a Francia y a los franceses, asumía cada día con mayor determinación que estas funciones se ejercen a través de la disuasión nuclear y, con respecto a las potencias regionales, Macron repitió la advertencia de Chirac, afirmando literalmente:

> Nuestras fuerzas nucleares han sido configuradas para ese fin con la flexibilidad y capacidad de respuesta requeridas. Si hubiera algún malentendido sobre la determinación de Francia de proteger sus intereses vitales, se podría emitir una advertencia nuclear única al Estado agresor para demostrar claramente que la naturaleza del conflicto ha cambiado y restablecer la disuasión.

Una «advertencia nuclear única» se entiende que es un ataque puntual y limitado con un arma nuclear, o al menos así lo entiendo yo.

A modo de resumen de lo dicho hasta aquí de su discurso en la *École de Guerre*, el presidente francés mantuvo allí la misma consideración que sus antecesores sobre la utilidad del armamento nuclear para la defensa de Francia y su posición en el concierto internacional. Para él, la capacidad nuclear de su país es el elemento último y fundamental que garantiza los intereses vitales de Francia y el instrumento principal de disuasión ante cualquier tipo de posible enemigo que atente contra ella. Según manifestó entonces y ha manifestado posterior y públicamente, la doctrina francesa de empleo de estas armas no se restringe a una respuesta generalizada a un ataque masivo de tipo nuclear, sino que la *force de frappe* permitiría responder proporcionalmente a la agresión de una organización terrorista que emplee contra Francia armas de destrucción masiva (nucleares, biológicas o químicas) y a los Estados que la amparasen sean o no poseedores de armamento nuclear.

También como Chirac, aunque con más comprometidas palabras, Macron defendió en su discurso la solidaridad francesa con Europa: afirmó que las fuerzas nucleares francesas «refuerzan la seguridad de Europa con su sola existencia y a este respecto tienen una dimensión auténticamente europea», y que «sobre este punto nuestra independencia de decisión es plenamente compatible con una solidaridad inquebrantable respecto a nuestros socios europeos», subrayo yo aquí la mención a la independencia de su decisión. Sin duda, su aportación principal a la solidaridad con sus socios europeos, y su proposición más importante, fueron las palabras que pronunció a continuación: «En este entendimiento, desearía que se desarrollase un diálogo estratégico con nuestros socios europeos que estén preparados para hacerlo, sobre el papel a jugar por la disuasión nuclear francesa en nuestra seguridad colectiva».

Esta es una muy buena propuesta que, a mi juicio, la Alta Representante de la Unión Europea para Asuntos Exteriores y Política de Seguridad, al frente de la Política Común de Seguridad y Defensa, en estos momentos Kaja Kallas, hasta hace poco primera ministra de Estonia, debería aprovechar para impulsar, junto con los países miembros de la Unión que deseasen hacerlo, reuniones periódicas con Francia sobre el papel de sus fuerzas nucleares en la seguridad y la defensa de Europa.

Este asunto no solo no perderá importancia en el futuro, sino que tendrá mucha más con el desarrollo de la Política Común de Seguridad y Defensa de la Unión, si es que esta se ocupa realmente, como establece el Tratado de la Unión Europea, de la «definición progresiva de una política común de defensa de la Unión que conducirá a una defensa común una vez que el Consejo Europeo lo haya decidido por unanimidad».[123]

***

123 Tratado de la Unión Europea. Artículo 42.2

Como ha quedado recogido aquí, en el terreno de la defensa los presidentes de la República han mantenido su apoyo a la capacidad nuclear francesa prácticamente en los mismos términos generales que lo había hecho De Gaulle en 1959. Sus fuerzas nucleares encuentran estratégicamente su razón de ser en que la defensa de su soberanía en última instancia debe recaer en sus propias manos y, muy importante y actualmente muy relevante, han ampliado, al menos doctrinalmente, el papel a desempeñar por estas fuerzas, no ya solo como garantía frente a un ataque nuclear masivo a Francia, sino además como defensa ante un ataque a sus objetivos vitales por parte de un país no nuclear. Ante esta posibilidad, el papel disuasorio de su capacidad nuclear es incontestable. Durante todos estos años Francia ha empleado una parte importante de sus presupuestos de defensa en el mantenimiento de su *force de frappe*, y esta no ha tenido ningún rechazo político digno de mención en el interior del país.

Más recientemente, en una entrevista concedida a la televisión francesa en 2022 el presidente Macron declaró que los intereses vitales de Francia no estarían en juego si hubiera un ataque nuclear ruso en Ucrania, desdibujando lo que podría ser una respuesta más precisa a la hipótesis de un ataque ruso de este tipo en aquel país.[124]

Por su parte, y en el mismo tono que el presidente Macron, e incluso que el propio De Gaulle, el jefe de Estado Mayor de la Defensa francesa (*chef d'état-major des armées*), el general de Ejército Thierry Burkhard, en una comparecencia ante la Comisión de Asuntos Exteriores de la Asamblea Francesa el 23 de enero de 2023, afirmó entre otras cosas algo que está firmemente arraigado en el ADN francés y que por ello reproducimos a continuación:

> Hay que darse cuenta que la defensa europea se inscribe en el cuadro de la defensa colectiva, que la OTAN propone un modelo de defensa colectiva, y que la OTAN es en primer lugar

124 Mario Espinosa de los Monteros en un artículo publicado en el medio informativo AS.

> una alianza de países europeos. Si tuviera lugar una crisis importante todos esperaríamos que los americanos estarían de nuestro lado, pero nadie lo puede garantizar. Si un día ellos no estuvieran, los europeos no podrán contentarse con decir «sin los americanos no se puede hacer nada». Esta es la dirección en la que hay que progresar. La guerra en Ucrania y sus consecuencias nos plantean la cuestión de la seguridad europea en los cinco o diez próximos años. Los europeos deben intervenir para que esta seguridad sea también europea, e incluso sobre todo europea.

Las palabras del jefe de Estado Mayor de la Defensa francés reflejan una vocación europeísta y a mi juicio también un, indirecto pero lógico en un militar, deseo de liderazgo de su país de la defensa europea y de tomar las responsabilidades que ello implica.

***

Para emitir cualquier juicio sobre la cooperación que puede ofrecer Francia a la defensa colectiva de Europa, actualmente contemplada en el artículo 42.7 del Tratado de la Unión Europea aprobado en la Cumbre de Lisboa de 2007, en vigor desde el 1 de diciembre de 2009 y centrada en gran medida en su Política Común de Seguridad y Defensa, parece imprescindible saber de qué estamos hablando en términos de medios y capacidades.

La capacidad puramente estratégica de gran alcance francesa reposa principalmente en la Force Océanique Stratégique, que dispone de cuatro submarinos nucleares lanzamisiles, de los cuales mantiene permanentemente al menos uno de ellos en patrulla. Estos submarinos están armados con dos tipos de misiles, unos de 6000 y otros de más de 9000 kilómetros de alcance, y cada submarino llevaría de dotación cinco de estos misiles según la información consultada. Francia posee un total aproximado de unos 240 misiles de estos tipos.

Además de estos medios, sus Forces Aériennes Stratégiques y la Force Aéronaval Nucléaire están dotadas de aviones cazabombarderos Rafale armados con misiles nucleares de crucero de unos 600 kilómetros de alcance. De estos aviones cuarenta son del Ejército del Aire y diez de la Armada, y estos últimos operarían desde su portaviones nuclear Charles de Gaulle.

Las capacidades nucleares de Francia no son comparables a las de Estados Unidos, pero en una primera aproximación, y teniendo en cuenta las actuales responsabilidades internacionales de este país, pueden considerarse estratégicamente suficientes. Francia podría hacer frente actualmente a todo tipo de contingencias, ante todo tipo de posibles enemigos, y en cualquier parte del planeta. No parece muy aventurado pensar que nuestro país vecino ejerce ya un nivel de disuasión razonable ante potencias nucleares globales potencialmente hostiles como la Rusia de Putin o la República Popular China de Xi Jinping, que tendrían que pensárselo mucho ante de lanzar específicamente un ataque generalizado contra Francia de tipo nuclear. Gracias a los elementos de la *force de frappe*, con sus submarinos lanzamisiles y sus aviones, la respuesta, y muy contundente, estaría garantizada. También ejerce Francia con su doctrina nuclear actual una disuasión obviamente muy meditada contra otro tipo de amenazas, en concreto contra agresiones de tipo terrorista, si estas llegan a poner en peligro sus intereses vitales o están amparadas por estructuras estatales, que se convertirían inmediatamente en enemigos y ante las cuales los presidentes de la República citados aquí han lanzado serias advertencias sobre la posibilidad de emplear armamento nuclear. En cualquier caso, Francia no tiene una política de «no primer uso del arma nuclear» y se reserva el derecho de intervenir con un ataque nuclear limitado si lo considera necesario.

Otro aspecto a considerar es la referencia de los presidentes franceses a los intereses vitales que según la doctrina de empleo de su armamento nuclear les llevaría a utilizarlo. Obviamente, esta sería una decisión directa del presidente de la República y por lo tanto sería él el que valoraría esos intereses vitales que en un momento dado aconsejarían el empleo de estas armas. En cualquier caso, sería de gran interés para los aliados hacer uso de la invitación francesa a participar en sus ejercicios estratégicos para conocer mejor estos aspectos y estudiar la posibilidad de cualquier tipo de asociación sobre estos asuntos con nuestro país vecino, única potencia nuclear de la Unión Europea.

Si hemos dado aquí particular importancia a los importantes discursos de los presidentes de la República Francesa referentes a su capacidad nuclear e incluso al empleo operativo de sus medios en caso de necesidad, es porque podríamos preguntarnos si Francia, en el caso de progresar hacia una defensa común de la Unión Europea y en el contexto de su Política Común de Seguridad y Defensa, estaría dispuesta a llegar a un acuerdo con los restantes países miembros de la misma para establecer un sistema de disuasión nuclear que reforzase la defensa no solo de Francia, sino también la colectiva del conjunto de la Unión, basado en su *force de frappe* como elemento de disuasión y última ratio a emplear en caso necesario.

Profundizando en esta cuestión, habría que analizar primeramente si Francia desearía, interpretando las generosas palabras de Macron en su discurso, desempeñar en Europa y en la Unión Europea un papel algo similar al que ha ejercido Estados Unidos en la Alianza Atlántica, por supuesto en este caso sin la lógica que sustenta la posición de nuestros aliados norteamericanos de haber sido los verdaderos vencedores de la Segunda Guerra Mundial y los defensores de los valores occidentales frente al comunismo durante más de cuatro décadas.

En el caso de estimar que la respuesta francesa podría ser afirmativa, la siguiente acción a tomar sería responder afirmativamente a la proposición del presidente Macron y establecer un diálogo estratégico entre la Unión Europea y Francia en el sentido propuesto por el presidente francés, y estudiar conjuntamente si Francia aceptaría extender su disuasión nuclear de una manera o de otra a los restantes países de la Unión Europea, y en qué términos lo haría.

Cualquier acuerdo al que se llegara sobre este asunto, y a pesar de que esta disuasión europea sería obviamente complementaria y coordinada con la de la Alianza Atlántica, implicaría un liderazgo de hecho para Francia en la Unión Europea, un liderazgo que no sería fácilmente aceptable para Estados Unidos y quizás tampoco para algunos países de la Unión que cifran su seguridad únicamente en su pertenencia a la OTAN y en el vínculo transatlántico. En todo caso, cualquier acuerdo sobre este asunto marcaría un antes y un después en el objetivo de autonomía estratégica que actualmente desea la Unión.

Un acuerdo de carácter nuclear con Francia del estilo del que se apunta aquí sería en cualquier caso extraordinariamente difícil de conseguir, aunque en él se estableciese una financiación común de la Unión para aliviar a los franceses del enorme coste que anualmente implica el mantenimiento de su fuerza nuclear (10 al 18 % de su presupuesto total de defensa en la segunda mitad de la década de 2010 según el presidente Chirac en su discurso), pero sería la vía más directa para que la Unión Europea (junto al papel individual de Francia) tuviera como tal un asiento permanente entre las mayores potencias del mundo, y para que consiguiera definitivamente la categoría de actor global en el panorama internacional. No obstante, esta idea de implicación de la Unión en los asuntos nucleares franceses es quizás en estos momentos únicamente un tema para pensar más que un asunto para negociar, pero por algo hay que empezar.

De hecho, la *force de frappe* francesa quizás no sería un elemento suficientemente contundente para garantizar la defensa de Europa en caso de un conflicto nuclear generalizado o entre las grandes potencias, pero sí lo sería en el terreno de la disuasión ante potencias regionales o países que apenas llegan a serlo, que puedan tener la tentación de acometer, fomentar o apoyar actividades terroristas ajenas o propias para desestabilizar Europa violando el Tratado sobre la No Proliferación de Armas Nucleares. En cualquier caso, siempre deberíamos tener presente en el campo nuclear que la capacidad de Estados Unidos ha sido, es y será por muchos años la única garantía, total o relativa, pero suficientemente capaz a todos los niveles para Europa, y también que la decisión de la OTAN de emplear sus medios nucleares siempre estará en manos norteamericanas.

Lo que es indiscutible es que Francia es el único país de la Unión Europea que tiene una fuerza nuclear operativa desde hace muchos años, la *force de frappe*, y que está muy satisfecha con la misma. Aunque se ha sugerido aquí el posible estudio sobre la posibilidad de que esta capacidad se implicara formalmente en la defensa colectiva europea en el marco de la Unión Europea, es muy improbable que Francia tomase esa responsabilidad a corto o a medio plazo y, más aún, no conviene olvidar que, si lo hiciera, la defensa de la Europa continental giraría en torno al país galo, al que además algunos países de la Unión podrían mirar con la misma desconfianza que De Gaulle sintió respecto a la protección nuclear norteamericana, que hemos comentado anteriormente. Al estudiar este asunto sería prudente aplicar la máxima de «si no sabes si algo es bueno o malo, consúltalo con lo contrario».

# *Cuando España pudo tener armas nucleares*

En el año 1957 un joven capitán ingeniero del Ejército del Aire, Guillermo Velarde, se incorporó a la Junta de Energía Nuclear, que se había creado en 1951 para la investigación y desarrollo de la energía nuclear en España sucediendo a la Junta de Investigaciones Atómicas establecida tres años antes. En ese mismo año el presidente de la Junta de Energía Nuclear, capitán de navío José María Otero de Navascués, le envió a Estados Unidos para estudiar Física y Energía Nuclear. Al finalizar allí sus estudios estuvo trabajando durante cuatro años en el proyecto de un reactor nuclear en la división Atomics International de la North American Aviation Company en California. Volvió a España en 1963.

En aquellos momentos el capitán general Muñoz Grandes acariciaba la idea de que España pudiera hacerse con la bomba atómica como elemento de disuasión ante posibles enemigos, concretamente ante Marruecos, que había obtenido su independencia en 1956 y frente al que teníamos el talón de Aquiles estratégico de nuestras ciudades de Ceuta y Melilla. No obstante, otra razón más profunda era sin duda el interés del Gobierno español en abrirse paso en la escena internacional y recuperar en lo posible la importancia que había tenido nuestro país siglos atrás. En cualquier caso, los objetivos directos estaban claros: establecer un elemento definitivo de disuasión ante países potencialmente hostiles, y reforzar la soberanía y la consideración internacional de nuestro país en unos momentos en los que la dependencia de Estados Unidos del régimen español era enorme y el aislamiento internacional notable. Habíamos ingresado en la ONU el 14 de diciembre de 1955, pero no pertenecíamos ni a la OTAN ni a la Comunidad Económica Europea, las dos organizaciones que nos insertarían definitivamente en la Europa occidental en los terrenos político, económico y de seguridad. España había solicitado su ingreso en esta última en 1962, pero únicamente logró concluir un Acuerdo Comercial Preferencial con el Mercado Común en 1970, ciertamente muy favorable para nosotros, y en aquellos años no contábamos legalmente con ningún instrumento internacional que defendiera de una manera u otra nuestra seguridad ni nuestra defensa.

A la vuelta del capitán Velarde a España, y obtenido ya su título de doctor ingeniero aeronáutico, el capitán general Muñoz Grandes, vicepresidente del Gobierno español y jefe del Alto Estado Mayor, le encargó que elaborase un estudio de viabilidad sobre la posibilidad de acometer en España un programa para fabricar un pequeño arsenal de bombas atómicas. Un par de años más tarde, en diciembre de 1964, el profesor Velarde presentó su *Informe sobre el diseño inicial de una bomba de fisión nuclear empleando los isotopos del plutonio.* Se hicieron cinco copias del informe y la primera de ellas fue enviada al jefe del Estado, el general Francisco Franco, que dio el informe por recibido sin hacer ningún comentario al mismo. Velarde llamó al proyecto Proyecto Islero, inspirándose en el nombre del toro que mató al famosísimo torero Manolete, muerto en Linares *de una herida por asta de toro* como reza el parte de los médicos que le atendieron, y presintiendo, según nos cuenta,[125] que terminaría matándole, «no de una cornada como al torero, pero sí a disgustos».

En todo este capítulo nos basaremos ampliamente en el libro del profesor Velarde *Proyecto Islero,* en el que el sabio español nos relata en forma autobiográfica y muy amena todo el proceso del que él fue protagonista, e incluso las investigaciones que tuvieron lugar de su mano en nuestro país después de la cancelación del proyecto.

---

125 Velarde, Guillermo. *Proyecto Islero. Cuando España pudo desarrollar armas nucleares*. Editorial Guadalmazán. Córdoba 2016.

Stanley Payne, notorio historiador y gran hispanista, en colaboración con Jesús Palacios, nos da unas pinceladas muy interesantes sobre este asunto en su libro *Franco. Una biografía personal y política*, que también se utilizará aquí, en particular al considerar la cancelación del proyecto nuclear y nuestra entrada en el Tratado sobre la No Proliferación de Armas Nucleares (TNP). También abusaré de mi amistad personal con Natividad Carpintero, hasta hace poco tiempo secretaria general del Instituto de Fusión Nuclear y principal colaboradora del profesor Velarde, para enriquecer con sus opiniones y conocimientos el contenido de estas páginas. En este capítulo haremos también unas consideraciones sobre lo que hubiera pasado si hubiéramos proseguido nuestros esfuerzos por conseguir el arma atómica y hubiésemos logrado hacernos con ella. Creo que estas consideraciones son en buena medida extrapolables a otros países, y de interés para valorar el Tratado sobre la No Proliferación y su futuro, asunto al que se ha dedicado ya un capítulo específico.

Volviendo al trabajo que desarrolló el profesor Velarde, tras intenso trabajo el anteproyecto de la bomba estaba listo en octubre de 1964. Paralelamente se iniciaron negociaciones con la Francia del general De Gaulle para adquirir un reactor nuclear del tipo necesario para producir plutonio. Según el libro de Stanley Payne y Jesús Palacios, De Gaulle era partidario de ayudar a España en su intento, y de hecho se creó la Sociedad Hispano-Francesa de Energía Nuclear (Hifrensa) con participación de capital de empresas de ambos países, que dio como resultado la construcción y entrada en funcionamiento de la central nuclear de Vandellós (Tarragona) en 1972. Se calculaba que en esa fecha estaría lista para comenzar a producir plutonio. Velarde diría años más tarde a Jesús Palacios que «se disponía ya del sincronismo de disparo, un reactor rápido y un equipo de medición excepcional. A mediados de los años 60 teníamos una tecnología muy avanzada. El nivel era enorme y estábamos capacitados para trabajar».[126]

126 Payne, Stanley y Palacios, Jesús. *Franco. Una biografía personal y política*. Págs. 496-503. Espasa. Barcelona 2014.

Los inconvenientes se acrecentaron cuando el ministro de Asuntos Exteriores español, Gregorio López Bravo se mostró contrario al proyecto y habló con Franco en este sentido. Muñoz Grandes, que era el principal defensor del proyecto, también llegó hasta él, pero no logró convencerle. Llegado el momento de decidir, Franco personalmente dio la orden de posponer el proyecto. Velarde fue convocado por Franco en 1966, después del accidente de Palomares, y en la entrevista, según narra en su libro, le dijo:

> He considerado las ventajas que tendría para España poder disponer de un pequeño arsenal de armas nucleares, pero estoy convencido de que, antes o después, sería prácticamente imposible mantenerlo en secreto. España no podría soportar otras sanciones económicas, razón por la que he decidido posponer el desarrollo de este proyecto.

Hace ya una docena de años esta información me fue confirmada por el ya entonces general Velarde.

***

A la hora de considerar el acierto o error de esta decisión directa de Franco podríamos interpretarla desde dos ópticas diferentes. Una sería situándonos en el momento en que se produjo y la otra desde el momento actual; es decir, si a estas alturas de la historia estaríamos en una situación mejor si los acontecimientos se hubiesen desarrollado de otra manera y hubiésemos completado con éxito nuestro programa nuclear.

En una primera aproximación, si hubiésemos continuado nuestro proceso de investigación y fabricación del arma atómica, hubiéramos sido para lo bueno y para lo menos bueno una potencia nuclear allá por los años setenta. Para entonces el Tratado sobre la No Proliferación ya había sido firmado, y entrado en vigor desde el 5 de marzo de 1970. ¿Cuál habría sido la reacción internacional durante esos años y ante el hecho consumado de la investigación y posesión del arma nuclear por parte de España? Obviamente todo hubiera dependido de la reacción de las principales potencias. Francia, por lo que se ha expuesto anteriormente, hubiera podido aceptar la situación a pesar de que De Gaulle había finalizado sus años como presidente de la República el 28 de abril de 1969, aunque quizás entonces el apoyo técnico francés a España habría variado. Con respecto a la influencia que hubiera podido tener en la posición francesa un De Gaulle ya retirado de la política, habría que tener en cuenta además que el general murió el 9 de noviembre del año 1970. En cualquier caso, Francia, con De Gaulle o sin De Gaulle, podría pensar que España, con la que mantenía unas relaciones muy estrechas y prepotentes, estaría agradecida por la ayuda técnica que nos había prestado, y pensar que le ayudaríamos a contrapesar en los foros internacionales el predominio nuclear sajón, solo desafiado hasta ese momento por el mundo comunista.

La postura y actividad de Estados Unidos ante nuestro programa nuclear es difícil de valorar con exactitud, aunque siempre en un contexto de rechazo. Por un lado, en aquella época apoyaba y en cierto modo patrocinaba las negociaciones que condujeron al Tratado sobre la No Proliferación de Armas Nucleares, que se firmó en 1970 y, consecuentemente, se opondría a que nuestro país accediera al grupo de países en posesión del arma atómica. Por otro lado, conocía perfectamente el sentimiento anticomunista de nuestro Gobierno. Otro elemento a tener en cuenta es que con toda seguridad no podría ver con buenos ojos nuestra aproximación a Francia en este campo. A una Francia que, especialmente con el presidente De Gaulle, buscaba una autonomía y un liderazgo tanto en el terreno diplomático como militar en la defensa de Europa.

El Reino Unido se habría alineado con toda seguridad con Estados Unidos rechazando nuestra incorporación al club nuclear, tanto por la *special relationship* entre ambos países como porque la principal reivindicación internacional de España era, y sigue siendo, el peñón de Gibraltar, sobre el que la última ratio del mantenimiento del dominio británico sobre el mismo es la potencia militar británica, dentro de la cual obviamente un elemento definitivo es su capacidad nuclear. En *la acera de enfrente* política, la Unión Soviética y la China Popular habrían sido decididamente contrarias, y se hubieran opuesto con gran vigor a la extensión de la capacidad nuclear a un país como el nuestro, total y públicamente contrario a la ideología comunista.

En cualquier caso, para considerar a estas alturas cómo podría haber sido la reacción internacional al desarrollo y éxito del programa nuclear español, el elemento clave para nosotros habría sido Estados Unidos, y no hay que olvidar que en aquella época, aún con el acuerdo hispanonorteamericano de 1953 en vigor y la Guerra Fría en plena efervescencia, la nación americana llevaba muchos años considerando a España de una categoría inferior y con un régimen político no compatible con sus aspiraciones de democracia universal.

En definitiva, inconvenientes muchos y ventajas pocas. Quizás la única podría ser la posibilidad teórica, no realista ya en aquel mundo bipolar, de disuadir o amenazar llegado el caso a Marruecos, que ya en 1957 y 1958 había mantenido en Ifni un conflicto armado con nosotros, conflicto que resultó en la pérdida de aquel territorio hasta entonces perteneciente a España.

De todas maneras, avanzar en el programa nuclear español no era prudente en la situación internacional en la que se encontraba nuestro país en aquellas fechas, y parecía (por lo menos al jefe del Estado, que fue quien lo canceló) políticamente peligroso. Y todo ello sin tener en cuenta el factor económico, un programa que hubiera implicado una altísima inversión tanto en el proceso de investigación y obtención de la bomba como, de no menos importancia, en el mantenimiento en el tiempo y la actualización permanente de una capacidad nuclear que, con toda seguridad, no habríamos utilizado jamás.

A fecha de hoy ¿en qué situación nos encontraríamos en el panorama internacional si hubiéramos continuado nuestro programa nuclear? ¿Cómo hubiéramos podido mantener una capacidad de altísimo coste rechazada en el exterior y con toda seguridad también en el interior de nuestro país? El panorama en estos momentos sería desalentador: nos encontraríamos fuera del Tratado sobre la No Proliferación, mantendríamos unas relaciones muy limitadas con la Agencia Internacional de la Energía Atómica que no nos hubiera dado su apoyo para el uso con fines pacíficos de la energía nuclear, estaríamos sufriendo una sangría económica muy importante para mantener una capacidad que no emplearíamos jamás, y previsiblemente nuestras relaciones internacionales también se verían seriamente afectadas.

Una última consideración a tener en cuenta es la cuestión de cuánto habría durado España como país con armamento nuclear. Una España cuyo gobierno renunció en el año 1984, bajo el gobierno de Felipe González, a continuar con el programa de centrales nucleares productoras de energía eléctrica por el hecho de ser precisamente nucleares. A mi juicio, en ese año el gobierno socialista habría desmontado nuestra capacidad militar nuclear (con el coste que hubiera implicado) y volveríamos a estar en la situación en la que nos encontramos actualmente, después de haber invertido unos recursos económicos elevadísimos y mucho más necesarios para otros aspectos del desarrollo del país.

Muchas de las consideraciones que podemos hacer para España y su programa nuclear son aplicables a un buen número de los países no poseedores de armas nucleares y miembros del TNP, en concreto para los de la Unión Europea. Pero eso es un asunto que abordaremos más adelante.

***

Durante toda la historia, el único país que ha recibido el impacto de una bomba nuclear lanzada desde un avión militar ha sido España. ¡Y recibió cuatro! Cuatro bombas termonucleares (bombas de hidrógeno, de fusión nuclear, de una potencia muy superior a la de las bombas atómicas, las de fisión) Veamos qué pasó.

En enero de 1966 un bombardero estratégico B-52 de las fuerzas aéreas norteamericanas acudió a la cita que tenía prevista sobre las aguas de Almería con otro avión también norteamericano, un KC-135 de reabastecimiento en vuelo. El primero de ellos era portador de cuatro ingenios termonucleares, de 1,47 megatones según el profesor Velarde (la bomba lanzada sobre Hiroshima en la Segunda Guerra Mundial era de dieciséis kilotones), y previsiblemente habría despegado horas antes de su base en Estados Unidos en una misión de rutina para mantener en el aire la capacidad norteamericana de responder instantáneamente a un posible ataque nuclear soviético. En estas misiones, de muy larga duración en términos de horas de vuelo, los aviones de bombardeo estratégico necesitaban citarse en el aire y a gran altura con otros aviones que en pleno vuelo les proporcionaran el combustible necesario para rellenar sus depósitos y ampliar así su autonomía para poder alcanzar sus objetivos en la Unión Soviética si la situación lo exigiera. El avión reabastecedor habría despegado para acudir a la cita desde la base de Torrejón o desde alguna otra base de utilización conjunta en cualquier lugar de Europa.

Parece oportuno insistir aquí que en aquellos días, y previsiblemente en la actualidad si la situación lo requiriera, las fuerzas armadas norteamericanas mantenían permanentemente en el aire las veinticuatro horas del día aviones estratégicos, cargados entonces con bombas nucleares y ahora con misiles de crucero. Hoy en día esta misión la realizan básicamente submarinos nucleares lanzamisiles patrullando en lugares desconocidos de los océanos con objeto de disponer de una capacidad instantánea de respuesta ante un ataque inesperado.

Pero aquel día la maniobra de reabastecimiento en vuelo no salió como se esperaba. Los dos aviones colisionaron durante la maniobra de acoplamiento, quedaron inmediatamente destruidos y sus restos se precipitaron a tierra. Del total de sus once tripulantes no se salvó ninguno de los cuatro del avión cisterna KC-135, y sí en cambio cuatro del B-52. Las cuatro bombas termonucleares que llevaba este último cayeron sin activarse gracias a sus dispositivos de seguridad, y colgando de sus paracaídas reglamentarios. Dos de estos paracaídas se incendiaron por la explosión que se produjo en el choque de los aviones, lo que hizo que dos de las bombas no vieran convenientemente frenada su caída y se estrellaran violentamente contra el suelo, reventándose y detonando el explosivo convencional interno imprescindible para iniciar la reacción nuclear en cadena. El impacto liberó altas dosis de radiación en forma de un aerosol de óxido de plutonio y uranio que contaminó toda la zona. Las otras dos bombas cayeron pendientes de sus paracaídas, intactas; una en tierra y la otra en el mar, y fueron recogidas por los equipos de rescate norteamericanos que se desplazaron a España con motivo del accidente.

Maniobra de reabastecimiento en vuelo entre un KC-135 (avión reabastecedor) y un bombardero estratégico B-52, que recibe el combustible necesario para proseguir su misión. La foto de abajo está tomada desde el interior del avión reabastecedor y permite observar cómo se realiza la operación.

El accidente sucedió el 17 de enero de 1966 en la costa de Almería, en el término municipal de Palomares. Lo que sucedió allí implicó a miles de personas norteamericanas y españolas que intervinieron en el proceso de recuperación de las bombas, en la localización y recogida de los restos de las que se habían estrellado contra el suelo, y en la retirada de las tierras contaminadas por la radiación. Lo positivo de todo este asunto es que las bombas no estallaron ni provocaron una explosión nuclear. Los sistemas de seguridad funcionaron relativamente bien. Y digo relativamente porque hubiera sido mejor que los paracaídas de dos de las bombas no se hubieran incendiado y que no se hubiera producido la fuga de radioactividad que contaminó una superficie muy considerable, y que probablemente pudo producir algunos daños más de los que conocemos.

Dos de las bombas que cayeron en Palomares y que muestran con sus abolladuras el impacto que sufrieron sin que por ello corrieran riesgo de explotar. Actualmente se encuentran en el Museo Nacional de Ciencia e Historia Nuclear de Albuquerque (Nuevo Méjico).

***

Para limpiar el terreno y recoger los restos de las dos bombas que se estrellaron en Palomares se montó una compleja operación acompañada de un gran dispositivo de seguridad, y el profesor Velarde fue enviado a la zona como representante del Alto Estado Mayor para analizar la situación e informar del accidente. En su investigación recogió algunos de los fragmentos más contaminados de las bombas para que fueran analizados en la Junta de Energía Nuclear, y llevó a cabo un trabajo de campo muy fructífero, aunque de alguna manera dificultado por los norteamericanos, que querían a toda costa y lógicamente no compartir información sobre sus ingenios nucleares.

En esta foto se ven parte de los 5500 barriles que se llenaron con tierras y cosechas contaminadas.

Los esfuerzos de Velarde dieron un resultado extraordinario. Tras el descubrimiento y análisis de algunos restos del interior de las bombas reventadas, Velarde logró hacerse con el conocimiento de lo que, aunque estaba ya descubierto por los países que ya poseían armamento nuclear de fusión, era un alto secreto: nada más y nada menos que el diseño y procedimiento de funcionamiento de este tipo de armas. En Estados Unidos el meollo de todo esto se conocía como el efecto Ulam-Teller por el nombre de sus descubridores, Stanislaw Ulam y Edward Teller. No está de más decir aquí que en la Unión Soviética el procedimiento lo había descubierto Andréi Sájarov, y en Francia Robert Dautray (considerado como el padre de la bomba atómica francesa).

Con su descubrimiento *en el bolsillo*, que permitiría el potencial desarrollo en España de una bomba termonuclear, Velarde, a su regreso al trabajo diario en la Junta de Energía Nuclear, comenzó a desarrollar una serie de cálculos (según sus propias palabras en su libro, sobre los que no añade ninguna otra precisión) para poder fabricar este tipo de armamento. El profesor presentó su informe al capitán general Muñoz Grandes, que consideró que Franco tenía que conocerlo. Esto sucedía en la primera mitad de 1966.

Al poco tiempo, y como ya hemos dicho anteriormente, Velarde fue convocado por Franco para que le informase de sus averiguaciones y del estado del Proyecto Islero para dotar a España de treinta y seis bombas nucleares de fisión. Como también hemos dicho, Franco le comunicó que era demasiado arriesgado desde el punto de vista político seguir oficialmente con el proyecto y que había decidido posponer el desarrollo del mismo. No obstante, sí autorizó a Velarde a continuar sus investigaciones, tanto sobre el Proyecto Islero como sobre las bombas termonucleares, pero a título personal «como un investigador más», dijo al parecer Franco, y sin incurrir en gastos extraordinarios.

El profesor Velarde siguió trabajando en los años siguientes en el desarrollo del empleo del método Ulam-Teller, y desarrollando cálculos que podían aplicarse a las bombas termonucleares y a la producción de energía eléctrica. En junio de 1973 ganó por oposición la cátedra de Física Nuclear de la Escuela Técnica Superior de Ingenieros Industriales de Madrid. En diciembre de ese año el jefe del Alto Estado Mayor, el entonces teniente general Manuel Díaz Alegría, y el general Gutiérrez Mellado pidieron a Velarde un nuevo informe sobre el Proyecto

Islero para elevarlo al vicepresidente del Gobierno, almirante Carrero Blanco, con motivo de una reunión que iba a mantener este último con Henry Kissinger. El secretario de Estado norteamericano llegó a España el 18 de diciembre de 1973, se entrevistó con Carrero Blanco el 19 y abandonó España esa misma tarde. Al día siguiente, Carrero era víctima del atentado de ETA que acabó con su vida.

El general del Ejército del Aire Guillermo Velarde Pinacho, ingeniero y científico español de renombre universal.

En 1974 la situación de España había cambiado respecto al año en que Velarde había informado a Franco del Proyecto Islero. 1974 fue de hecho el año más propicio para llevar a la práctica todo lo que él había estado trabajando hasta entonces, pues el primer reactor de la central de Vandellós (después se construiría un segundo, que todavía está en funcionamiento) llevaba ya dos años en operación y podía comenzar a obtenerse del mismo el plutonio 239 necesario para las bombas. El nuevo presidente del Gobierno español, Carlos Arias Navarro, sí era favorable al Proyecto Islero. A petición de este el profesor Velarde presentó un informe detallado con el concreto título de *Proyecto Islero. Organización, presupuesto y personal necesario para la obtención de 36 bombas de fisión nuclear con plutonio, de 20 kilotones.* Arias Navarro firmó el 6 de noviembre la directiva para la iniciación del proyecto con el profesor Velarde como director técnico del mismo. Comenzaba la segunda fase del proyecto.

1978 es el año que marcó el comienzo del definitivo final del Proyecto Islero. Ya habían transcurrido seis años desde la puesta en marcha del primer reactor nuclear de la central de Vandellós, y el Gobierno norteamericano advirtió a España que pondría serias dificultades al suministro del combustible de uranio enriquecido para las centrales nucleares españolas si España no firmaba el Tratado sobre la No Proliferación de Armas Nucleares. Aquí estaba el dilema: si España firmaba el tratado, se comprometía a abandonar su programa nuclear militar, pero si no lo firmaba se quedaría sin el apoyo de la Organización Internacional de Energía Atómica para la utilización pacífica de este tipo de energía.

Final y previsiblemente influida por la presión norteamericana, en 1981 España firmó el Tratado sobre la No Proliferación de Armas Nucleares y el acuerdo de salvaguardias complementario del mismo. Desde ese momento el Proyecto Islero dejó de existir. El profesor Velarde, teniendo en cuenta la situación, que ya venía haciéndose difícil en la Junta de Energía Nuclear, pidió la excedencia de la misma y se dedicó por completo a su cátedra de Física Nuclear en la Escuela Técnica Superior de Ingenieros Industriales.

El profesor Velarde se dedicó entonces a la enseñanza y a investigar la aplicación del método Ulam-Teller de las bombas termonucleares para la producción de energía eléctrica mediante el procedimiento técnico llamado «fusión nuclear por confinamiento inercial». Al poco tiempo fundó el Instituto de Fusión Nuclear en la Universidad Politécnica de Madrid junto a sus más directos colaboradores y los más brillantes de los alumnos que había tenido en sus clases de Física Nuclear. Recibió para ello el apoyo del ya capitán general

Gutiérrez Mellado y vicepresidente del Gobierno, y del general del Aire Ignacio Alfaro Arregui. En este instituto se desarrolló una gran actividad para la investigación de la fusión nuclear con fines exclusivamente civiles y, con el objetivo de apoyar la producción de energía eléctrica, se profundizó en el estudio de la proliferación y el terrorismo nuclear, se llevaron a cabo análisis para determinar los efectos de las armas nucleares y se estudió el uso del láser como arma antiaérea, antimisil y antisatélite.

En el Instituto de Fusión Nuclear se desarrolló el código NORCLA, que era el primer código integrado no clasificado como secreto que permitía el cálculo de la fusión inercial, que estaba altamente protegida por los países nucleares que la conocían. Fue un gran impacto internacional que supuso un reconocimiento a la labor del Instituto, el cual, desde aquel momento, recibió la petición de colaboración de numerosos centros internacionales, desde el Kernforschungzentrum de Alemania, al Instituto de Ingeniería Láser de Japón, firmándose acuerdos tan importantes como el suscrito en 1984 con el Instituto de Física Lebedev de Moscú de la mano de su director, el premio nobel de física por el codescubrimiento del láser, Nicolai G. Basov.

El reconocimiento internacional del profesor Velarde y del Instituto de Fusión Nuclear aumentaron exponencialmente. El director del Instituto de Física Nuclear de Karlsruhe en Alemania le pidió que él y su equipo ayudasen a su centro en el desarrollo de la fusión nuclear por láser, y se firmaron acuerdos de colaboración con numerosos laboratorios de fama internacional, entre ellos el Naval Research Laboratory de Washington, el Lawrence Livermore National Laboratory de California, Los Álamos National Laboratory de Nuevo México, Lebedev Phisical Institute de Moscú y el Institute of Laser Engineering de Japón. Con valor puramente anecdótico, pero muy significativo, querría recoger aquí que Iraq, Irán y Pakistán también pidieron en su día colaboración al profesor Velarde, pero su petición no fue atendida.

En el año 1987 el profesor Velarde fue ascendido a general de Brigada (posteriormente lo sería a general de División), y en 1988 convocó en Madrid a cerca de 200 científicos en una reunión internacional (European Conference on Laser Interaction with the Matter) que produjo entre otros resultados lo que se conoció como el Manifiesto de Madrid, por el que se pedía a los países nucleares que desclasificasen sus investigaciones sobre fusión por confinamiento inercial que fueran aplicables a la producción de energía eléctrica. Estas investigaciones habían llegado a ser la base fundamental de las bombas termonucleares y hasta entonces estaban altamente clasificadas, lo que obstaculizaba el libre intercambio de información para la investigación dirigida a la producción de energía eléctrica. El impacto del Manifiesto de Madrid hizo que la resistencia del Gobierno norteamericano desapareciera paulatinamente y el 7 de diciembre de 1993 la secretaria de Estado de Energía, Hazel R. O'Leary, anunció que los Estados Unidos iban a proceder a una gran desclasificación de la investigación sobre la fusión por confinamiento inercial.

Los reconocimientos y las menciones internacionales se sucedieron. Velarde recibió en 1997 el premio internacional Edward Teller, que también había sido concedido seis años antes al premio nobel ruso Nicolai Basov, codescubridor del láser, y al año siguiente el premio Archie H. Harms por sus investigaciones sobre sistemas emergentes de energía nuclear. En 2002 la Academia de Ciencias de la Federación Rusa le invitó para que impartiese la conferencia *in memoriam* de su viejo amigo Basov. Velarde aceptó la invitación y pronunció su discurso delante de importantes autoridades políticas y científicas rusas.

En 2005, al cesar como director del Instituto de Fusión Nuclear por haber alcanzado la edad de jubilación, fue nombrado presidente emérito del mismo y en 2007 académico de número de la European Academy of Sciences, de la que forman parte más de cincuenta premios nobel.

El profesor Velarde falleció en Madrid el 12 de enero de 2018, a sus noventa años, y España perdió un sabio y honrado científico, muy apreciado profesionalmente y querido personalmente a nivel internacional, que dedicó su vida a la investigación con un éxito que debe llenarnos a todos de orgullo.

En el desarrollo de su actividad, dirigió sesenta y un proyectos de investigación, presidió siete conferencias internacionales, publicó cinco libros sobre los reactores nucleares y la mecánica cuántica, y participó en otros siete como coautor de los mismos. Realizó 354 trabajos científicos de investigación, y en el catálogo bibliográfico de la Biblioteca Nacional constan doce títulos suyos, entre libros y trabajos. Naturalmente entre estos trabajos está incluida su última obra *Proyecto Islero. Cuando España pudo desarrollar armas nucleares,*[127] que he utilizado tan abundantemente en este capítulo del libro.

***

Hasta aquí hemos hablado del programa nuclear español y de la persona y trabajos del general Velarde, y he querido subrayar su calidad científica y su dimensión internacional en un tema tanto militar como civil como es la fisión y la fusión nuclear. Llegados a este punto querría traer aquí, porqué colabora al objetivo de este libro, un informe que elaboró el profesor Velarde a petición del Ejército del Aire en plena guerra fría, allá por el año 1977, sobre las probabilidades de una guerra nuclear entre Estados Unidos y la Unión Soviética. Creo que su lectura es muy interesante, y me limitaré a resumirlo a continuación en líneas generales como lo expone en su libro y dejando de lado las cifras de armas nucleares que él consideraba que existían en aquel momento y otras consideraciones técnicas, en la consciencia de que la situación actual es diferente de la que existía cuando el profesor redactó su informe. Vamos allá.

La probabilidad de que una de las dos superpotencias iniciase una guerra nuclear —decía Velarde en su estudio— dependería en aquel momento del número y la vulnerabilidad de los silos de lanzamiento que contenían la mayor parte de los misiles nucleares, de la localización en tiempo real de los

127 Velarde, Guillermo (con la colaboración de Natividad Carpintero). *Proyecto Islero. Cuando España pudo desarrollar armas nucleares.* Guadalmazán. Colección Divulgación científica. Córdoba 2016.

lanzadores móviles de misiles (submarinos, bombarderos y lanzadores terrestres autopropulsados), y de las características de los misiles y de sus cabezas nucleares.

Aunque las cifras que el profesor Velarde manejaba, y que utilizaremos a continuación, no hubieran sido exactas en aquellos años, si eran suficientemente orientativas para obtener las interesantes conclusiones que se desprenden de su trabajo.

Su estudio consideraba posibles estrategias que podríamos acotar entre dos principales: que el país que inicia el ataque lo dirigiese en primer lugar contra las instalaciones nucleares del adversario o que lo hiciera contra sus ciudades y centros industriales. En el primer caso, y si el país que iniciase el ataque fuera la Unión Soviética:

> El 62 % de los silos norteamericanos de lanzamiento de misiles ICBMs serían destruidos, sobreviviendo el restante 38 %, o sea, 380 ICBMs, y también serían destruidos el 100 % de los aviones y submarinos que estuviesen en sus bases. El 7 % de los habitantes de Estados Unidos morirían en pocas semanas, o sea, 16 millones de muertos.

La respuesta de Estados Unidos sería contratacar con el 38 % de ICBM supervivientes y con los bombarderos y submarinos no destruidos por estar de patrulla fuera de sus bases y en situación desconocida para los atacantes. El contraataque se dirigiría con toda seguridad principalmente a los núcleos de población y centros industriales, pues los silos y sistemas de lanzamiento soviéticos después del ataque estarían vacíos. El resultado sería una destrucción masiva de la URSS: el 75 % de sus industrias pesadas serían destruidas y el 45 % de los habitantes morirían en pocas semanas, o sea, unos 115 millones de muertos. El contraataque habría sido más destructor que el ataque.

Si en cambio se aplicase la estrategia de las ciudades, la Unión Soviética habría lanzado sus armas nucleares estratégicas contra las ciudades y centros industriales de Estados Unidos, el 60 % de sus habitantes morirían en pocas semanas (unos ciento treinta millones de muertos) y el país quedaría prácticamente destruido..., pero sus silos lanzamisiles, sus submarinos y sus bombarderos estratégicos no. En este caso, la respuesta norteamericana sería aún más mortífera al poder utilizar prácticamente toda su fuerza nuclear, que estaría en un alto porcentaje operativa al no haber sido atacada, al menos no haber sido atacada en profundidad. Con sus ICBMs, sus submarinos y aviones, este contraataque norteamericano se dirigiría, como en el caso anterior, pero con mayores medios, principalmente a las ciudades y centros industriales, pues los silos soviéticos estarían vacíos en términos generales y muy mermadas las capacidades de sus submarinos y bombarderos que ya habrían sido utilizados en el primer ataque. El resultado sería aún más demoledor para la Unión Soviética y ocasionaría un mayor número de víctimas que en el caso anterior y la práctica destrucción total de su industria y sus ciudades.

Las estrategias intermedias complicarían los cálculos, pero llevarían al mismo resultado final que un intercambio masivo con todos los medios nucleares disponibles. El análisis detallado de estas estrategias ocuparía aquí un excesivo e innecesario espacio teniendo en cuenta que la situación ha variado en todos estos años, pero en cualquier caso podemos pensar sin gran riesgo a equivocarnos que provocaría un número de víctimas inaceptable para el atacante, e indirectamente muchas otras a lo largo y ancho del mundo por los efectos de la radioactividad y del llamado «invierno nuclear en que se sumiría la tierra, principalmente su hemisferio norte».

En resumen, la conclusión del profesor Velarde era que en el marco de cualquier estrategia «la nación que iniciase el ataque tendría mayores posibilidades de ser masivamente destruida», y que el contraataque era más eficaz que el ataque. Consecuentemente, ni la Unión Soviética ni los Estados Unidos desearían iniciar un conflicto masivo nuclear, y por lo tanto la probabilidad de una guerra nuclear entre ambas superpotencias era muy reducida.[128]

***

128 *Ibid.* Págs. 244-245.

En cualquier caso, en toda la Guerra Fría, que duró cuatro décadas y con una situación siempre cambiante, no se produjo un conflicto nuclear ni a gran escala ni a pequeña escala, situación en la que sin duda influyó el número elevadísimo de misiles y cabezas nucleares en ambos bandos. La posibilidad de que este número tan elevado de armas nucleares permitiera llevar a cabo simultáneamente la estrategia de los silos y la de las ciudades dependería de muchos factores, entre ellos la vulnerabilidad de los silos de lanzamiento, la capacidad de localización en tiempo real de los lanzadores móviles de misiles estratégicos, y de las características de los propios misiles y cabezas nucleares. Pero al margen de que entrar en un conflicto de cualquier envergadura es siempre una decisión muy importante, en este caso el riesgo que hubiera conllevado no compensaba en absoluto las escasas posibilidades de sobrevivir al mismo.

Sea este resumen de su estudio sobre la posibilidad de una guerra nuclear generalizada un pequeño tributo a la memoria del profesor Velarde.

# *La desaparición de la Unión Soviética. La situación actual*

En los años setenta y ochenta, en plena Guerra Fría y llegando la confrontación política entre los dos grandes bloques a una situación crítica y la carrera de armamentos nucleares a su punto culminante (más de 70 000 cabezas nucleares en el mundo), el futuro no ofrecía a mi juicio más que dos alternativas: la guerra o la quiebra más pronto o más tarde de la Unión Soviética. Esta última volcaba su esfuerzo en mantener su situación de superpotencia, en promover la ideología marxista en el mundo y en fortalecer su poder militar y desarrollar sus programas nucleares, pero no daba a su población el nivel de bienestar que teóricamente preveía el socialismo marxista leninista. Es cierto que extendía su influencia en las regiones más desfavorecidas del mundo, pero el bienestar económico y social comunista, dentro y fuera de la URSS, no llegaba. La alternativa era anular la tentadora posición de desarrollo que caracterizaba a las democracias liberales occidentales y en particular a su máximo exponente en aquellos años, los Estados Unidos. ¿Cómo hacerlo?: la guerra. Y el armamento nuclear estaba ahí, sin usar. Al principio se había pensado que estas armas podrían ser el elemento decisivo para ganar un conflicto, pero pronto se llegó a una situación en que las dos superpotencias asimilaron que no habría vencedores ni vencidos, y que ambas resultarían igualmente aniquiladas. El resultado hubiera sido una buena parte de la humanidad destruida, empobrecida y huérfana por el sinnúmero de víctimas que el conflicto hubiera ocasionado. La aparición y el desarrollo del arma nuclear pronto se vio que ocultaba un poder tan devastador que su uso provocaría una vuelta de la humanidad al nivel de desarrollo de varios siglos atrás, o quizás incluso la destrucción del planeta. Y no hubo guerra.

Para que la Unión Soviética hubiera podido seguir existiendo indefinidamente habría sido imprescindible conseguir y mantener un nivel satisfactorio de bienestar para su población, que era controlada férrea y dictatorialmente por el régimen, o esa nueva guerra mundial con objeto de someter a aquellos países que tenían sistemas de gobierno radicalmente opuestos al suyo y no querían caer en la privación de libertad que implicaba el comunismo. Finalmente, el conflicto latente entre los sistemas comunista y occidental que se mantuvo durante toda la Guerra Fría no llegó a materializarse en una confrontación bélica abierta. Hubiera sido una guerra de gran alcance, la tercera guerra mundial, sin duda desencadenada por la Unión Soviética para consolidar la victoria del comunismo a nivel global, y hubiera desembocado con toda seguridad en un conflicto nuclear.

Habían comenzado ya al final de los años sesenta las negociaciones para la reducción de los armamentos nucleares y para favorecer la distensión entre los bloques. Pero, ya avanzado ese proceso, que se tradujo en varios acuerdos, la Unión Soviética entró en los años ochenta en una profunda crisis económica, mientras que paralela y absurdamente decidió aumentar su presión sobre la Europa occidental desplegando nuevos misiles que alteraban el equilibrio nuclear existente hasta entonces en el continente. Estados Unidos, con una situación económica que se lo permitía y de acuerdo con sus aliados de la OTAN, contestó comenzando a desplegar a su vez en Europa nuevos misiles de alcance intermedio (balísticos y de crucero) que ponían Moscú a su alcance, abriendo la posibilidad de que desde el teatro de operaciones europeo se llegara a alcanzar la Unión Soviética y su capital directamente, sin necesitar la intervención de los misiles balísticos estratégicos basados en el territorio metropolitano estadounidense. Y en esta situación llegó en 1986 un dirigente soviético, Mijaíl Gorbachov, que, con una visión realista de la situación, tanto económica y social como militar, impulsó la democratización del régimen y lideró

a Ucrania, como Estado no nuclear parte del Tratado sobre la No Proliferación de Armas Nucleares, si Ucrania fuera víctima de un acto de agresión u objeto de amenaza de agresión en la que se utilizasen armas nucleares».[131] En cualquier caso, Rusia violó el 5 de diciembre de 2014 el compromiso adquirido en el memorándum cuando invadió y se anexionó Crimea, y cuando apoyó a los grupos separatistas en las regiones del Donetsk y Lugansk de Ucrania.

Bush y Putin firmando el Tratado SORT el 24 de mayo de 2002 en Moscú.

En 2002, Putin había firmado con Bush hijo (George W. Bush) el Tratado SORT que limitaba el número de cabezas nucleares desplegadas, y denunció el START II que estaba sin ratificar como respuesta a la cancelación del Tratado ABM por Estados Unidos. La vigencia del SORT se había fijado hasta el 31 de diciembre de 2012, pero el 8 de abril de 2010 se firmaba el Tratado New START por el entonces presidente ruso Dimitri

131 Harvard University. Harvard Kennedy School. https://policymemos.hks.harvard.edu/links/Ukraine-budapest-memorandum-1994

Medvédev y Barack Obama. Este tratado entró en vigor el 5 de febrero de 2011 con una duración de diez años, se extendió hasta el año 2020 y se prorrogó de nuevo hasta el 2026, pero Putin suspendió su aplicación el 21 de febrero de 2023 justificando esta suspensión por la ayuda norteamericana a Ucrania.

En la primera década del siglo, y como se ha recogido anteriormente en otro capítulo, el presidente ruso comenzó a intentar recuperar para Rusia el control de las antiguas repúblicas de la Unión Soviética. Con este propósito, en 2008, entró en conflicto con Georgia e invadió su territorio impulsando la secesión de Osetia del Sur y de Abjasia, y apoyó el sentimiento prorruso en las regiones rusoparlantes de Ucrania. La situación era muy delicada, pero a pesar de todo el Tratado New START se firmó y al menos aparentemente todavía se sigue cumpliendo.

¿A qué se debió la actitud de Rusia? Creo que la podemos explicar, aunque no podamos justificarla. No se le puede culpar a Putin por buscar para su país la importancia que había tenido la Unión Soviética, pero sí por la manera de buscarla. Y más aún en este siglo y en un país que, poseyendo más de la mitad de las armas nucleares existentes en el mundo, cuando se viera realmente acorralado y en peligro de desaparecer, si la disuasión fallara definitivamente y sin duda como última ratio, las podría utilizar. Además, el presidente ruso debiera haber tenido en cuenta que la URSS no cambió transformándose en la Federación Rusa, sino que simplemente quebró… y desapareció. Además, Rusia, tras haber perdido su condición imperial con la revolución soviética, había pasado a ser la República Socialista Federativa Soviética de Rusia, únicamente una de las quince repúblicas que componían el régimen comunista, que fue derrotada como parte de la URSS en su confrontación con Occidente. ¿Qué guerra perdió?: la Guerra Fría, cuatro décadas de latente conflicto. Tenía que haberse conformado con bajar de rango y aceptar la realidad, con ceder la supremacía internacional a Estados Unidos en este complejo mundo de hoy, y con ayudar a construir un mundo más estable y mejor. Por supuesto, intentar cualquier tipo de recuperación de su país era lógico, pero hubiera sido mejor centrar el esfuerzo en la consecución del bienestar interno de su población, en promover y poner de relieve su vasta cultura, o en el desarrollo de la ciencia. Todo eso estaba a su alcance, mucho más que intentar mantener un poder militar que ya pertenecía al pasado y que se basaba en actitudes y criterios propios del siglo XIX.

En cualquier caso, desde el año 2008 la violencia fue el instrumento. Primero, ese año con la intervención en Georgia y la presencia desde entonces en Osetia del Sur y Abjasia; después, con un conflicto soterrado en las regiones rusoparlantes de Ucrania, en 2014 con la ocupación de Crimea y, finalmente, en 2022 con la *Operación Militar Especial*, la guerra con Ucrania. En el terreno de lo nuclear, la denuncia o suspensión de los acuerdos que estaban en vigor sobre el control de los armamentos nucleares permite a la Rusia de Putin impunidad en el desarrollo de nuevas armas con capacidad de portar cabezas nucleares. Y el presidente ruso ha hecho gala de ello amenazando a Occidente por haberse constituido en proveedor de armamento a Ucrania para permitir a este país defenderse y rechazar la invasión de su territorio.

Por parte occidental, siempre liderada por Estados Unidos, su recorrido político en estos años respecto a Rusia ha sido de permanente desconfianza (ciertamente justificada) y no ha estado desprovisto de falta de sensibilidad, lo que ha sido siempre considerado como marcadamente contrario a sus intereses y hostil por el Gobierno ruso. Desde el final de los años noventa del pasado siglo la OTAN se ha ido extendiendo hacia el este, hacia Rusia, integrando a la gran mayoría de los países europeos que durante la existencia de la Unión Soviética estaban dominados por ella. En 1999 la OTAN incorporó a Hungría, Polonia y la República Checa. Cinco años más tarde, en el 2004, se incorporaron Bulgaria, Eslovenia, Eslovaquia, Estonia, Letonia, Lituania y Rumanía. En 2009 lo hicieron Albania y Croacia, y en 2017 Montenegro y Macedonia del Norte. En todos estos años los únicos países que no estaban en la órbita soviética y que han pasado a ser parte de la OTAN han sido Finlandia y Suecia, y, todo hay que decirlo, sus incorporaciones han sido muy lógicas teniendo en cuenta la nueva amenaza rusa.

En una reciente entrevista de EuroNews con Hubert Védrine, prestigioso ministro de Asuntos Exteriores francés de 1997 a 2002, el exministro pone en boca de Zbigniew Brzezinski (consejero de Seguridad Nacional del presidente Carter) la afirmación de que había que separar Ucrania de Rusia, para que Rusia dejara de ser un imperio; y que no debían dejar que Ucrania entrara en la OTAN. Debería tener un estatus neutral, como Austria en la Guerra Fría. Parece que de una manera o de otra esta postura fue recogida y ha venido colaborando a la situación política actual de esta antigua república soviética, ahora sumida en un conflicto que nos afecta a todos.[132]

La línea roja que llevó a Putin a intervenir militarmente fue el establecimiento de contactos para la incorporación a la OTAN de Georgia y de Ucrania. Ciertamente la intervención rusa en Georgia fue un éxito, pues el proceso de incorporación de este país a la OTAN se ha congelado indefinidamente, pero en el caso de Ucrania el asunto era de mayor envergadura; el cambio político trajo consigo una aproximación del país a occidente, se establecieron contactos con la Unión Europea y con la OTAN, inicialmente con la creación del Consejo OTAN-Ucrania, y el objetivo último de acceder a la Alianza Atlántica se consolidó. En 2014 Rusia ocupó Crimea; y en un referéndum ilegal la población votó con una mayoría abrumadora su incorporación a Rusia. Vinieron las sanciones occidentales y Rusia las aguantó quizás amparada en sus exportaciones de petróleo y gas, que era el elemento energético principal de toda la Europa central. Por su parte, Ucrania, cuyas relaciones con el imperio ruso y después con el soviético han sido siempre conflictivas, siguió su proceso de aproximación a Europa occidental solicitando su ingreso en la Unión Europea y en la OTAN… y el 24 de febrero de 2022 fue invadida por Rusia saltándose todas las convenciones del derecho internacional y provocando hasta ahora no solo decenas de miles de víctimas, sino también

132 EuroNews. «Las democracias representativas están en crisis». 24/07/2024. Entrevista a Hubert Védrine. es.euronews.com/2024/07/24/Hubert-vedrine-las-democracias-representativas- estan-en-crisis

una gravísima inestabilidad en la zona y una amenaza para todo el continente europeo que ¿podría llegar a materializarse en un desenlace parcial o totalmente nuclear?

Decíamos antes que podemos explicarnos el comportamiento de Putin, aunque en absoluto justificarlo; un comportamiento que nos convierte en enemigos y del que nos debemos defender. Tras la caída de la Unión Soviética, Estados Unidos tendió la mano a Rusia, le concedió la cláusula de nación más favorecida y le ayudó con importantes exportaciones de cereal a salir de una situación crítica en los años noventa. Paralelamente en el interior de Rusia la corrupción hizo que los beneficios de la ayuda se convirtieran, en una parte nada despreciable, en beneficios de unos pocos, conocidos a nivel internacional como los oligarcas, siempre próximos al poder político del país. En 1997 se había acordado la NATO-Russia Founding Act, en el marco de la cual se estableció el Permanent Joint Council para abordar relaciones mutuas de cooperación y seguridad. Esta iniciativa fue sustituida por el NATO-Russia Council desde el año 2002, que se reunió periódicamente hasta la invasión e incorporación de Crimea en 2014. No obstante, se siguieron manteniendo contactos con menos frecuencia, los últimos en enero de 2022, pero fueron interrumpidos desde entonces debido a la invasión rusa de Ucrania en febrero de ese mismo año.

Otro asunto que ofrece terreno para la reflexión, apuntado anteriormente, es la política de puertas abiertas de la Alianza Atlántica, que se ha plasmado casi únicamente en la extensión hacia el este de la OTAN y en la llegada de esta hasta las fronteras de Rusia; ¿era necesario para la seguridad internacional?, ¿lo era en cambio para reforzar el liderazgo internacional norteamericano? En cualquier caso, acoger a Ucrania en la Unión Europea tenía el precedente de haberlo hecho ya con la mayoría de los países del Este de Europa satisfaciendo sus deseos de desarrollo y de europeidad. Pero introducir en la Alianza Atlántica a Ucrania, que tiene un porcentaje importante de su población étnicamente rusa y un pasado próximo centrado en la sumisión al imperialismo soviético, y después de la señal dada por la Federación Rusa en 2008 con su intervención en Georgia, podríamos quizás calificarlo políticamente como de precipitado. Y es comprensible que el Gobierno ruso, e incluso parte de su población, lo sientan como agresivo. En cualquier caso, para apoyar y ayudar a defenderse a Ucrania de la intervención del Kremlin bastaba a los otros firmantes del Memorándum de Budapest y al mundo occidental con el incumplimiento del mismo por parte de Rusia saltándose todas las reglas del derecho internacional.

***

En el terreno específicamente nuclear, lo más significativo desde la desaparición de la Unión Soviética y del Pacto de Varsovia ha sido la concentración de todas las armas nucleares soviéticas en la Federación Rusa, la continuidad de los procesos de reducción del número de estas armas con los Tratados START y SORT, y el posterior abandono ruso de todos los acuerdos para su control. En estos últimos años se ha producido en Rusia una aceleración en las investigaciones en el campo del armamento nuclear que ha dado lugar, y así lo proclama públicamente Putin, a la aparición de nuevas armas muy avanzadas que ponen en peligro una vez más la estabilidad internacional.

Ante esta situación, considerar la magnitud de la capacidad militar nuclear actual en el mundo nos puede dar una primera idea, aunque sea aproximada, del riesgo potencial que podrían representar en estos momentos estas armas si fueran utilizadas. A continuación, sería lógico plantearnos un par de preguntas: ¿es el riesgo nuclear actual una amenaza realmente inminente y crítica para la seguridad a nivel mundial?, ¿y para nuestra Europa en particular? Trataremos de analizar todo ello.

Ya en anteriores páginas de este libro hemos hablado del proceso de reducción de armas nucleares entre Estados Unidos y la Unión Soviética, ahora con Rusia. Este proceso se ha materializado en diversos tratados sobre armas desplegadas, es decir, cabezas nucleares y sistemas de lanzamiento listos para su utilización inmediata. En algunos de estos tratados se han considerado los sistemas o vectores de lanzamiento (misiles, submarinos y bombarderos estratégicos) y en otros las cabezas nucleares que estos vectores podrían portar. Las últimas cifras acordadas corresponden a las autorizadas por el Tratado

START III o New START que limitaba las cabezas nucleares desplegadas a un máximo de 1550 cabezas nucleares por cada una de las dos superpotencias nucleares y consideraba también los sistemas de lanzamiento de las mismas. El tratado atribuía una cabeza nuclear por cada bombardero aunque pudiera llevar en su interior varias más, y contaba las instaladas en los ICBMs y SLBMs con una por cada vehículo de reentrada que portase el sistema MIRV instalado en el misil en cuestión.

Si buscamos una buena estimación del número actual de cabezas nucleares en el mundo, y aun reconociendo que son estimaciones y no ofrecen datos precisos de sus características ni de las de sus medios de lanzamiento, que obviamente podemos considerar que los países poseedores mantienen en secreto, podemos recurrir, además de a las fuentes oficiales, a algunos organismos *de confianza* a los que ya nos hemos referido anteriormente en otros capítulos de este libro. En concreto a la Federation of American Scientists (FAS), la Arms Control Association (ACA) y el Stockholm International Peace Research Institute (SIPRI).

El primero de ellos, la Federation of American Scientists, institución fundada en 1945 por científicos que trabajaron en el Proyecto Manhattan, nos dice en un informe publicado en marzo de 2024[133] que el número total estimado de cabezas nucleares en el mundo es actualmente de 12 121 y que, de ellas, las de carácter estratégico, desplegadas y listas para ser utilizadas en misiles ICBM, desde submarinos o en bases aéreas de bombarderos estratégicos, corresponden 1710 a Rusia y 1670 a Estados Unidos. Estas cifras encajan con lo previsto en el proceso de cumplimiento del Tratado New START. El informe considera además la existencia de una reserva de cabezas nucleares no desplegadas, que no permitirían su utilización inmediata, pero sí podrían ser empleadas en un conflicto nuclear extendido en el tiempo: 2670 para Rusia y 1938 para Estados Unidos. El SIPRI publicó el 17 de junio de 2024 su

133 Kristensen, Hans y otros. *Status of World Nuclear Forces. Federation of American Scientists.* 29 de marzo de 2024.

último informe anual sobre la situación mundial en materia de armamentos, y sus estimaciones para Estados Unidos y Rusia son similares a las de la Federation of American Scientists.[134]

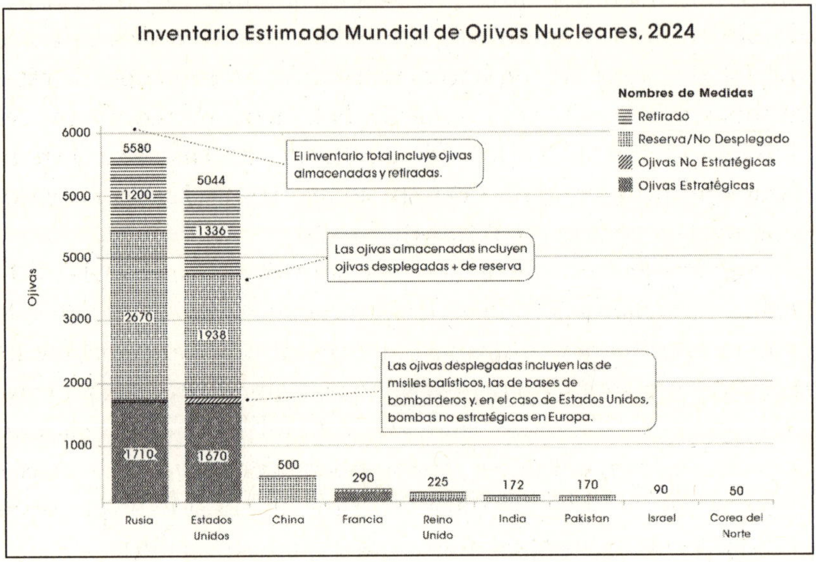


Fuente: Federation of American Scientists.

En cuanto al resto de países poseedores de armamentos nucleares, la Federation of American Scientists y el SIPRI consideran que la República Popular de China ha aumentado el número de sus cabezas nucleares hasta un total de cerca de 500, aunque al parecer todavía tiene pocas de ellas desplegadas, que Francia dispone de 280 cabezas desplegadas y tan solo diez almacenadas y que el Reino Unido posee ciento veinte operativas y alrededor de otras cien no desplegadas y en reserva. Sin desplegar, es decir, sin tenerlas en estado de alerta y montadas en sus lanzadores, India y Pakistán tendrían alrededor de ciento setenta cabezas cada uno, Israel noventa y Corea del Norte cincuenta. Una vez más debemos tener en cuenta que todos estos datos son estimaciones.

134 SIPRI Press release 17 de junio de 2024. sipri.org/sites/default/files/WFN%202024%20press%20release%20ESP.pdf

Por su parte, la Arms Control Association, prestigiosa organización norteamericana independiente, también nos informa en un excelente artículo de enero de 2024 sobre los arsenales nucleares de Rusia y sus programas nucleares actuales. El informe coincide con la Federation of American Scientists y el SIPRI en el número total de 5580 cabezas nucleares en su poder, de las que 1710 están desplegadas, y estima que, de estas últimas, 870 equiparían a misiles balísticos intercontinentales basados en tierra (ICBM), 640 en SLBM y 200 listas para su utilización por sus bombarderos pesados (Tu-95, Tu-160 armados con misiles de crucero ALCM).

Según este informe de la Arms Control Association, las 1710 cabezas nucleares desplegadas junto con otras 1112 no desplegadas, en reserva y con capacidad operativa y, particularmente importante, junto con otras 1558 ojivas no-estratégicas (que no son objeto del Tratado New START) totalizarían 4380 cabezas nucleares directamente en manos de las fuerzas armadas rusas. Además de todas estas ojivas el informe considera que otras 1200 están pendientes de desmontaje o destrucción.

Con respecto a las 1558 ojivas de carácter no estratégico (táctico), estas cabezas nucleares tienen una gran importancia potencial, pues su número no es objeto de limitación en el Tratado New START, sus sistemas de lanzamiento son móviles y difíciles de localizar, su radio de acción no les debe permitir alcanzar el territorio de Estados Unidos, pero sí buena parte de Europa, y son las que se podrían utilizar en un teatro de operaciones como complemento a las fuerzas convencionales.

En cuanto a los sistemas de lanzamiento de estas cabezas nucleares, además de los sesenta y siete bombarderos pesados de los que ya hemos hablado y de los lanzadores estratégicos basados en tierra, el informe estima que Rusia dispone de doce submarinos nucleares lanzamisiles (cinco *veteranos* de la clase Delta IV y siete de la clase Borey). Entre todos disponen de ciento noventa y dos lanzadores de misiles y estos de capacidad MIRV.[135]

135 Arms Control Association. *Arms Control and Proliferation Profile: Russia.* Enero 2024. https://armscontrol.org/factsheets/arms-control-and-proliferation-profile-russia

Como ya hemos dicho, en los diez últimos años la Federación Rusa ha dedicado grandes esfuerzos a la investigación de nuevas armas, y respecto a ello la Arms Control Association también nos proporciona una inquietante información sobre las mismas. Según esta asociación, Rusia está desarrollando nuevos sistemas de armas de capacidad dual (convencional y nuclear), poniendo particular empeño en la velocidad de las mismas (hipersónica) y en su capacidad evasiva para dificultar su interceptación, y hasta con el empleo de motores de propulsión nuclear en algunas de ellas.

Misil Kinzhal en un Mig 31.

Fruto de estos esfuerzos son los programas en curso del vehículo Avangard de planeo hipersónico (asociado al ICBM pesado Sarmat, denominado en la OTAN SS-20); los misiles hipersónicos Kinzhal (misil balístico lanzado desde el aire) y Tsirkon (misil lanzable desde unidades navales); el misil de crucero subsónico de propulsión nuclear Burevestnik (denominado Skyfall en la OTAN); y el torpedo Poseidón, también de propulsión nuclear, lo que otorga a estas dos últimas armas un enorme radio de acción. Todas ellas han sido objeto de propaganda interna y amenaza externa sobre el poder militar ruso por el propio presidente Putin en intervenciones públicas desde el año 2018.

Lanzamiento de un misil Zirkon desde una fragata rusa.

Sobre estas armas rusas y a día de hoy, es muy interesante el análisis que hace Jill Hruby, publicado por la organización Nuclear Threat Initiative (NTI) con sede en Washington, de la que Hruby es miembro destacada. Su información está basada en fuentes abiertas, en declaraciones públicas del presidente Putin y de altos cargos políticos y de sus fuerzas armadas, y en lo publicado por los medios de comunicación rusos, lo que hace a esta información sospechosa de parcialidad y con un claro carácter intimidatorio en el contexto del conflicto de Ucrania, pero en cualquier caso la información de Hruby es altamente ilustrativa. Las conclusiones que expone en su trabajo, además de subrayar el carácter agresivo y muy peligroso de estas armas, es que aún no están maduras, pero que podrían llegar a estar desplegadas en la segunda mitad de esta década siempre que el proceso no se detenga y se cumplan con éxito sus previsiones de desarrollo. Por ello afirma Hruby que por los riesgos que están detrás de las mismas, así como por los avances de las nuevas tecnologías en velocidad, maniobrabilidad y propulsión nuclear, los Estados Unidos deben considerarlas como un asunto prioritario en futuras negociaciones con Rusia sobre la estabilidad estratégica y la reducción de los riesgos nucleares que, añado yo, ojalá tengan lugar lo antes posible.[136]

***

Las directrices en vigor que guían el empleo de las fuerzas nucleares rusas, obviamente emitidas en un marco teórico de disuasión que oficialmente es el objetivo prioritario de las mismas, han sido hechas públicas por primera vez de manera oficial con el documento Principios Básicos de la Política de Estado de la Federación Rusa sobre la Disuasión Nuclear[137] firmado por Vladímir Putin el 2 de junio de 2020. En ese documento, que comienza afirmando de sí mismo que es un documento de planeamiento estratégico, se contemplan los riesgos a los que debe hacer frente la disuasión que proporcionan sus fuerzas nucleares. Entre estos riesgos para la Federación Rusa, el documento cita el despliegue de sistemas de defensa antimisiles o de misiles balísticos y de crucero de mediano o corto alcance por Estados que consideran a la Federación Rusa como un adversario potencial. Esto es claramente una advertencia a los Estados Unidos y a sus aliados de la OTAN.

136 Hruby, Jill. *Russia's New Nuclear Weapon Delivery Systems, an Open-Source Technical Review.* NTI noviembre 2019. media.nti.org/documents/NTI-Hruby_Final.PDF

137 Belfer Center for Science and International Affairs. *Basic Principles of State Policy of the Russian Federation on Nuclear Deterrence.* Traducción al inglés por *Russian Matters* de la Harvard Kennedy School. 8 de junio de 2020. russiamatters.org/russian-strategic-documents

El documento afirma que Rusia se reserva el derecho de emplear su armamento nuclear en respuesta al uso de armamentos nucleares o de destrucción masiva contra ella y también en el caso de una agresión con armamentos convencionales «cuando la misma existencia del Estado esté en peligro», y seguidamente concreta una serie de situaciones en las que Rusia podría emplear estas armas. Entre ellas cita la de tener una información digna de confianza sobre un lanzamiento de misiles balísticos contra territorio ruso, el uso de armas nucleares contra Rusia o sus aliados, el ataque a instalaciones críticas del gobierno o militares cuya destrucción podría socavar las acciones de respuesta de las fuerzas nucleares propias y, finalmente, vuelve a considerar lo dicho anteriormente en el documento: en el caso de «una agresión con armamento convencional contra Rusia cuando la propia existencia del Estado esté en peligro».

Quizás es interesante hacer aquí un inciso para recordar que el término Estado es una palabra que indica un territorio reconocido como tal en el orden internacional, asentado en un territorio determinado y dotado de órganos de gobierno propios. No hay que confundir Estado con el órgano que lo dirige, es decir, con el Gobierno. Los Estados pueden perder guerras, que se pueden llevar por delante a sus Gobiernos, sin que peligre *la propia existencia del Estado* a que hace referencia literal el documento ruso. De esto se infiere que una derrota en el conflicto de Ucrania no justificaría al presidente Putin el empleo del arma nuclear, aunque no por esta reflexión dejaría de emplearla. Caso distinto sería el de Israel, en el que sus enemigos pretenden que el Estado judío deje de existir; ahí sí está en juego la propia existencia del Estado.

Se desprende claramente del contenido del documento ruso con respecto a Estados Unidos y la OTAN, que les considera «potenciales adversarios que poseen armamento nuclear», a pesar de que la consideración de adversarios se deriva de la senda tomada por la propia Rusia en estos últimos años con el incumplimiento del Memorándum de Budapest de 1994 por el que se comprometía a «abstenerse de la amenaza del uso de la fuerza contra la integridad territorial y la independencia política de Ucrania» y a «promover la acción inmediata del Consejo de Seguridad de Naciones Unidas para proporcionar asistencia a Ucrania si fuera objeto de agresión o de una amenaza de agresión en la que fueran utilizadas armas nucleares». Este Memorándum es suficiente para justificar el actual apoyo occidental a Ucrania, y señala a la Federación Rusa como violadora del acuerdo suscrito.

Así pues, el documento Principios Básicos de la Política de Estado de la Federación Rusa sobre la Disuasión Nuclear informa a propios y extraños de la posición rusa en términos generales respecto a la disuasión tal como ellos la entienden y al empleo de sus fuerzas nucleares, pero a mi juicio lo hace con una concepción algo agresiva y su publicación tiene algo de intimidatorio. Rusia está avisando que si Occidente no entiende que se puede sentir amenazada por el avance geográfico de la OTAN (y en esto sí tendría alguna razón para hacerlo) u Occidente no se queda inmóvil ante una expansión imperialista suya hacia terceros países (y en esto no tendría ninguna razón para hacerlo), su concepto de disuasión podría justificar el empleo del arma nuclear. Estamos ante una interpretación decimonónica de las relaciones internacionales en un mundo que ya ha entrado de lleno en el siglo XXI. En cualquier caso, es indudable que existe una situación de conflictividad, pero también que esta debería tratar de resolverse en términos diplomáticos mejor que con el empleo disuasorio, más bien amenazante, de su poder nuclear.

Lo que parece incontestable es que desde el punto de vista nuclear en estos momentos el mayor riesgo lo constituyen las amenazas, más o menos veladas, que Rusia ha dirigido hacia occidente en el contexto de su guerra con Ucrania indicando que el conflicto podría llegar a una situación que le llevaría a utilizar sus armas nucleares.

Muy recientemente, el 19 de noviembre de 2024, el presidente Putin ha actualizado el documento de los principios básicos sobre la disuasión nuclear, dejando sin efecto el que acabamos de analizar y rebajando el umbral que según su doctrina nuclear le permitiría o aconsejaría el uso de estas armas. Como se trata de una actualización con el foco puesto en la guerra de Ucrania, dejamos aquí el análisis realizado del documento de junio de 2020 y en el siguiente capítulo, dedicado a Ucrania, comentaremos la actualización del mismo y las principales modificaciones introducidas.

Centrándose principalmente en la posición y respuesta a la situación en Ucrania, los treinta y dos miembros de la Alianza Atlántica, la mayor parte miembros también de la Unión Europea, han mantenido una reunión en la cumbre el 10 de julio de 2024 en Washington. Además de los contactos con carácter reservado que hayan mantenido sus máximos dirigentes, la organización ha producido una declaración conjunta de los jefes de Estado y de Gobierno que informa públicamente y de manera no clasificada sobre los temas tratados durante la reunión y las decisiones que allí se han tomado. En esta declaración se hace referencia directa en su punto 19 a la amenaza nuclear rusa exponiendo que «Rusia ha incrementado su confianza en los sistemas de armas nucleares y ha desplegado capacidades de ataque duales de corto y mediano alcance, los cuales plantean una amenaza creciente a la Alianza». También menciona el texto de la declaración la mejora de los sistemas de defensa OTAN contra misiles balísticos en Europa, anunciando la entrada en estado operativo en Polonia (Redzikowo) de uno de ellos (punto 8). Finalmente, el punto 16 es particularmente interesante porque, aunque no añade nada nuevo a las aspiraciones de Ucrania, sí lo hace a los temores de Rusia al afirmar que «el futuro de Ucrania está en la OTAN», y hace depender su ingreso de una decisión futura en la que los miembros de la Alianza «reafirmamos que estaremos en una posición para ofrecer una invitación a Ucrania de integrarse en la Alianza cuando los aliados lo acuerden y las condiciones se cumplan». ¿Cuándo y cómo? Realmente el compromiso que contiene este punto es muy particular en el sentido en que lo dice todo y nada a la vez.

En cambio, el punto 17 es muy claro y comprometido políticamente. Sin añadir ningún matiz que suavice su contenido, establece que «no reconoceremos nunca a Rusia sus anexiones ilegales del territorio ucraniano, incluyendo Crimea». Finaliza el punto con un *añadido* de carácter más general en el tapete internacional: «Llamamos a Rusia a retirar todas sus fuerzas de la República de Moldavia y Georgia, estacionadas allí sin su consentimiento». ¿Realmente esperan que su llamamiento pueda ser atendido? Más encuadrado en el contexto del conflicto en Ucrania, el siguiente punto (el 18) condena «la retórica y la presión de señales nucleares coercitivas, incluido el anunciado estacionamiento de armas nucleares en Bielorrusia, que demuestran una postura de intimidación estratégica».

Estos puntos no contribuyen precisamente a suavizar las actuales tensiones en el este de Europa dado que confirman el carácter de la OTAN como *potencial adversario* respecto a la Federación Rusa, y pone de relieve los sistemas antimisiles balísticos de la Alianza, que encajan perfectamente dentro de los riesgos a los que, según el documento ruso de Principios Básicos de la Política de Estado de la Federación Rusa sobre la Disuasión Nuclear publicado en 2020, debería hacer frente la disuasión nuclear rusa. Todo ello no quita que el hecho de publicarlos en la declaración aliada pueda ser adecuado e incluso oportuno dentro de un lenguaje diplomático de advertencias a un posible enemigo.

***

Sobre Estados Unidos, su Departamento de Defensa publica cada cierto número de años un documento muy interesante, la Nuclear Posture Review, que contiene una información oficial sobre su política nuclear, sus planes para el futuro y la composición de sus fuerzas nucleares. La versión publicada el 27 de octubre en 2022, que sustituye a la anteriormente publicada en 2018, está incluida en otro documento de mayor alcance, la National Defense Strategy, y, aunque, obviamente, no nos informa en detalle sobre las características de sus armas nucleares ni sus desarrollos tecnológicos más secretos en este campo, constituye una buena fuente de información que vamos a comentar a continuación.

El documento responde en gran medida a la amenaza procedente de Rusia, que ya había comenzado ese mismo año su segunda invasión de Ucrania (la primera fue su ocupación de Crimea en el año 2014), pero también analiza el estado de la seguridad en el ámbito internacional, y estima que la República Popular China pretende hacerse para el final de esta década con al menos 1000 cabezas nucleares (recordemos que el SIPRI estima que actualmente posee alrededor de 500). Respecto a las armas nucleares no estratégicas, la Nuclear Posture Review de 2022 considera que la Federación Rusa tiene almacenadas cerca de 2000 cabezas nucleares, además de las 1550 desplegadas de carácter estratégico autorizadas por el Tratado New START.

Esta Nuclear Posture Review expone que «Estados Unidos únicamente consideraría el uso de armamento nuclear en circunstancias extremas para defender los intereses vitales de los Estados Unidos o sus aliados y socios». Esto es similar y aún menos restrictivo respecto al posible empleo de estas armas que la doctrina nuclear rusa que expone el documento Principios Básicos de la Política de Estado de la Federación Rusa sobre la Disuasión Nuclear que hemos analizado anteriormente. Su empleo por parte occidental, desde la OTAN, sería una situación en la que los países que disponen de armamento nuclear reaccionarían previsiblemente de la misma manera para defender sus intereses vitales, su independencia y sus sistemas democráticos. No obstante, lo que queda indeterminado en ambos documentos, ruso y norteamericano, es la interpretación en el caso de Estados Unidos de cuales son las *circunstancias extremas* en las que considerarían el empleo de armamento nuclear, y en el caso ruso de cuando puede interpretar su presidente que la existencia del Estado esté en peligro.

Respecto a un *primer empleo* del arma nuclear en caso de conflicto, al que nunca han renunciado nuestros aliados norteamericanos, cabe tener en cuenta que al parecer China ha propuesto para la próxima conferencia de revisión del Tratado de No Proliferación (TNP) prevista para 2026 se considere la posibilidad de que los países que disponen de armas nucleares renuncien a la posibilidad de un primer uso, asunto que en este siglo XXI podría tener más aceptación por parte occidental que cuando en la Guerra Fría toda Europa temía una agresión de las fuerzas convencionales soviéticas y del Pacto de Varsovia, mucho más numerosas y potentes que las que podía oponer Europa, cuya garantía de defensa reposaba primordialmente en la capacidad nuclear norteamericana. Colaboraría a esta aceptación occidental el hecho constatable de que actualmente Rusia no parece disponer de la capacidad convencional suficiente para derrotar a Ucrania, y ha llegado hasta a aceptar la presencia de tropas de Corea del Norte para ayudar a las propias. Todo ello indica que tendría gran dificultad para vencer a una Europa unida alrededor de la OTAN con una agresión únicamente convencional.

El documento Nuclear Posture Review de 2022 nos ofrece, sin entrar en aspectos cuantitativos, la composición y planes de su triada nuclear, al menos los datos de carácter menos reservado, pero en cualquier caso lo hace con mayor transparencia de la utilizada por sus potenciales adversarios en documentos similares. Nos informa que la fuerza nuclear norteamericana estratégica basada en tierra la componen 400 misiles Minuteman III armados con una única cabeza nuclear, y que estos serán reemplazados en los próximos años por un número igual de misiles desplegados LGM-35 *Sentinel*, dentro del programa GBSD (Ground Based Strategic Deterrent). Por lo que respecta a la componente naval de la triada nuclear, actualmente cuenta con catorce submarinos nucleares lanzamisiles de la clase Ohio dotados de misiles Trident II, que serán reemplazados por al menos doce nuevos submarinos de la clase Columbia para el año 2030. Y en cuanto a la capacidad nuclear de su fuerza aérea, Estados Unidos cuenta con modernizar su flota de bombarderos B-52H, reemplazar sus bombarderos B-2A por un mínimo de cien bombarderos B-21 *Raider* y reemplazar los misiles de crucero ALCM que actualmente son de dotación en los B-52H por nuevos misiles de largo alcance del programa Long Range Standoff (LRSO), que pueden ser lanzados a distancia de seguridad con cabezas nucleares W80-4. También anuncia el documento que continuará la certificación de los cazas F-35 para misiones nucleares, sustituyendo a los F-15 que hasta ahora tenían asignados este tipo de misiones, y retirar las bombas B83-1 de caída por gravedad y de gran potencia (hasta 1,2 megatones según alguna fuente) y reemplazar las bombas B61, también de caída por gravedad, por otro tipo de la misma denominación, pero de versión más avanzada.

Dado que esta Nuclear Posture Review de 2022 no ofrece apenas cifras sobre cantidades de vectores aéreos (aviones bombarderos) recogemos las que sí ofrecía la anterior edición del documento en 2018 firmada por el entonces secretario de Estado Jim Mattis. Según esta edición del documento, Estados Unidos disponía, y seguirá disponiendo, de cuarenta y seis bombarderos estratégicos B-52H, equipados para lanzar los misiles de crucero que ahora se pretenden reemplazar con el programa LRSO de misiles crucero de largo alcance, y de veinte bombarderos B-2A Stealth, indetectables para los radares enemigos (ahora diecinueve aviones después del accidente de uno de ellos). El secretario de Estado hacía mención también a las bombas nucleares de caída por gravedad contra objetivos protegidos que serían mantenidas en reserva, y finaliza la descripción de la triada nuclear norteamericana contenida en el Resumen Ejecutivo de su documento (el del año 2018) refiriéndose a las fuerzas nucleares no-estratégicas, cifrándolas en un relativamente pequeño número de bombas de caída por gravedad del tipo B61 que podían equipar a sus cazabombarderos de capacidad dual F-15 y a los F-35 de países aliados en el marco de la OTAN.

Presentación del bombardero estratégico B-21 Raider.

Cazabombardero F-35, capaz de portar armas nucleares tácticas, que estará en servicio en los próximos años en las fuerzas aéreas norteamericanas y en las de varios países aliados en Europa.

Bombardero estratégico estadounidense B-2 Spirit de características «stealth», y actualmente en servicio.

Para un mayor detalle de los elementos de la fuerza nuclear norteamericana, la Arms Control Association nos ofrece un informe, actualizado en agosto de 2024, que encaja perfectamente con los informes Nuclear Posture Review de 2018 y 2022, e incluso nos aporta algunos detalles más. Entre estos detalles está el que Estados Unidos posee, además de los 400 misiles ICBM Minuteman III desplegados, otros cincuenta en reserva, todos ellos con posibilidad de albergar sistemas MIRV (que como ya se ha dicho permite alojar más de una ojiva nuclear en cada misil y dirigir cada una de ellas a objetivos distintos), aunque en estos momentos al parecer están equipados, posiblemente para ajustarse al Tratado New START, con una sola ojiva nuclear. Coincide también el informe en el número de submarinos nucleares lanzamisiles, pero nos añade que cada uno de ellos puede portar hasta ocho lanzadores/misiles con sistemas MIRV. En total el número de cabezas nucleares con que cuenta la marina norteamericana lo cifra en 1920, todas ellas en sistemas MIRV, de las cuales una parte está no desplegada (almacenada en reserva).

Respecto a la fuerza aérea, el informe de la Arms Control Association nos dice que los bombarderos estratégicos B-52H cuentan con 500 misiles balísticos de crucero armados con una cabeza nuclear (200 de estos misiles desplegados y 300 en reserva), y los bombarderos B-2 disponen de 438 bombas nucleares de caída por gravedad, que como ya citamos anteriormente también pueden ser utilizadas por los cazabombarderos norteamericanos y de países aliados. Con este objetivo, y siempre según la Arms Control Association, cien bombas nucleares de este tipo se encuentran desplegadas en nuestro continente bajo control OTAN, consideradas como armas no-estratégicas y operadas por las fuerzas aéreas de Estados Unidos en Europa, Bélgica, Italia, Turquía y Países Bajos. Finalmente, a estas cifras habría que añadir 325 bombas de gran potencia (de algo más de un megatón) que están almacenadas como reserva en Estados Unidos. Estimo que estas últimas son las B83-1 que son las que serán retiradas según la Nuclear Posture Review de 2022.[138]

---

138 Arms Control Association. *US Nuclear Modernization Programs.* https://www.armscontrol.org/factsheets/us-modernization-2024-update

Los números expuestos hasta aquí en este capítulo, aunque procedentes de fuentes fiables, deben considerarse con un cierto margen de incertidumbre, y sus características *bastante* desconocidas, pero son lo bastante ilustrativos para tener una idea aceptable de la capacidad potencial bélico-nuclear de Rusia y de Estados Unidos. Y a la disuasión nuclear que estas armas ofrecen por parte occidental siempre habría que añadir la que de una manera u otra aportan las armas nucleares del Reino Unido y de Francia, que ya hemos considerado en los capítulos dedicados a estos dos países.

El documento 2022 National Defense Strategy del Departamento de Defensa de los Estados Unidos, que ya hemos dicho que contiene también la Nuclear Posture Review, también incluye otro documento, la 2022 Missile Defense Review que, obviamente, es un elemento más a considerar, y muy importante, en el conjunto de las armas nucleares y de la estrategia para hacerlas frente.

El documento no ofrece mucha información sobre las capacidades ni los medios concretos desplegados para la defensa contra misiles balísticos o de crucero contra el territorio norteamericano o sus fuerzas desplegadas, pero sí representa una declaración oficial y pública de Estados Unidos de que no descuida en sus planeamientos e inversiones la defensa antimisiles, tanto en su territorio continental como en Europa. Nos informa que dispone de sistemas, como el sistema Ground Defense System, que complementan su disuasión nuclear y pueden hacer frente a un ataque ruso al territorio norteamericano. De hecho, en el texto se hace una abundante mención a las armas hipersónicas, de lo que se deduce que nuestros aliados norteamericanos son conscientes de los avances rusos en esta materia tan delicada como es el incremento de velocidad de los misiles y la maniobrabilidad de sus ojivas nucleares. El documento también hace referencia al peligro que representa la existencia de sistemas de ataque aéreo no nucleares y no tripulados, (*small uncrewed aircraft systems*), entre ellos los que están siendo ahora utilizados en el conflicto de Ucrania y en la crisis de Oriente Medio. Los recientes ataques iraníes a Israel con misiles, cohetes y drones, y el elevadísimo porcentaje de ellos que han sido neutralizados por la defensa aérea israelí, sin duda con importante contribución norteamericana, nos dan la mejor muestra de la defensa que Estados Unidos puede desplegar junto a sus aliados para hacer frente a esta amenaza. El documento afirma literalmente que Estados Unidos mantiene con Israel «una larga relación de robusta colaboración en la defensa contra misiles».

En cuanto a la defensa de Europa, el documento hace particular mención de la NATO IAMD (Integrated Air and Missile Defense), sistema defensivo contra amenazas aéreas y de misiles balísticos, tanto nucleares como convencionales, vital para la defensa de nuestro continente. El documento cita la contribución a la misma de los misiles Patriot, NASAMS (*National Advanced Surface-to-Air Missile System*) y SAMP/T (*Surface-to-Air Missile Platform/Terrain*), todos ellos de factura norteamericana.

La 2022 Missile Defense Review contempla también la defensa contra misiles balísticos en Europa a cargo del sistema NATO Ballistic Missile Defense (NATO BDM), al que contribuye en una aproximación por fases y por decisión propia con un radar AN/TPY-2 en Turquía, una instalación AEGIS en Rumanía (Deveselu) y otra en Polonia (Redzikowo) que a día de hoy ya están en funcionamiento, y una agrupación de destructores también dotados de capacidad AEGIS desplegados en la Base Naval de Rota en España.

Finalmente, y como un elemento de comparación entre las fuerzas nucleares de Estados Unidos y Rusia, según el Departamento de Estado norteamericano, y cumpliendo la obligación del New START de intercambiar dos veces al año el estado de los armamentos limitados por el tratado, las existencias de los armamentos sujetos al mismo eran a fecha del 1 de septiembre de 2021 las siguientes:[139] Estados Unidos disponía de 665 misiles ICBM, SLBM y bombarderos pesados desplegados, mientras que Rusia disponía de 527. En cuanto a cabezas nucleares estratégicas desplegadas, Estados Unidos

139 US Department of State. *New START Treaty Aggregate Numbers of Strategic Offensive Arms*. 28 de septiembre de 2021.

disponía de 1389 y Rusia de 1458. Y respecto a lanzadores, tanto desplegados como no desplegados, Estados Unidos contaba con 800 y Rusia con 742. En un documento similar del Departamento de Estado emitido el 12 de mayo de 2023 ya no aparecían los datos de Rusia, que había suspendido su participación en el tratado un par de meses antes. Los datos referentes a Estados Unidos apenas cambiaron respecto a la versión de septiembre de 2021, excepto en el número de cabezas nucleares, que Estados Unidos declaró como de 1419 en vez de las 1389 que había declarado dos años antes. En su documento, el Departamento de Estado instaba a la Federación Rusa a volver al cumplimiento del tratado.

***

Hemos respondido ya a la primera cuestión que nos planteábamos al comienzo de este capítulo: las armas nucleares que existen en el mundo, y hemos incluido las doctrinas oficialmente públicas de las dos grandes potencias nucleares actuales sobre su posible utilización. Ahora deberíamos intentar contestar a la cuestión de si hoy en día el peligro nuclear ha aumentado, si es una amenaza crítica o inminente y si lo es en concreto para Europa.

Aunque el número de cabezas nucleares no ha cesado de disminuir, desde el punto de vista de la efectividad, la precisión y el poder destructivo de estas armas, la situación está lejos de favorecer una distensión definitiva. De hecho, las principales potencias poseedoras de armamento nuclear han desarrollado mejoras en sus cabezas nucleares y en nuevos vectores de lanzamiento; ahora sus misiles de crucero se pueden disparar a mayor distancia de sus objetivos y pueden navegar a velocidades supersónicas. Con toda seguridad también han logrado aumentar la velocidad de entrada de los misiles balísticos y su maniobrabilidad, haciendo más difícil su interceptación. Hasta algunos países que no disponen ¿todavía? de ojivas nucleares, o que poseen un número muy reducido de ellas, como son los casos de Irán y Corea del Norte respectivamente, se han hecho con misiles capaces de portar cargas nucleares y los han probado ya en su propio territorio (Irán) o incluso en aguas internacionales (caso de Corea del Norte en el mar del Japón). Otro factor que merece la pena tener en cuenta a la hora de considerar la situación es que una buena parte de la reducción de cabezas nucleares, según nos informa la Federación de Científicos Americanos, se centra en la eliminación de aquellas que se han quedado obsoletas. En cualquier caso, el riesgo de un conflicto nuclear existe y hay que tenerlo permanentemente en cuenta en el marco de las relaciones internacionales. Es necesario hacer frente a ese riesgo, y ese es el objetivo principal del Tratado de No Proliferación y del Organismo Internacional de la Energía Atómica con respecto a la inmensa mayoría de países en el mundo, pero otra cosa es el riesgo que podría provenir de una de las potencias que el TNP acepta como nucleares. En concreto, y en estos días, de Rusia.

Para mí, el riesgo nuclear más patente lo constituyen hoy en día dos factores concretos: el abandono norteamericano y ruso del acuerdo sobre fuerzas nucleares intermedias (Tratado INF), y las armas nucleares tácticas, cuyas características permiten, siempre a mi juicio, un uso limitado en un momento dado sin llegar a cruzar el umbral que implicaría la escalada definitiva de un conflicto hasta convertirlo en un intercambio masivo de misiles estratégicos. Analicemos un poco más estos dos elementos.

El abandono del Tratado INF implica un riesgo que creíamos desaparecido; quizás sería mejor emplear la palabra amenaza, y una amenaza en concreto sobre Europa. Rusia tendría a su alcance las ciudades, instalaciones militares e industrias de nuestro continente. Para ello podría desplegar estas armas no solo en su territorio metropolitano, sino también en el actual territorio ruso de Kaliningrado o en Bielorrusia (donde ya ha anunciado Putin que lo hará), y esta proximidad dificultaría los intentos para hacerlas frente con el sistema de defensa aérea y antimisiles de la OTAN.

En cuanto a las armas nucleares tácticas, los recientes avances tecnológicos permiten su utilización de forma ajustada a cada tipo de situación, son más indetectables, más precisas y, como se ha dicho antes, un uso muy limitado de estas armas podría no llegar a desencadenar una guerra nuclear total y sí en cambio una especie de ultimátum previo a la misma.

En cualquier caso, el riesgo de la utilización de las armas nucleares en el mundo lo podemos valorar a mi juicio como altamente improbable, especialmente el de un intercambio nuclear masivo entre Rusia y Estados Unidos. Siempre improbable, pero ciertamente posible, podría ser la utilización puntual o limitada de un arma nuclear en un conflicto entre Pakistán y la India, que es de esperar sería obstaculizado o impedido por las grandes potencias mundiales. También sería posible su utilización por Corea del Norte fruto de una decisión absurda e irresponsable de su presidente Kim Jong-un, o la obtención del arma nuclear por Irán y su empleo contra Israel, que respondería de igual manera. Finalmente, y aunque también muy improbable, podría ser la utilización, que ya hemos apuntado, de un arma nuclear por la Federación Rusa en su guerra con Ucrania.

Obviamente esta última posibilidad, la de que Rusia empleara un arma nuclear táctica en su guerra con Ucrania, por más que sea remota, sería la que tendría más peligro de desembocar en un conflicto de enormes proporciones, y podría consistir en el empleo de un arma nuclear táctica, de la menor potencia posible que permita la tecnología actual, si el presidente Putin y su gobierno se vieran en una situación crítica o muy desfavorable. Podría ser ese «escalar para desescalar» del que hablan algunos analistas, a modo de un último aviso, por muy arriesgado que sea, antes de cruzar el nivel de una guerra nuclear generalizada, o un intento desesperado para evitar una derrota definitiva de Rusia en Ucrania que llevaría al régimen actual a la quiebra y a su presidente a un destino incierto. En este sentido, en un artículo de la Arms Control Association del 20 de julio de 2020,[140] Olga Oliker, directora del programa para Europa y Asia central del International Crisis Group, sugiere

140 Bugos, Shannon. Russia Releases Nuclear Deterrence Policy. Arms Control Association, julio/agosto 2020. https://www.armscontrol.org/act/2020-07/news/ Russia-releases-nuclear-deterrence-policy

que Rusia podría no usar sus armas nucleares únicamente para imponerse en un conflicto, sino que podría hacerlo para prevenir una ulterior escalada del mismo y finalizarlo tan favorablemente como fuera posible para sus intereses. De cualquier forma, una utilización de un arma nuclear táctica en el conflicto de Ucrania sería una decisión muy arriesgada y de resultado imprevisible.

En términos generales, la situación actual internacional en cuanto al peligro potencial que implica la existencia de las armas nucleares y a si constituyen una amenaza urgente y crítica en estos momentos está condicionada por varios factores que en diferente medida están siempre presentes y considerados en los planes y programas de los países que las poseen. Por un lado, está la disuasión que estas armas ofrecen ante una agresión y la voluntad de su empleo como última ratio de defensa en caso de un conflicto que amenace la propia existencia del Estado. Por otro, su posible concepción por una potencia agresora como un instrumento más a emplear de forma más o menos limitada en una guerra que ella misma habría provocado. Finalmente, también incide en el peligro de su utilización la cantidad de estas armas existentes en el mundo, y los esfuerzos diplomáticos y las negociaciones y tratados para controlarlas.

En cuanto a la voluntad y circunstancias para su empleo por los diferentes países, teóricamente se puede conocer por los documentos que exponen oficialmente sus doctrinas de empleo, documentos que unas veces son hechos públicos y otras no. Respecto a la publicidad de estas doctrinas hay que tener siempre en cuenta la posibilidad de que se publiquen, no solo para información de sus propios ciudadanos, sino también para aumentar el efecto disuasorio de estas armas o para intimidar al posible enemigo. Con toda seguridad estos últimos objetivos están presentes en los documentos que hemos considerados un par de páginas atrás.

No obstante, al analizar este asunto tampoco podemos prescindir de un tercer elemento que obviamente influye en el comportamiento de los gobiernos. Se trata del sentir de su población. Estos sentimientos y la respuesta cívica a las actitudes de sus gobiernos son particularmente importantes a la hora de influir en las decisiones de los mismos en el caso de los países democráticos, que además cuentan con estructuras institucionales que pueden controlar sus decisiones, pero no es así en el caso de países con regímenes dictatoriales o autoritarios, donde las decisiones de utilización de estas armas las toma en último extremo una única persona.

Todas las potencias nucleares parecen coincidir en las condiciones que, llegado el caso, harían considerar a sus gobiernos utilizar estos recursos, pero ello no impide que una lectura de la letra pequeña, obviamente no escrita en este asunto tan trascendental, nos lleve a pensar que algunos gobiernos, en circunstancias políticas desfavorables internas o externas, en una situación defensiva difícil, o en una situación agresiva incierta, podrían decidir su uso cuando considerasen que los beneficios de su utilización serían superiores a los perjuicios que sin duda ocasionaría su empleo.

A modo de resumen final sobre la posibilidad del uso de estas armas en Europa, aunque no se puede asegurar, no parece un peligro inminente a pesar de los pronunciamientos intimidatorios de algunos dirigentes rusos, ni es previsible que esta apreciación pueda variar sustancialmente en el corto plazo en función de los enfrentamientos actuales en Ucrania ni ante un recrudecimiento al nivel de guerra abierta entre Irán (y las organizaciones terroristas que controla) y el Estado de Israel que, obviamente, añadiría al conflicto de Ucrania una buena dosis de mayor peligro para nuestro continente.

***

# *Ucrania y la amenaza nuclear rusa*

Lamentablemente, los conflictos no se van a acabar en el futuro. Son inherentes con la naturaleza humana. Distintas formas de pensamiento llevan a los gobiernos a distintas formas de actuación, y estas pueden ser equivocadas y poner en marcha conflictos que, llevados al extremo, conducen a las guerras. A día de hoy, el conflicto más inquietante a nivel europeo, la guerra provocada por la invasión rusa de Ucrania en febrero de 2022, está en un momento crítico y no se le ve el final, aunque pueda dar lugar en cualquier momento a una mesa de negociaciones *convenientemente* apadrinada directamente por Washington y Moscú que finalice o congele los enfrentamientos. Tampoco debemos subestimar la situación en Oriente Medio, que puede desembocar en un conflicto regional que podría vincularse de alguna manera con el de Ucrania al mantener actualmente Rusia con Irán unas estrechas relaciones en el contexto de su guerra en territorio ucraniano.

Buceando en la historia y de una manera muy telegráfica, la realidad es que, a pesar de haber nacido allí como entidad histórica, el llamado Rus de Kiev (primera federación o grupo de pueblos o tribus eslavas orientales), Rusia ha dominado a Ucrania alrededor de los últimos trescientos años, desde el siglo XVII hasta 1917. Después de la guerra civil en Rusia que comenzó entonces, en 1922 se fundó la Unión de Repúblicas Socialistas Soviéticas con Ucrania formando parte de la misma. En la gran hambruna provocada cruelmente por Stalin, conocida por todos los ucranianos como el Holodomor, murieron desde 1930 a 1934 por inanición al menos la increíble cantidad de siete millones de personas. En cuanto a la península de

Crimea, que había sido entregada a Rusia en 1783 por el Imperio otomano en tiempos de Catalina la Grande, fue cedida en 1954 por Jrushchov a la República Socialista Soviética de Ucrania como República Autónoma, más oficialmente que en la práctica, puesto que, al igual que el resto de Ucrania, siguió bajo el control de Moscú. En 1992 desapareció la URSS, Ucrania declaró su independencia y Rusia anuló el decreto de 1954 reclamando la devolución de Crimea, donde en Sebastopol tenía su base la flota rusa del mar Negro. En 2014 Putin ocupó militarmente Crimea sin apenas oposición, y organizó ese mismo año un referéndum ilegal en el que una gran mayoría de los votantes, en su mayor parte originariamente rusos, se declararon a favor de su unión con Rusia.

Hoy en día, el conflicto de Ucrania nos muestra el peligro de la Rusia de Vladímir Putin, cuyo régimen tiene mucho que ver en sus formas con la anterior dictadura comunista y con el espíritu expansionista de siglos anteriores. A la primera intervención rusa del año 2014 en Crimea ha seguido la invasión en toda regla que comenzó el 24 de febrero de 2022 con una *operación militar especial* que pretendía cambiar el régimen prooccidental de Kiev por otro subordinado a Moscú, e impedir que Ucrania accediera a la OTAN y a la Unión Europea. El presidente ruso no contó con la resistencia férrea que opondría este país ni con la ayuda militar y económica que recibiría por parte occidental.

Han pasado cerca de tres años del inicio del conflicto sin que la parte agresora haya logrado sus objetivos. Un conflicto especialmente doloroso en términos de vidas humanas que está destrozando el país, y que en cualquier caso ya ha provocado una situación de guerra fría y de polarización del mundo en dos bloques parecida a la existente entre 1945 y 1989. Inherente a esta situación está el riesgo de escalada del conflicto a nivel europeo, o incluso a un nivel mayor dependiendo de la actitud de la República Popular China y su intención de imponerse en la región indopacífica.

Esta situación obviamente conlleva el peligro de una intervención nuclear limitada rusa, quizás únicamente puntual y con un arma nuclear de carácter táctico, como consideraba el veterano periodista, en posesión de un premio Pulitzer, William J. Broad el 24 de marzo de 2023 en el *New York Times*. Broad opinaba que si Putin se siente acorralado «podría decidir detonar una de sus armas nucleares menos potentes», previsiblemente en territorio ucraniano, lo que podría llegar a tener consecuencias difíciles de imaginar. Sobre la posibilidad de un conflicto nuclear se han referido ya de una u otra manera, y siempre como una amenaza más o menos velada, el presidente Putin, su ministro de Asuntos Exteriores Serguéi Lavrov (el pasado 26 de abril de 2024) y Dimitri Medvédev, actualmente vicepresidente del poderoso Consejo de Seguridad ruso.[141] En cualquier caso, la situación actual ha dado ya lugar a una nueva carrera armamentística que amenazará la paz internacional en los próximos años.

Las raíces de este asunto se encuentran en la desaparición de la Unión Soviética en diciembre de 1991. En ese momento surgió la cuestión de qué hacer con las decenas de miles de armas nucleares que esta tenía esparcidas en sus diferentes repúblicas, en particular en Bielorrusia, Kazajistán y Ucrania. En esta última el número de esas armas nucleares era en aquellos momentos de cerca de 4000, y en 1993 ya se habían transferido a Rusia todas las de carácter táctico, pero no las estratégicas, que según John Mearsheimer, conocido teórico de la escuela del realismo ofensivo en las relaciones internacionales, eran 1656, que en esas fechas todavía no habían salido del país. Entre estas armas estratégicas se encontraban ciento treinta misiles SS-19s (de seis cabezas nucleares cada uno), cuarenta y seis SS-24s (de diez cabezas nucleares cada uno), y treinta bombarderos estratégicos Tupolev Tu-95 (Bear) y Tu-160 (Blackjack) con una dotación total de 416 bombas nucleares. En total 1656 armas nucleares.[142] Si Ucrania hubiera mantenido todas las armas nucleares soviéticas que estaban desplegadas

141 Medveved, Dmitri. Europapress.es/international/noticia-medvedev-alerta-conflicto-rusia-otan-podría-llevar-guerra-nuclear-20220512123634.html

142 Mearsheimer, J. *The case for a Ucrainian Nuclear Deterrent*. Revista *Foreign Affairs*. Vol. 72, n.º 3. Pág. 52. Publicación del Council on Foreign Relations. https://www.jstor.org/stable/20045622

El misil SS-24, Scalpel según denominación OTAN, es un misil ICBM que puede ser lanzado desde un silo o desde un vagón de un tren militar. Puede llevar 10 ojivas nucleares con tecnología MIRV.

en su territorio en el momento de la desaparición de la Unión Soviética, actualmente sería la tercera potencia nuclear del mundo.

En el actual contexto de la guerra en Ucrania, surge fácilmente un interrogante: ¿se habría producido la invasión rusa si Ucrania hubiera dispuesto de armamento nuclear? Aquí, y en relación con esta cuestión, estimo de enorme interés para el propósito de este libro recoger unas reflexiones de Mearsheimer expuestas en un artículo suyo... ¡escrito en el año 1993!

Ya al comienzo de su artículo, «The case for a Ukrainian nuclear deterrent», el politólogo norteamericano aceptaba que el pensamiento convencional en aquel momento era que Ucrania debía abandonar sus armas nucleares para asegurar la paz y la seguridad internacional, pero para él esto era completamente equivocado; si Ucrania se veía forzada a mantener unas grandes fuerzas armadas convencionales para disuadir a Rusia de agredirla, el peligro de una guerra sería mucho mayor que si mantuviera su capacidad nuclear. Ucrania no se podría defender con armamento convencional contra una Rusia mucho más potente y nuclear. Y ningún otro país, los Estados Unidos incluidos, iban a proporcionarle un nivel de disuasión suficiente para constituir una verdadera garantía de seguridad.

Vaticinó el profesor norteamericano que las relaciones entre Rusia y Ucrania probablemente se deteriorarían en el futuro, y que «las armas nucleares ucranianas serían un elemento disuasorio eficaz contra un ataque ruso convencional o un chantaje nuclear». Por ello pensaba que no era una decisión acertada el que todo el arsenal soviético desplegado en Ucrania se transfiriera a Rusia; las armas de carácter estratégico deberían permanecer en el país.

En su artículo, Mearsheimer defendía que «la proliferación nuclear a veces fomenta la paz». Afirmaba que «en general la mejor fórmula para mantener la estabilidad en la Europa de después de la Guerra Fría es, para todas las grandes potencias, incluyendo Alemania y Ucrania, disponer de firmes elementos disuasorios y, para todas las potencias menores, ser no nucleares». Según él, «una Ucrania nuclear era necesaria para mantener la paz con Rusia, con la que tenía una historia de malas relaciones, y esa capacidad nuclear aseguraría que Rusia no intentaría reconquistarla».[143]

Si los ucranianos hubieran tenido la capacidad nuclear que defendía Mearsheimer, los rusos obviamente lo habrían tenido muy en cuenta antes de proceder a la invasión del país. Cierto es que teóricamente también los rusos habrían podido considerar el lanzamiento de un ataque nuclear preventivo sobre Ucrania para eliminar sus misiles estratégicos, pero no podrían estar seguros de que con los misiles que sobrevivieran al ataque no se produjera una respuesta nuclear que, por pequeña que fuera, podría implicar la desaparición de algunas de las más importantes ciudades rusas.

Desde la perspectiva de la actitud de la población, Mearsheimer pensaba que muchos rusos hasta rechazarían la idea de una Ucrania independiente, y que además estaba el problema de la población mixta. Estimaba que aproximadamente 11,5 millones de rusos vivían en aquel momento en Ucrania (el 23 % de la población en aquellos años), que aproximadamente 4,5 millones de ucranianos vivían en Rusia, y que el abuso de las poblaciones minoritarias por la mayoría local podría ser el detonante de una crisis, suficiente quizás para provocar una guerra.

Sobre esta guerra que preveía el profesor norteamericano en su artículo, afirmaba que «el previsible resultado de la misma —la reconquista de Ucrania por Rusia— dañaría completamente las perspectivas de paz en Europa, incrementaría el peligro de una colisión germano-rusa, e intensificaría bruscamente la rivalidad por la seguridad a través del continente». También dio por hecho, y puede leerse en su artículo, que «una guerra convencional entre Rusia y Ucrania conllevaría una enorme cantidad de bajas militares y el posible asesinato de miles de civiles». Mearsheimer habla aquí hasta de una limpieza étnica y de millones de refugiados «clamando» en las fronteras de Europa. Obviamente tenía razón.

---

143 Mearsheimer, J. *The case for a Ucrainian Nuclear Deterrent*. Revista *Foreign Affairs*. Vol. 72, n.° 3. Págs. 50-66. Publicación del Council on Foreign Relations. https://www.jstor.org/stable/20045622

Pasando del terreno de las predicciones al terreno de la realidad, la única garantía de Ucrania contra un conflicto con una potencia nuclear residió en el Memorándum de Budapest, al que ya hemos hecho referencia anteriormente. Este documento se firmó el 5 de diciembre de 1994 mientras que el traspaso de todas las armas nucleares ucranianas no finalizaría hasta 1996.

Con una visión clarividente del futuro, Mearsheimer pronosticó:

> Una guerra entre Rusia y Ucrania sería un desastre. Las guerras entre las grandes potencias son muy costosas y peligrosas, y causan masivas pérdidas de vidas y gran agitación mundial, y posiblemente se extenderían a otros países. El resultado probable de esta guerra —la reconquista rusa de Ucrania— afectaría a las expectativas de paz en toda Europa. Incrementaría las posibilidades de una colisión ruso-alemana e intensificaría rápidamente la rivalidad por conseguir la seguridad en todo el continente.
>
> La dependencia en las fuerzas convencionales tentaría a los líderes ucranianos a valorar la amenaza rusa de la peor manera posible y avivar las llamas del nacionalismo, que podría elevar la fricción entre los ucranianos y la gran población rusa que vive en Ucrania. Esto provocaría un malestar a los rusos y les llevaría a considerar una posible intervención militar para proteger a sus compañeros rusos.[144]

Este libro no se pronuncia ni juzga las ideas que expone Mearsheimer en su artículo, aunque sí expresan admiración por el acierto con que predijo el analista norteamericano la situación actual ¡con treinta años de anticipación! En cualquier caso, dan paso a volver sobre un par de preguntas: ¿hubieran realmente contribuido las armas nucleares a que no se desencadenase este conflicto? y, por extensión, ¿es mejor o peor la alternativa de más paz con inseguridad nuclear que la de un mayor riesgo de guerra convencional, que también puede llegar a causar multitud de víctimas, cincuenta millones en la Segunda Guerra Mundial? Las respuestas quedan a la consideración del lector.

***

144 *Ibid.* Págs. 56 y 55.

De todos modos, en el conflicto de Ucrania, Rusia está invirtiendo una parte importante de sus recursos y desarrollando programas de nuevas armas con capacidad nuclear, y simultáneamente está sufriendo sanciones económicas desde el mundo occidental que obviamente no ayudan al bienestar de su población ni al equilibrio de sus presupuestos. Es una situación que conlleva un coste que no se puede mantener indefinidamente. Un uso de un arma nuclear táctica para lo que se ha calificado como escalar para desescalar, aunque ni se ha producido ni se debería producir, es sin embargo posible si el curso de la guerra se vuelve muy desfavorable para la Federación Rusa. Aunque este uso de un arma nuclear, siempre muy improbable, no llegue a darse, la situación actual, inestable y difícil de mantener, podría llevar más tarde o más temprano a una extensión del conflicto convencional en Europa, o ser aprovechado por otras potencias en Oriente Medio (contra Israel) o en la región indopacífica (intervención china en Taiwán). La única alternativa sensata sería un proceso de negociación con Rusia que, aunque no resolvería de un golpe la vuelta a una estabilidad internacional, daría al menos un respiro político en Europa que beneficiaría a todos.

Respecto a una posible negociación, el exministro francés Hubert Védrine, del que ya hemos hablado anteriormente, en su reciente entrevista para EuroNews, se mostró firme partidario de que se debía impedir que Putin ganase en Ucrania, pero creía que «los europeos, sin renunciar a nada, deberían posicionarse para poder desempeñar un papel en el futuro en relación con esto, y eso significa ser capaces de aceptar que en algún momento habrá que volver a hablar con los rusos». En cuanto a la adhesión de Ucrania a la Unión Europea, Védrine pensaba que la ampliación de la Unión «tiene que parar en algún sitio», que era un asunto complicado y que tenía que ajustarse a un calendario realista.[145]

145 EuroNews. «Las democracias representativas están en crisis». 24/07/2024. Entrevista a Hubert Védrine. es.euronews.com/2024/07/24/Hubert-vedrine-las-democracias-representativas -estan-en-crisis

Siempre considerando la situación en Ucrania, quizás a día de hoy lo nuclear es lo que nos salva de una guerra en toda Europa. Habría también que tener en cuenta la situación interna en Rusia, en la que parte de su población y de su estructura social añora el antiguo poder de los tiempos de los zares o de la Unión Soviética, aunque otra parte reniega del antiguo comunismo y defiende la democracia y una occidentalización del régimen actual. Otro factor a considerar ante la posibilidad de la extensión del conflicto en Europa sería la logística: la capacidad de mantener las necesidades de todo tipo de una fuerza de invasión, factor que en un potencial conflicto de grandes dimensiones es muy importante tener en cuenta antes de desencadenarlo. Si su logística no les permite avanzar adecuadamente en una penetración de tipo convencional en Europa, ¿para qué desencadenar el conflicto? ¿Solamente provocar un intercambio nuclear? No tiene sentido.

No obstante, siempre hay una razón para provocar un conflicto con otro país en un régimen autoritario no suficientemente democrático: una estructura política represiva interna es siempre más fácil de mantener en el marco de una guerra en el exterior, y al menos en el corto plazo ayuda al mantenimiento de su clase dirigente. En cualquier caso, si se llegara a un conflicto entre Rusia y la mayor parte de una Europa apoyada por Estados Unidos del tipo de una guerra convencional generalizada, lo nuclear sería el último recurso, un recurso que tendría serias probabilidades de ser empleado por el bando que estuviera a punto de perder la guerra, previsiblemente Rusia.

Para no llegar a una situación como esta, el camino no se hace al andar (que diría Machado), se hace al sentarse. Al sentarse en la mesa de negociaciones. Y esto es lo que todos esperamos que suceda, pero para ello es necesario poner encima de esa mesa algunos elementos que no abundan en estos momentos: un compromiso internacional de reconstrucción del país que involucre a todos los que han participado o ayudado a alguna de las dos partes, garantizar una reconciliación en el Dombás con la parte prorrusa de su población, facilitar un acercamiento pragmático de Ucrania a la Unión Europea como país europeo que es y una moratoria indefinida en su objetivo de incorporación a la OTAN, establecer un *statu quo* diplomático razonable para ambos contendientes, tener en cuenta cuanto de ucraniana o rusa es Crimea (que no era legalmente ucraniana hasta 1954)... En fin, unas largas negociaciones que permitan detener el enfrentamiento bélico desde el inicio de las mismas, e ir reduciendo la temperatura política actual entre ambos contendientes estableciendo medidas de confianza que lleven, si no a la finalización del conflicto, por lo menos a una suspensión del mismo que evite más muertes en la zona y proporcione tiempo de reflexión para llegar a una paz estable.

En cuanto a una negociación con Rusia sobre el conflicto en Ucrania, hay que tener en cuenta como un factor extremadamente importante que Putin no puede perder la guerra y que Rusia no puede ganarla; y Ucrania por sí sola tampoco. Si Putin pierde la guerra su futuro personal es incierto. Si Rusia la gana y coloca a Ucrania bajo su dominio (y por lo tanto bajo su responsabilidad), sería de aplicación la maldición de la gitana: *pleitos tengas y los ganes*. Putin habría colocado un gobierno títere en Kiev, pero tendría que colaborar decisivamente en la reconstrucción del país con un coste que previsiblemente sería letal para su economía, y sería aún peor en el aspecto político si no lo hiciera. Tendría que financiar la reparación o construcción de cientos de miles de viviendas y rehacer multitud de infraestructuras civiles destrozadas durante el conflicto. La reconstrucción sería imprescindible para lograr una relativa calma en el interior del país, con una población de treinta y tantos millones en su gran mayoría hostil. Habría que aceptar e integrar la vuelta de varios millones de desplazados a otros países, que serían totalmente prooccidentales, y hacer frente a atentados y sabotajes muy difíciles de prevenir que previsiblemente serían apoyados desde el exterior. Además, tendría que hacer todo esto en un ambiente internacional polarizado, de guerra fría, con una Europa central que buscaría la manera de no depender del gas y del petróleo ruso, y con una comunidad europea y norteamericana que le aplicaría sanciones económicas e industriales de todo orden. La solución para Rusia y para su presidente es negociar una paz lo más definitiva posible.

Para que una paz negociada fuera estable y duradera, lo mejor sería entender la necesidad de la misma por las dos partes, y construir un futuro distinto al que ahora buscan ambas. Un futuro en el que Rusia no se sienta rodeada geopolíticamente por la OTAN. Habría que dar más *cancha* a la Unión Europea y construir relaciones más profundas, no solamente políticas y económicas, sino también culturales. Es evidente que la Europa llamada occidental no puede dar marcha atrás y encogerse hasta los límites geográficos que tenía cuando existía la Unión Soviética. El sistema occidental ya es irreversible (Fukuyama y su obra *El fin de la historia*), y debe ser percibido por la sociedad rusa como un campo de colaboración, respeto y entendimiento. Habría que actualizar el ideario ruso: el viento de la historia se ha llevado por delante las conquistas de Iván el Terrible y de Pedro el Grande, y también las del comunismo y la Unión Soviética. Las conquistas del futuro se deberían centrar en campos como el bienestar, la cultura, los avances médicos y la tecnología.

Todo esto debe ser entendido no solo por Rusia, sino también por occidente. La OTAN debe reforzar su aspecto político en su búsqueda de la estabilidad en Europa. Lo hizo en el concepto estratégico de los noventa sin dar motivos evidentes a Rusia para sentirse controlada o amenazada.

Por otro lado, Ucrania no podría ganar la guerra en ningún caso: el transcurrir del tiempo perjudica sus posibilidades, el apoyo occidental se cuestiona progresivamente en varios países europeos, y se desconoce en el momento de redactar estas líneas el qué ofrecerá en el futuro el nuevo presidente de Estados Unidos, Donald Trump, que ha resultado vencedor en las recientes elecciones en ese país, y que obviamente puede inclinar la situación hacia un proceso de negociación o hacia un recrudecimiento del conflicto.

En este contexto, y en la situación internacional actual, la reducción de las armas nucleares, el restablecimiento del Tratado New START y su cumplimiento, o su sustitución por otro acuerdo aún más exigente son elementos de importancia crucial para que el riesgo nuclear siga siendo un riesgo y no una amenaza… o algo peor.

***

La utilización de un arma nuclear rusa, aunque sea una utilización puntual o muy limitada, es, como ya se ha dicho aquí, el mayor riesgo para occidente... y para todos. Podemos pensar que, aunque lo inesperado es una posibilidad que está agazapada detrás de cada día, es un riesgo que es altamente improbable que se convierta en realidad. Apoyando este pensamiento podemos recoger algunas de las reflexiones que hace Mearsheimer en un libro, *La gran desilusión. Sueños liberales y realidades internacionales,* que publicó en 2018, en el que estudiaba las relaciones internacionales y la influencia en ellas del liberalismo, el nacionalismo y el realismo.[146] Pensaba Mearsheimer refiriéndose a la situación en ese año en Ucrania, cuatro años antes de comenzar el conflicto actual, que la estrategia de Occidente (¿o de Estados Unidos?) para incorporar a este país a Europa occidental se basaba en tres componentes ligados entre sí: la ampliación de la OTAN, la expansión de la Unión Europea y la revolución interna que tuvo lugar en el país en contra de la subordinación a Rusia (conocida con el término de Euromaidán) que comenzó a finales de 2013 y que, según él, estuvo de alguna manera apoyada por el Gobierno norteamericano (cita a la subsecretaria de Estado para Asuntos Europeos y Asiáticos, al embajador norteamericano en Kiev y a un senador del que no proporciona el nombre). Para Moscú todo ello era lesivo para sus intereses y habría justificado sus posteriores intervenciones militares, comenzando el mismo año 2014 con la invasión de Crimea y su incorporación a Rusia.

Lo más difícil de aceptar para el Kremlin en los últimos años debió ser sin duda la ampliación hacia el este de la OTAN, que había comenzado en tiempos del presidente norteamericano Bill Clinton. Los contactos formales de Ucrania con la OTAN con el objetivo de su ingreso en la misma fueron algo imposible de transigir para Moscú. Desde un punto de vista

146 Mearsheimer, John. *The Great Delusion. Liberal Dreams and International Realities.* Págs. 172-174. Yale Univertity Press Books. 2018. Estados Unidos.

occidental quizás fueron cuanto menos precipitados, aunque a día de hoy alguien quizás pensaría que fueron acertados teniendo en cuenta los designios de Vladímir Putin de recuperar para Rusia el control de las antiguas repúblicas de la Unión Soviética. Mearsheimer piensa que cualquier duda sobre la determinación de Rusia de impedir la incorporación de Ucrania a la OTAN debería haberse disipado con la intervención rusa en Georgia en el año 2008.

Más adelante en su libro, Mearsheimer cita al vicesecretario de Estado Strobe Talbott (de la administración Clinton) como defensor de la participación en la OTAN y en la Unión Europea de los países de la Europa del Este. Obviamente no contaba el vicesecretario norteamericano con el rechazo ruso a verse rodeado por un grupo de países que habían sufrido más de cuatro décadas la presión y la humillación política del régimen soviético anterior, y que ahora formaban parte todos ellos de una Alianza Atlántica, que no era favorable a sus intereses, ni con que ese rechazo ruso iba a tener consecuencias tan desastrosas.[147]

***

En el momento de escribir estas páginas se ha producido por parte rusa una vuelta de tuerca más a la presión que Putin pretende ejercer sobre el comportamiento occidental ante su invasión de Ucrania. Habíamos visto en el capítulo anterior la doctrina nuclear rusa que contenía el documento Principios Básicos de la Política de Estado de la Federación Rusa sobre la Disuasión Nuclear. Este documento había sido objeto de una orden ejecutiva del propio presidente Putin el 2 de junio de 2020 y su texto ya era bastante intimidatorio, pero el 19 de noviembre de este año 2024, mediante una nueva orden ejecutiva lo declara prescrito y el texto del nuevo documento rebaja el umbral de lo que Rusia considera una situación suficientemente grave para utilizar sus armas nucleares.

147 *Ibid.* Pág. 190.

Esta última versión de los principios básicos en el ámbito de la disuasión nuclear es, a mi juicio, un documento político dirigido más al exterior que a los órganos de planeamiento de sus fuerzas armadas y que refuerza el carácter intimidatorio de la versión anterior del mismo, sin aportar cambios radicales en la doctrina de empleo de sus armas nucleares, que al fin y al cabo solo van a ser empleadas cuando lo decida el presidente, como consta explícitamente en el punto 20 del nuevo documento. Entrando en su texto, ya en su punto 5, al considerar el objetivo de este tipo de armas, mientras que la anterior versión afirmaba que Rusia las consideraba exclusivamente como un medio de disuasión, ahora se elimina la palabra exclusivamente, lo que sugiere que las puede emplear en circunstancias distintas.

En este documento hay precisiones que señalan muy directamente y de forma individual a los países de la Europa occidental en el marco de su participación en la Alianza Atlántica. Así, el punto 9 añade sobre la versión del 2 de junio de 2020 que «la disuasión nuclear también se ejerce en relación con los Estados que proporcionan territorio, espacio aéreo o marítimo, y recursos bajo su control para la preparación y ejecución de una agresión contra la Federación Rusa», el punto 10 que «la agresión de cualquier Estado de una coalición militar se considera agresión de esta coalición en su conjunto», y para completar la amenaza el siguiente punto afirma que «la agresión por parte de cualquier Estado no nuclear con la participación o el apoyo de un Estado nuclear se considera un ataque conjunto».

Otra diferencia importante con el texto anterior es que en el punto 18 cita expresamente a Bielorrusia afirmando literalmente que la Federación Rusa se reserva el derecho de emplear armas nucleares «en el caso de agresión contra la Federación Rusa y/o la República de Bielorrusia con el empleo de armamento convencional que cree una amenaza crítica a su soberania y/o integridad territorial».[148]

148 Documento N 991, sobre la Aprobación de los Principios Básicos de la Política de Estado de la Federación Rusa sobre la Disuasión Nuclear. 19 de noviembre de 2024. https://en.kremlin.ru/events/president/news/75598

Fotografias de los misiles MGM-140 ATACMS (norteamericano y balístico) y Storm Shadow (británico y de crucero) cuyo uso por Ucrania fue, según la información publicada, autorizado por los países proveedores de los mismos.

Así pues, en las circunstancias actuales de la guerra en Ucrania, cualquier ataque convencional que Rusia considere apoyado por algún miembro de la OTAN será considerado como un ataque de toda la Alianza. Esto puede ser el caso de los recientes ataques ucranianos los días 19 y 22 de noviembre de 2024 en las regiones rusas de Bryansk y Kursk con misiles ATACMS norteamericanos o Storm Shadow británicos, que permitirían al Kremlin según la nueva doctrina rusa una respuesta nuclear. Una respuesta sí se produjo en esta ocasión, pero con misiles balísticos hipersónicos Oreshnik con carga explosiva convencional. Según los datos que se conocen, estos misiles pueden albergar una carga nuclear.

Unos días más tarde de estos ataques ucranianos sobre suelo ruso con estos misiles, el viceministro ruso de Asuntos Exteriores, Serguéi Ryabkov, ha declarado según la agencia Reuters que «en estos momentos no puede ser subestimado el peligro de una confrontación directa entre potencias nucleares», que lo que está pasando no tiene parecido con nada de lo anterior, y que ahora nos estamos moviendo por un terreno militar y político inexplorado.

La interpretación de todo esto es discutible. En cualquier caso, el gran paso de consecuencias difíciles de prever sería la utilización de un arma nuclear de una forma u otra. Y toda la crítica situación actual puede deberse al intento por ambas partes de lograr una posición ventajosa ante una posible negociación en 2025 en la que la intención declarada del presidente electo norteamericano, Donald Trump, es poner fin a la guerra, pero ¿cómo piensa hacerlo para que sea aceptable para ambas partes?

# *Una mirada al futuro. La seguridad de Europa*

El futuro está por descubrir, todavía no se ha hecho presente; se construye tomando hoy decisiones que, todas ellas, influirán en el mañana, y el futuro de Europa será en muy buena parte lo que nosotros queramos que sea. El proceso de integración que se inició en los años cincuenta del pasado siglo nos ha llevado por el momento a la Unión Europea. Una Unión Europea que la define el Tratado de Lisboa en vigor desde el 1 de diciembre de 2009 y el Tratado de Funcionamiento de la Unión Europea, que complementa al anterior y establece los detalles organizativos y funcionales de sus instituciones. El Tratado de Lisboa ha dedicado parte de su texto al tratamiento de la seguridad y defensa de nuestro continente; de una Europa cuyos miembros se han enfrentado constantemente entre sí a lo largo de la historia hasta la segunda mitad del siglo pasado. De una Europa que, aunque sigue siendo en su conjunto una potencia económica extraordinaria, va perdiendo relevancia internacional ante las tres potencias nucleares principales, Estados Unidos, Rusia y China, y ante países emergentes en vías de convertirse en potencias regionales.

En la vida nada es igual que el día anterior, y no solo cambian el mundo la economía o las guerras entre los diferentes Estados; lo cambian la actitud de sus miles de millones de seres humanos, sus valores y la fuerza con que están dispuestos a imponerlos, mantenerlos o defenderlos. Así se hizo Europa su sitio en el mundo. Ahora, ¿que pretende hacer con su futuro?

En el terreno de la seguridad y defensa de nuestro continente, yo estimo que queda mucho por hacer para defender lo hecho, la paz, el bienestar de sus pueblos sin excepción, la manera de vivir de sus habitantes y sus valores. Cuando los ciudadanos sienten que pueden ejercer pacíficamente su cultura y sus intereses dentro de un orden jurídico y constitucional estable elegido por ellos, y el Estado colabora a hacer todo esto posible sintiéndose a su vez seguro y sin amenazas internas ni externas, entonces hay seguridad.

La defensa es una faceta de la seguridad, es la consecuencia de la necesidad de protegerla. En el aspecto militar es una reacción contra los peligros y amenazas que en este mundo complejo, de concepciones políticas clásicas (los Estados individuales y las alianzas que se establecen entre ellos) y de otras más recientes (el terrorismo o la intransigencia fundamentalista), nos amenazan, nos causan inquietud y perturban ese sentimiento de estabilidad y seguridad imprescindible para el progreso. En el terreno de lo nuclear creo que podemos tener en cuenta unas cuantas ideas antes de formarnos una opinión sobre lo bueno y lo malo de esta antigua e inagotable fuente de energía descubierta hace apenas un siglo y de su contribución al desarrollo o al desastre de toda la humanidad.

***

Mirando al futuro y entrando en el terreno de lo concreto, si dirigimos nuestro pensamiento a la posibilidad de un ataque nuclear contra nuestra sociedad occidental, podemos admitir que desde los años cincuenta del siglo pasado es un tema que siempre ha causado un enorme desasosiego en todos los países de Europa y de América del Norte. Hasta ha causado una gran preocupación en aquellos otros Estados que se consideran a salvo de recibir un ataque directo contra ellos, sin duda porque perciben claramente que se verían afectados por las consecuencias de un conflicto de este tipo entre países ajenos. Ciertamente se verían afectados, y mucho, en caso de un conflicto generalizado con este tipo de armas entre las dos superpotencias nucleares.

Esa inquietud que durante más de siete décadas ha tenido su epicentro en el hemisferio norte y en concreto en las áreas euroatlántica y soviética se ha extendido actualmente a Oriente Medio, y al sur de Asia y la región del Indopacífico. El peligro nuclear afecta ya de una u otra manera a todo el planeta.

Entre los países poseedores de *suficiente* armamento nuclear, el suficiente para responder a una agresión nuclear con otra igualmente destructora, este peligro es altamente improbable; los contendientes quedarían totalmente destruidos, y solo se atrevería a desencadenar una situación así un loco, no un Hitler del año 1939, sino un Hitler del año 1945, cuando prefirió ver a su país, con la guerra ya perdida, aniquilado antes que rendido.

Entre Estados Unidos y la Unión Soviética, ya preveía el científico español Guillermo Velarde en su estudio realizado en 1977, al que se ha hecho mención anteriormente en este libro, que no era previsible un conflicto nuclear generalizado. Y sigue sin serlo ahora entre Estados Unidos y la Federación Rusa.

En cuanto a la capacidad de disuasión nuclear de Francia y del Reino Unido, sus fuerzas nucleares son suficientes para asegurar que no recibirán un ataque nuclear individual de una gran potencia, y aún menos de una potencia nuclear inferior, pero sí podrían recibir un ataque nuclear puntual y limitado de tipo terrorista, o uno convencional que pusiera en riesgo sus intereses vitales, y no hay que despreciar la idea de que un ataque así fuera apoyado o patrocinado por algún Estado interesado en *romper la baraja* de la estabilidad en el mundo, o la de alguno de estos dos países en particular. Las doctrinas de empleo de estas armas en ambos, como en las de Estados Unidos o Rusia, les justificarían su empleo contra los Estados que hubieran colaborado o hecho posible estos ataques. Es en esa *justificación* donde radica una buena parte de la disuasión que buscan ejercer sus fuerzas nucleares.

Tampoco debería darse en ninguna circunstancia una utilización de las armas nucleares entre India y Pakistán más allá de su empleo con carácter disuasorio, sobre todo porque no resolvería el problema de Cachemira que les enfrenta. En cualquier caso, su utilización sería en un contexto regional que difícilmente traspasaría el umbral que lo separaría de un conflicto continental o mundial. Por otro lado, la competencia política e industrial de la India con la República Popular de China, ambos poseedores de armamento nuclear, pero con unas capacidades muy diferentes en este terreno a favor de China, no llevaría en una primera aproximación a un conflicto de este tipo entre los dos países no solo por parte de la India, que sin duda es consciente de su inferioridad en este campo, sino también porque los dos tienen suficientes problemas en que ocuparse, problemas de carácter territorial con terceros Estados: India con Pakistán y China con Taiwán.

Algo tiene que influir también en el rechazo a la utilización de las armas nucleares la opinión mundial, quizás no mucho, pero previsiblemente será tenida en cuenta la de sus propios ciudadanos por sus respectivos Gobiernos. Este sentimiento se ha reflejado recientemente en el marco de Naciones Unidas con el Tratado de Prohibición (total) de las Armas Nucleares, firmado ya por noventa y tres países a fecha de 22 de enero de 2024.[149] En cualquier caso está fuera de duda que la inmensa mayoría de la población mundial querría verse libre de la presencia de estas armas, hayan servido o no para mantener la paz durante la Guerra Fría.

Tras los sucesivos acuerdos de reducción entre Estados Unidos y la Unión Soviética, después con la Federación Rusa, el número de cabezas nucleares ha disminuido. Ahora, como hemos visto páginas atrás, está en alrededor de 12 100. Realmente son demasiadas, son más de las necesarias para disuadir, e incluso para intimidar o para responder a un ataque. Queda mucho camino por recorrer.

Todos estos razonamientos tienen no obstante una posible fisura realmente inquietante a día de hoy y a la que hemos hecho referencia anteriormente: la posibilidad de un ataque puntual y limitado ruso con un arma nuclear táctica de

---

149 Información de Greenpeace de septiembre de 2024 que este libro admite como cierta.

potencia reducida sobre Ucrania o un país aliado o amigo, que pienso no provocaría un conflicto nuclear generalizado entre Rusia y Estados Unidos, pues ambos tendrían muy en cuenta no solo esa destrucción mutua asegurada, concepto todavía vigente, sino también el hecho de que posiblemente sufriría más daños el país que tomara la iniciativa de lanzar un ataque masivo. A mi juicio se produciría, eso sí, una crisis a nivel mundial; una enorme crisis política más que económica y social, aunque de todo habría, pero que posiblemente daría tiempo para reconducir la situación a nivel internacional antes de llegar a un holocausto planetario.

El profesor norteamericano Herman Kahn, miembro de RAND (Research and Development Corporation) y posteriormente fundador del Hudson Institute, era un especialista en teoría de sistemas y un conocido analista sobre las posibles consecuencias de una guerra nuclear. Kahn dejó escrito en la década de los ochenta que en el caso de que los soviéticos atacasen nuclearmente Europa occidental o a las fuerzas estadounidenses desplegadas en nuestro continente sin hacerlo a su territorio continental, Estados Unidos —se preguntaba retóricamente— ¿respondería con un ataque total contra las ciudades soviéticas? A él le parecía muy dudoso. En su opinión:

> Un equilibrio nuclear del terror era funcionalmente equivalente a un pacto de no agresión. Ni los soviéticos ni los estadounidenses iniciarían un ataque total contra el otro, sin importar cuán provocativa fuera su conducta, a menos que se tratase de un ataque importante contra el propio territorio.

Según este prestigioso analista, siempre ha habido preocupación y debate sobre este asunto, y lo que deseaban los Gobiernos europeos al aceptar el despliegue norteamericano de sus misiles Pershing II y de los misiles de crucero en la década de los ochenta era «hacer más efectiva la garantía nuclear estadounidense asegurando una escalada casi automática hasta un intercambio entre Estados Unidos y la Unión Soviética tras un ataque soviético a Europa occidental».

Herman Kahn continuaba su libro con una estimación del pensamiento de los ciudadanos norteamericanos, que obviamente influiría en sus gobiernos:

> La mayoría de los estadounidenses están de acuerdo en que cualquier presidente ejercería moderación en lugar de actuar de manera precipitada o autodestructiva. Creen que su primera preocupación —la del presidente— sería el futuro de su país, luego el de sus aliados y luego el del mundo, muy probablemente en ese orden.[150]

Estos pensamientos del analista norteamericano dan más fuerza a la verosimilitud de una cierta impunidad en el caso, muy improbable pero posible, de un ataque muy limitado con un arma nuclear en Ucrania, que hemos considerado anteriormente dentro del concepto de escalar para desescalar.

En cualquier otra situación que no fuese la guerra de Ucrania, ¿por qué los rusos podrían decidir lanzar un ataque nuclear, limitado o generalizado, sobre Europa? ¿podría ser en el contexto de una *limited nuclear option* como las que considera Kahn en sus trabajos? En su libro, que se publicó en 1984, piensa:

> En los primeros años del siglo XXI habrá alrededor de ocho grandes potencias, cada una de las cuales, con un producto nacional bruto de alrededor de más de un billón de dólares, que dispondrán de capacidad tecnológica para encaminarse seriamente hacia «lo nuclear», incluso si no adquieren de hecho armas nucleares; y que este tipo de multipolaridad, aunque muchos la teman, parece que hará al mundo más seguro que en caso contrario.[151]

En la línea del razonamiento de Herman Kahn, en un mundo multipolar ninguna de las potencias con capacidad nuclear recurriría al ataque nuclear contra otra de ellas, entre

---

150 Kahn, Herman. *Thinking about the unthinkable in the 1980s.* Págs. 106 y 107. Simon & Schuster Inc. Nueva York. 1984.

151 *Ibid.* Pág. 50.

otras razones, y como se ha apuntado anteriormente, porque, aun venciendo, un conflicto de este tipo la dejaría exhausta, o en el mejor de los casos muy perjudicada frente a las demás. Y esto reza tanto para Estados Unidos y Rusia como para todos los restantes Estados poseedores de este tipo de armamentos. Ciertamente, podríamos relacionar estas ideas con las consideraciones de John Mearsheimer sobre Ucrania que hemos recogido anteriormente. Para ambos lo nuclear, paralelamente con sus riesgos, tiene sus ventajas.

***

Está fuera de toda duda que actualmente la paz en el mundo se ve particularmente quebrantada por la guerra provocada por la invasión rusa de Ucrania, en la que Vladímir Putin y sus más cercanos colaboradores vienen insinuando la posibilidad de empleo del arma nuclear, y por la situación en Oriente Medio ante la agresión iraní (manejada a través de Hamás e Hizbolá principalmente) y la respuesta israelí a la misma. Todo ello podría llevar a la tentación de emplear lo que hemos llamado una opción nuclear limitada, pero es improbable que esto pueda suceder a día de hoy ni en un futuro próximo, y es de esperar que antes o después vuelvan las aguas a su cauce y que el papel disuasor del armamento nuclear colabore a ello.

Todo lo dicho hasta aquí nos plantea la cuestión de si Europa occidental, en concreto la Unión Europea de la que España forma parte, debería contar con un instrumento militar nuclear propio que sirviera de disuasión, y de garantía para su seguridad y defensa, contra una agresión de cualquier tipo contra todos o alguno de sus miembros.

Obviamente, para poder establecer a este lado del Atlántico una capacidad militar nuclear de disuasión de carácter conjunto en el marco de la Unión Europea, sustituta o complementaria a la de la OTAN (dirigida por Estados Unidos y en la que Francia no participa en su función de planeamiento), y al estar este asunto íntimamente ligado a la voluntad y a la soberanía de todos y cada uno de los Estados que la componen, sería una condición imprescindible que el proceso de integración europeo prosperara satisfactoriamente, y que lo hiciera más hacia una futura federación política que a una asociación de tipo comercial como algunos de sus miembros todavía desean.

Dentro de la consideración de una disuasión nuclear europea, el día 12 de julio del año 2000 salió a la prensa a través de la agencia Reuter que el entonces ministro de Asuntos Exteriores francés Hubert Védrine, al que ya hemos citado anteriormente, había declarado que «Europa podría necesitar, algún día, una potencia nuclear única que se presente como una fuerza disuasoria para la totalidad del continente». Reuter añadía que el ministro pensaba que era demasiado pronto para determinar en este asunto el rol de Francia y Gran Bretaña.[152] Dos décadas más tarde el presidente Macron ha hecho unas declaraciones sobre el mismo tema que hemos recogido en el capítulo de este libro dedicado a la capacidad nuclear de Francia y el Reino Unido.

En el estado de cosas en que ahora se encuentra la Unión Europea, crear un sistema de defensa común, y además con un componente nuclear, es a corto y medio plazo una utopía; pero el no ver la luz al final del túnel no exime de la obligación personal y colectiva de avanzar si nos encontramos dentro de él. El cambio es una constante en la historia, y dependiendo de nuestros esfuerzos de hoy en uno u otro sentido, nos espera un resultado positivo, menos positivo o incluso negativo para el futuro de nuestro continente y para todos nosotros.

Avanzando un poco más en la posibilidad de conseguir una capacidad disuasoria y de respuesta europea a un ataque nuclear de cualquier tipo sobre un país de la Unión o sobre Europa en general, el hecho incontestable es que únicamente Francia y el Reino Unido disponen de armas nucleares, y es igualmente innegable que el riesgo nuclear existe para todos, también para ellos. Un riesgo nuclear diferente al de la Guerra Fría, pero potencialmente muy importante para nuestro continente y para el mundo, riesgo con el que no solamente hay que

---

152 Anotación de Ken Coates en su prólogo al libro *La guerra nuclear ante el sentido común* de Beltran Russell.

convivir, sino al que hay que dedicarle toda la atención que merece para que nunca llegue a alcanzar políticamente ese término científico tan expresivo en la terminología nuclear, una *masa crítica* que llevaría a la utilización de un arma atómica y que desencadenaría un conflicto, enorme en cualquier caso, que a su vez podría derivar en otro de aún mayores dimensiones. Impedir esto es uno de los objetivos primordiales del Tratado sobre la No Proliferación de Armas Nucleares, al que hay que apoyar de todas las formas posibles.

Pero el riesgo nuclear que hoy vive el mundo no solo es el que potencialmente pueden causar con una actuación directa los Estados que disponen de esta capacidad. Las relaciones internacionales, los intereses económicos comunes, los contactos diplomáticos y los tratados son elementos que sin duda contribuyen a reducir el peligro de una confrontación nuclear de cualquier tipo entre Estados rivales. Además, hay otra amenaza más insidiosa, más oculta y más difícil de hacer frente individualmente por cada país: el terrorismo. Un terrorismo que tiene o tendrá pronto una capacidad nuclear por muy puntual o limitada que sea; un terrorismo que actúa de forma cruel e irresponsable y al que algunos regímenes, que han venido a calificarse como *Estados villanos* (*rogue states*), apoyan, esperando conseguir objetivos, siempre miserables, de las actividades terroristas que promueven o ayudan. Esta amenaza, de clara vigencia en estos tiempos, es otro aspecto del peligro nuclear que la colaboración internacional, en concreto en el marco de la Unión Europea y en el de las relaciones transatlánticas, puede ejercer un papel fundamental.

Para la Unión Europea, la amenaza de un ataque nuclear generalizado como el que hemos temido durante décadas en la Guerra Fría es muy improbable, altamente improbable; pero sí podría llegar a ser posible que un grupo terrorista con suficientes recursos económicos, por ejemplo el Dáesh o un grupo similar en el futuro, lograra hacerse con un artefacto de fisión nuclear amparado o no por algún país de los que ya tienen esa capacidad, previsiblemente adquirido violando el TNP, y pudiera provocar un atentado nuclear en alguna ciudad europea.

En respuesta a esta posibilidad, caso de que llegara a producirse y si el ataque no se hubiera logrado abortar previamente mediante los servicios de inteligencia o una acción militar convencional, es cuando en el caso de Francia podría permitir a su presidente estimar la conveniencia de una respuesta nuclear, independientemente de la decisión que tomase el Consejo de Seguridad de la ONU, si es que le había dado tiempo a tomarla, como ya han advertido los presidentes Chirac y Macron en los discursos que hemos comentado en el capítulo al que nos hemos referido anteriormente. Esta respuesta, gracias a la flexibilidad de su *force de frappe,* podría ser de una intensidad proporcional a los daños sufridos, pero también podría llevarse a cabo si el objeto del ataque hubiera sido un país europeo aliado siempre que existiera un compromiso o acuerdo en el marco de la Unión Europea o una decisión nacional francesa al respecto. Una respuesta de este estilo siempre sería un enorme golpe, previsiblemente muy resolutivo, contra el terrorismo internacional que de una u otra manera ataca a Europa desde hace tiempo, hasta ahora con medios y tácticas convencionales.

Otra región del mundo que merece en estos momentos una particular atención en el campo nuclear es la zona del Indopacífico y el mar de la China, por el progresivo aumento del número de cabezas nucleares de la República Popular de China y de sus vectores de lanzamiento, que van llegando a cifras que sobrepasan ampliamente el objetivo de disuadir. Un aumento al que hay que añadir en paralelo los programas de fortalecimiento de la capacidad convencional de sus fuerzas armadas. Este asunto, que la OTAN en su última cumbre califica como «ambiciones declaradas y coercitivas que continúan a desafiar nuestros intereses, seguridad y valores», implica en el contexto de las ambiciones de la China continental sobre Taiwán y la voluntad norteamericana de defenderla otro riesgo más de carácter potencialmente nuclear. En cualquier caso, se puede pronosticar como seguro que China desarrollará en los próximos años los programas necesarios para ser una potencia nuclear y militar de magnitud comparable a la de Estados Unidos o Rusia.

Ciertamente, hay muchos desequilibrios e inestabilidad en el mundo actual; hay desafíos ya presentes como el que implica el islamismo radical y previsibles en el futuro como la potencia creciente de China, y hay una civilización occidental, la nuestra, la que incluye geográficamente a Rusia y al resto de Europa, Estados Unidos e Iberoamérica, que hay que defender, y en ello la energía atómica sigue teniendo un doble papel que jugar: el de la disuasión y el puramente pacífico de ayudar al desarrollo tecnológico y a la prosperidad de todos los pueblos. El objetivo es claro, como también lo es la dificultad de conseguirlo. ¿Hay que darse por derrotados antes de empezar? ¿Empezar el qué?: el cambio. Un cambio en el panorama internacional, imposible de conseguir de un golpe, pero ¿y por etapas?

Un cambio que haga posible un entendimiento progresivo de la OTAN con la Política de Seguridad y Defensa de la Unión Europea y con Rusia, que necesitará el catalizador de muchas medidas de confianza que habrá que esforzarse en construir y que permitan a esta última buscar su seguridad en la colaboración con Occidente; un cambio que favorecerá que se retomen las negociaciones y el cumplimiento de los tratados sobre las cuestiones nucleares. Quizás inicialmente costará trabajo que los Estados Unidos apoyen decididamente este cambio de rumbo, porque con bastante lógica desconfían de Rusia y porque paralelamente deberían variar su percepción sobre sí mismos y lo que se ha venido en llamar la *pax americana*, término inicialmente acuñado por un general estadounidense, que supone su hegemonía en las instituciones internacionales y el liderazgo militar mundial, pero debemos confiar en que lo hará. En cuanto a Rusia, es un país muy importante y lo mejor es que lo siga siendo en un hipotético proceso de acercamiento al resto de Europa y a los valores occidentales.

En cualquier caso, el cambio es necesario y hoy en día las potencias más responsables de hacerlo son Estados Unidos y la Federación Rusa. Ese cambio daría lugar, debe dar lugar, a grandes reducciones en el terreno de las armas nucleares. Si uno de ellos no toma la iniciativa, ¿por qué no la toma el otro? Si Rusia disminuye su *stock* nuclear actual a la mitad sin esperar a un acuerdo con los Estados Unidos ¿qué pasaría? Dejaría con el pie cambiado a nuestros amigos del otro lado del Atlántico, y la seguridad nuclear defensiva de ambos seguiría estando más que garantizada. Abriría una nueva etapa en las relaciones internacionales a nivel mundial. Hay que recordar que Gorbachov en diciembre de 1977 anunció en la ONU (y cogió a todos por sorpresa) que reducía unilateralmente sus fuerzas armadas en medio millón de hombres. Lo hizo y no pasó nada; nada malo.

Entre las etapas o aspectos necesarios para avanzar en un proceso de cambio de la actual situación en las áreas atlántica y europea, y ¿por qué no? de la situación general internacional, estarían entre otras la reducción del número de armas nucleares, el reforzamiento del Tratado sobre la No Proliferación y favorecer una mutua comprensión de Rusia con los países del Este de Europa tejiendo una red lo más densa posible de acuerdos diplomáticos que estabilicen la situación en la región. Internamente en Rusia, haría falta una administración que apoyándose en el pueblo no tenga miedo en avanzar y en saltar los obstáculos que fuera encontrando para lograr y respetar la paz con sus vecinos; y en cuanto a la Unión Europea y la Alianza Atlántica, la primera debería tomar progresivamente las riendas de su propia defensa, y la segunda centrarse en que el verdadero centro de gravedad de la OTAN fuera mantener el vínculo transatlántico en un contexto de mutuo afecto y respeto, sin afectar su carácter de alianza defensiva. Respecto a la exclusividad de la posesión del arma nuclear por los miembros permanentes del Consejo de Seguridad de Naciones Unidas puede que no sea justa, pero es útil; muy útil para la paz mundial si se van limando las diferencias políticas entre sus miembros. Todo esto tiene bastante de utópico en su conjunto, pero impulsar avances pequeños o grandes en esa dirección no.

***

Los intentos de acabar con las armas nucleares han fracasado. Fracasaron de 1945 a 1952 en el contexto de los trabajos de la Comisión de las Naciones Unidas sobre la Energía Atómica, y por las mismas razones de entonces han vuelto a fracasar una y otra vez. Ante esta situación podríamos hacernos no pocas preguntas: ¿tuvo algo de beneficioso el equilibrio del terror entre las dos superpotencias nucleares y la amenaza de la destrucción mutua asegurada?, ¿fue útil para alejar la posibilidad de un conflicto nuclear o incluso de uno convencional de grandes dimensiones?, ¿en la actualidad es suficiente el Tratado sobre la No Proliferación de Armas Nucleares para proporcionar estabilidad internacional en este campo?, ¿la paz en el mundo estaría más garantizada en un mundo sin armas nucleares? ¿Qué es mejor, una paz amenazada nuclearmente o una mayor probabilidad de conflictos de gran envergadura que no contarían con la barrera de la existencia del arma nuclear?

Y todo ello en un mundo complejo y revuelto en el que el terrorismo hacia Europa y en todas las regiones del planeta, y la actividad del fundamentalismo islámico en el Oriente Medio contra Israel ¡con el propósito de que deje de existir!, se mezclan con la actitud de la República Popular China con el objetivo de constituirse en una superpotencia mundial en todos los ámbitos, controlar el Pacífico y anexionarse Taiwán, y con la agresión de Putin a Ucrania, asunto del que ya hemos hablado abundantemente. Todo huele mal; no hay solamente algo que huele mal en Dinamarca, parafraseando a Shakespeare, sino que huele fatal en todas partes. Pero hay que pensar que saldremos de esta, como ha salido la humanidad de luchas, guerras, pestes y hasta del diluvio universal. Y tienen que luchar para ello, los Gobiernos y los ciudadanos; y echar mano de los valores que han ayudado a desarrollar el mundo, reflexionar y actuar, cada uno a su nivel.

En cuanto a la seguridad de Europa, la primera idea que habría que abandonar sería la de la seguridad individual de los Estados que la componen. En un mundo en el que las principales potencias, Estados Unidos, China y Rusia, quieren mantener o mejorar su posición en la esfera internacional, y además son las tres las principales poseedoras de armas nucleares y de fuerzas convencionales, hay que ver si a medio y largo plazo podemos nosotros, Europa, seguir siendo el referente de desarrollo y civilización que hemos sido hasta ahora, si corremos el riesgo de volver a ser considerados el teatro de operaciones de un conflicto oriente-occidente, o si nuestras relaciones con Estados Unidos y en el marco de la OTAN nos llevarían a participar en un hipotético conflicto en el Pacífico, o fuera de nuestras áreas de interés. Para conculcar todos estos peligros y la situación de decadencia en el que nos encontramos desde hace décadas, ¿tendría algún sentido la posesión de armas nucleares en el marco de la Política Común de Seguridad y Defensa de la Unión Europea?

Entre las alternativas que se nos ofrecen respecto al futuro de la seguridad de Europa y su capacidad de disuasión, elemento que, nuclear o no nuclear, es indispensable para nuestra seguridad, una de ellas, obviamente, podría ser el reforzamiento del vínculo transatlántico que nos une a Estados Unidos y dejar nuestra defensa en última instancia en sus manos con la confianza puesta en su *paraguas nuclear.* Sería un seguir como estamos, pero en cualquier caso esto no nos evitaría estar en la práctica permanentemente subordinados a los Estados Unidos y seguir siendo víctimas del terrorismo internacional y del fundamentalismo islámico que no tiene visos de amainar. Sobre este último riesgo podría influir decisivamente el desarrollo del actual conflicto en Oriente Medio, la postura de Israel y el futuro de Irán.

La otra alternativa podría ser la consolidación del proceso de integración europeo y el desarrollo de la Política Común de Seguridad y Defensa de la Unión, en estos momentos necesitada de un nuevo y decisivo empuje, quizás aprovechando la cohesión de carácter general, aunque no totalmente unánime entre sus miembros, con motivo del conflicto en Ucrania y la ayuda que la mayoría de ellos están prestando a este país. En el aspecto concreto de la importancia que la Unión Europea podría dar a un componente nuclear de su defensa, y como de una manera u otra se ha apuntado aquí, habría inicialmente posturas muy encontradas entre sus miembros y podría fácilmente encontrar rechazo entre los aliados que no pertenecen a la misma, en concreto Estados Unidos y Gran Bretaña. En cualquier caso, el papel que quisiera jugar Francia, única potencia nuclear dentro de la Unión, sería de crucial importancia.

Podríamos concluir que lo que está en juego entre ambas opciones es si nos conformamos o no con que Europa sea un grupo de potencias de segundo y tercer orden con una actividad económica importante en su conjunto, pero mirando cada una prioritariamente por sus propios intereses. Esto nos mantendría a la sombra de las potencias internacionalmente dominantes y nos impediría defender una posición común ante el resto del mundo para «contribuir a la paz, la seguridad y el desarrollo sostenible del planeta», como afirma el Tratado de la Unión en vigor.

La disolución de la OTAN y la neutralidad del conjunto del continente no es una alternativa a contemplar; no favorecería la paz ni el desarrollo en aquellas partes del planeta donde llega ahora la acción económica de la Unión Europea, que es a la casi totalidad del globo. Sería algo así como desentenderse de la situación internacional excepto en las relaciones comerciales que, ante una irrelevancia creciente de su poder legislativo, económico, cultural y militar, se desarrollarían en un marco falto de las garantías que pueden ofrecer las grandes potencias. Una reafirmación del proceso de integración europeo, que podría ser con un objetivo federal o confederal, haría de nuevo de Europa un polo atractivo para la mayor parte de las naciones y un instrumento útil para el progreso mundial.

A mi juicio, las dos primeras alternativas se solapan e incluso se podrían integrar en buena medida. Si el proceso de integración europea avanza y, particularmente, si lo hace hacia una concepción federal de Europa, la Unión Europea será fuerte y sus aliados (en particular los Estados Unidos) se verán favorecidos. La potencia económica europea estará mejor coordinada y podrá orientarse tanto hacia su propio beneficio como hacia el desarrollo de todos los pueblos de la tierra, como afirma el propio tratado de la Unión al que nos hemos referido anteriormente, y que ahora, por la grandeza de sus objetivos, recogemos en su totalidad:

> En sus relaciones con el resto del mundo, la Unión afirmará y promoverá sus valores e intereses y contribuirá a la protección de sus ciudadanos. Contribuirá a la paz, la seguridad, el

> desarrollo sostenible del planeta, la solidaridad y el respeto mutuo entre los pueblos, el comercio libre y justo, la erradicación de la pobreza y la protección de los derechos humanos, especialmente los derechos del niño, así como al estricto respeto y al desarrollo del Derecho internacional, en particular el respeto de los principios de la Carta de las Naciones Unidas.[153]

En el panorama actual que hemos tratado de analizar a lo largo de este libro, deberíamos incluir como objetivos a conseguir el éxito completo y definitivo del Tratado sobre la No Proliferación con el abandono por parte de las naciones que no son miembros del mismo de sus programas nucleares (como en su día hizo Sudáfrica), el establecimiento de una autoridad internacional sobre el uso militar de la energía nuclear, y una actualización y adaptación a las circunstancias actuales del Consejo de Seguridad de Naciones Unidas, que sería el único organismo que podría influir decisivamente en el control de las armas nucleares y en el establecimiento de acuerdos que prohíban su uso. Es obvio que todo esto no podría ser el fruto de una única negociación, sino el deseable resultado de recorrer un camino cuesta arriba y con mucha pendiente que, a través de sucesivos acuerdos y decisiones, podría llevar a la creación de una nueva estructura de seguridad internacional. ¿Imposible?: podríamos preguntárselo a Bertrand Russell que ya lo sugirió en los años cincuenta. Vamos a hacerlo.

***

Bertrand Russell, filosofo británico de fama mundial que murió en 1970, al referirse a la cuestión nuclear a la que dedica su libro *La guerra nuclear ante el sentido común*, basa sus razonamientos en tres proposiciones: una guerra nuclear a gran escala sería un desastre absoluto para toda la humanidad; cuando comienza una guerra a pequeña escala existe un riesgo considerable de que llegue a convertirse en una gran guerra; y «si se destruyeran todas las armas nucleares que existen y se acordara que

153 Tratado de la Unión Europea. Artículo 3 punto 5.

no deben fabricarse otras nuevas, cualquier nueva guerra relevante se convertiría a pesar de todo en una guerra nuclear tan pronto como los contendientes tuviesen tiempo para fabricar las armas prohibidas».[154] Sobre estas tres proposiciones construye su libro, y yo aquí querría subrayar especialmente la tercera de ellas por las implicaciones que conlleva.

La primera edición del libro es de 1959, momento en que prácticamente las únicas potencias nucleares con capacidad para desencadenar un conflicto nuclear eran Estados Unidos y la Unión Soviética. Todavía no se había producido ninguna negociación entre ellas para el control de estas armas, y ambas creían en la capacidad de las mismas para lograr la victoria en un conflicto generalizado entre lo que Russell llama Oriente y Occidente. Y hay que situar sus razonamientos en el contexto de aquellos años para juzgar no solo su idoneidad, sino también para apreciar el hecho de que no pocas de sus recomendaciones, por ejemplo la prohibición de las pruebas nucleares, se llevaron a la práctica.

Afirmaba algo que ya se ha dicho aquí, pero con una frase que añade un matiz interesante: «Ninguna de las partes puede vencer a la otra, excepto derrotándose a sí misma al mismo tiempo». Querría subrayar que su libro se escribe en los años en que estaba vigente la doctrina de la represalia masiva de carácter nuclear en caso de una agresión soviética convencional y a gran escala sobre Europa. En aquellos años la potencia nuclear norteamericana era abrumadoramente superior a la soviética, pero no lo sería durante mucho tiempo, y esto lo veía claramente Bertrand Russell al hablar de lo que posteriormente denominaría un holocausto nuclear a nivel mundial.

El filósofo abogaba por la necesidad de actuar inicialmente a nivel psicológico y en promover en ambos bandos un cambio en sus aspiraciones políticas. Entendía para ello que el primero de los intereses de ambos era sobrevivir, y que sobrevivir se había convertido en un interés común de estos países y de

154 Russell, Bertrand. *La guerra nuclear ante el sentido común.* Pág. 55. Altamarea Ediciones. Madrid 2022.

la humanidad en general debido a la naturaleza de las armas nucleares. Defendía que «si la humanidad ha de sobrevivir a la era nuclear, solo podrá hacerlo mediante la prevención de las guerras a gran escala», aunque admitía que «se trata de un objetivo difícil de alcanzar»,[155] y que había que proceder por etapas. Una de sus reflexiones más indiscutibles era que «la primera cuestión sobre la que podemos esperar un acuerdo gubernamental es la abolición de las pruebas nucleares», y continuaba, «la suspensión de los ensayos nucleares prevendrá la extensión de las armas nucleares a las potencias que todavía no las tienen. Esta proliferación resulta inminente». Tenía razón Russell, pero la culminación de este proceso debería esperar hasta septiembre de 1996 cuando se firmó el Tratado de Prohibición Completa de Ensayos Nucleares, tratado que Estados Unidos finalmente no ratificó y del que Putin se ha retirado el 2 de noviembre de 2023.

Más adelante en su libro, Russell estima de una manera muy realista que «si estallase un conflicto de gravedad, ninguna de las partes se consideraría obligada por los pactos anteriores», que un acuerdo de desarme sería «más como paliativo que como solución»,[156] y que existían varios obstáculos para la conciliación entre Oriente y Occidente. De estos últimos, los más importantes serían «el temor mutuo y la sospecha de mala fe en el otro bando» y «la disputa ideológica». Para sobrepasar estos obstáculos propugnaba una política de acercamiento con la creación de un Comité de Reconciliación del que detalla hasta su composición: dos norteamericanos, dos rusos, un europeo, un chino, un indio y un sueco. Desde aquí (página 95 y posteriores) el libro se va deslizando hacia consideraciones lógicas pero poco realistas, carácter que él mismo llega a reconocer cuando propone el establecimiento de una autoridad internacional «con poder para ejecutar sus decisiones». El filósofo encuentra la semilla de esta autoridad en la Sociedad de Naciones y en la Organización de las Naciones Unidas (la

155 *Ibid.* Pág. 61.
156 *Ibid.* Pág. 73.

primera un fracaso y la segunda bastante inoperante por sí sola), y considera bajo su dependencia la creación de «una Fuerza Armada Internacional lo suficientemente poderosa como para estar seguros de su victoria sobre las fuerzas armadas de cualquier nación o probable alianza entre naciones». Para esto último defiende que esta fuerza sí esté dotada de armas nucleares, aunque matiza: «No quiero decir que estas armas deban ser empleadas de hecho» y que «el uso real de las armas nucleares no será necesario si ningún Estado nacional las posee y solo la Autoridad Internacional cuenta con los medios para fabricarlas» Este capítulo de su libro tiene ya un carácter completamente utópico y totalmente imposible de llevar a cabo. Finalmente, el libro hace unas consideraciones sobre algunos cambios necesarios en el comportamiento de las grandes potencias, de los que a mi entender el único factible, y con reservas, sería el referente a la educación a nivel mundial, que podría ser patrocinado por Naciones Unidas a través de su inserción en los programas de educación que desarrollan los Estados en sus propios territorios, para promover un mayor rechazo a las armas nucleares; pero un rechazo inteligente y enmarcado en el contexto de un proceso de desarme general que incluyera también la reducción de armas y efectivos de carácter convencional, un proceso que admita que las armas nucleares no pueden desaparecer totalmente y en cambio sí ser objeto de profundas reducciones y de un control para mantenerlas (obviamente las reducciones, no las armas) y para impedir su proliferación.

***

El objetivo de este libro que finalizamos ahora ha sido, como se adelantó ya al principio del mismo, el de analizar la cuestión nuclear de manera que nos permita valorar los pros y los contras de la energía atómica en el mundo de hoy, en concreto en el aspecto de su aplicación militar, ver cómo hemos llegado hasta aquí y considerar el papel que podrían desempeñar estas armas en la seguridad y la defensa de nuestro continente y de la civilización a la que pertenecemos.

Toda guerra es un fracaso humano de enormes dimensiones, siempre provocada por algunos pocos y sufrida por todos, pero las guerras existen y las naciones deben volcar sus esfuerzos en evitarlas. Indudablemente, la disuasión, nuclear y convencional, es un medio para ello. Por la dimensión de los daños que sufriría el planeta y todos sus habitantes, una confrontación nuclear a gran escala entre las principales potencias es extremadamente improbable, pero su utilización limitada y en un contexto de agresión podría ser posible. Colaborar a que no suceda ni lo uno ni lo otro es la obligación de todos.

Este libro, por encomienda de la editorial Almuzara, se terminó de imprimir el 7 de marzo de 2025. En esa misma fecha, en 1955, Estados Unidos detonó en el Sitio de Pruebas de Nevada la bomba atómica *Turk*, de 43 kilotones, la cuarta de las 14 incluidas en la operación *Teapot*. Fue la número 55 de las 1132 pruebas nucleares realizadas por el país entre 1945 y 1992.